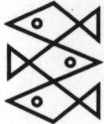

Das ›Dritte Reich‹ war kein Betriebsunfall der deutschen Geschichte. Darin sind sich die meisten Historiker einig. Aber ist deshalb der Umkehrschluß erlaubt, die Machtübertragung an Hitler sei ein notwendiges Ergebnis der politischen Entwicklung Deutschlands gewesen? Gab es nicht doch Wendepunkte, an denen die Geschichte auch ganz anders hätte verlaufen können? Haben vier Jahrzehnte westlicher Demokratie in der ›alten‹ Bundesrepublik ausgereicht, um diese Staatsform in Deutschland heimisch zu machen, oder muß man nach der Wiedervereinigung wieder um die Zukunft der Demokratie in Deutschland fürchten?
Das vorliegende Buch ist ein Versuch, diese Fragen zu beantworten. Im Mittelpunkt steht die Frage, warum Deutschland einen anderen Weg gegangen ist als die großen Demokratien des Westens.

CAROLA STERN lebte bis 1951 als Lehrerin in der DDR. In den fünfziger Jahren studierte sie an der Freien Universität und arbeitete als wissenschaftliche Assistentin am Institut für politische Wissenschaften in West-Berlin. 1960 bis 1970 war sie Leiterin des Politischen Lektorats eines angesehenen Kölner Verlages. Daneben journalistische Tätigkeit für Zeitungen und Rundfunkanstalten. Von 1970 bis 1985 arbeitete sie beim WDR als Kommentatorin und Redakteurin. Sie erhielt mehrere Preise, darunter 1972 die Carl-von-Ossietzky-Medaille für ihre Tätigkeit bei amnesty international und 1988 den Staatspreis des Landes Nordrhein-Westfalen.
Sie hat mehrere Bücher veröffentlicht, darunter eine Willy-Brandt-Monographie und das autobiographische Werk *In den Netzen der Erinnerung* (1986) sowie ›*Ich möchte mir Flügel wünschen*‹. *Das Leben der Dorothea Schlegel* (1990). Sie ist Mitherausgeberin der Zeitschrift *Neue Gesellschaft – Frankfurter Hefte* und seit 1987 Vizepräsidentin des bundesdeutschen PEN-Zentrums.

HEINRICH AUGUST WINKLER, geboren 1938, Dr. phil., arbeitete von 1964 bis 1972 als Assistent und Professor an der Freien Universität Berlin. Von 1972 bis 1991 lehrte er Neuere und Neueste Geschichte an der Universität Freiburg, seit 1991 an der Humboldt-Universität zu Berlin.
Seine wichtigsten Veröffentlichungen: *Preußischer Liberalismus und deutscher Nationalstaat* (1964); *Mittelstand, Demokratie und Nationalsozialismus* (1972); *Revolution, Staat, Faschismus* (1978); *Liberalismus und Antiliberalismus* (1979); *Arbeiter und Arbeiterbewegung in der Weimarer Republik 1918–1933* (3 Bde., 1984–1987); *Weimar 1918–1933. Die Geschichte der ersten deutschen Demokratie* (1993). Er ist Mitherausgeber der Zeitschrift *Geschichte und Gesellschaft*.
Im Fischer Taschenbuch Verlag ist erschienen: *Zwischen Marx und Monopolen* (Bd. 10405; 1991).

Hinweise zu den Autoren finden sich am Ende des Bandes.

# Wendepunkte
# deutscher Geschichte
# 1848–1990

Herausgegeben von
Carola Stern und Heinrich August Winkler

Mit Beiträgen von
Jürgen Kocka, Eberhard Kolb,
Wolfgang J. Mommsen, Wolfgang Schieder,
Gottfried Schramm und
Heinrich August Winkler

Fischer
Taschenbuch
Verlag

Lektorat: Walter H. Pehle

7. Auflage: Dezember 1998

Überarbeitete und erweiterte Neuausgabe
Veröffentlicht im Fischer Taschenbuch Verlag GmbH,
Frankfurt am Main, April 1994

Das Buch entstand aus einer erstmals 1978 ausgestrahlten Sendereihe
der Programmgruppe Kommentare und Feature des WDR, Köln
Die Originalausgabe erschien 1979
im Fischer Taschenbuch Verlag GmbH, Frankfurt am Main
© Fischer Taschenbuch Verlag GmbH, Frankfurt am Main 1979
Für diese Ausgabe:
© Fischer Taschenbuch Verlag GmbH, Frankfurt am Main 1994
Alle Rechte vorbehalten
Gesamtherstellung: Clausen & Bosse, Leck
Printed in Germany
ISBN 3-596-12234-1

## Inhalt

*Heinrich August Winkler*
  Einleitung — 7

*Wolfgang Schieder*
  1848/49: Die ungewollte Revolution — 17

*Heinrich August Winkler*
  1866 und 1878: Der Liberalismus in der Krise — 43

*Gottfried Schramm*
  1914: Sozialdemokraten am Scheideweg — 71

*Eberhard Kolb*
  1918/19: Die steckengebliebene Revolution — 99

*Wolfgang J. Mommsen*
  1933: Die Flucht in den Führerstaat — 127

*Jürgen Kocka*
  1945: Neubeginn oder Restauration? — 159

*Heinrich August Winkler*
  1989/90: Die unverhoffte Einheit — 193

Anhang — 227

Zeittafel — 229
Zitatnachweise — 237
Weiterführende Literatur — 250
Abbildungsnachweis — 258
Die Autoren des Bandes — 259
Namenregister — 261

*Heinrich August Winkler*
## Einleitung

»Wendepunkte der deutschen Geschichte 1848–1945«: Das war der Titel einer Sendereihe im 3. Hörfunkprogramm des Westdeutschen Rundfunks, die im Verlauf des Jahres 1978 zweimal ausgestrahlt wurde und bei den Hörern ein ungewöhnlich starkes Echo fand. CAROLA STERN hatte die Reihe angeregt; sie und ich haben das Konzept gemeinsam entworfen. 1979 erschien erstmals das Fischer-Taschenbuch »Wendepunkte deutscher Geschichte 1848–1945« mit den von den Autoren überarbeiteten Manuskripten der einzelnen Sendungen und einem Anhang, in dem auf weiterführende Literatur und die Fundorte von Zitaten hingewiesen wurde. Seitdem ist das – auch an Schulen vielbenutzte – Buch immer wieder aufgelegt worden; im November 1992 erschien das 47. Tausend. Die friedliche Revolution in der DDR im Herbst 1989 und die Wiedervereinigung Deutschlands im Jahr darauf waren der Anlaß, den Band zu überarbeiten und zu ergänzen. Der Beitrag über den ›Wendepunkt‹ 1945 wurde im Licht der neuesten Entwicklungen, die erst das definitive Ende der Nachkriegszeit brachten, teilweise neu geschrieben. Neu hinzugekommen ist ein Beitrag über den ›Wendepunkt‹ 1989/90.

Was war das Ziel der Sendereihe, was ist das Ziel des Buches? Ende der siebziger Jahre wurde aus unterschiedlichen Anlässen – einmal waren es die Aktionen von Terroristen oder die Bekämpfung ihrer Gewalttaten, ein andermal die Handhabung des sogenannten Radikalenerlasses oder der Streit um die Verjährung von Mord – vor allem im Ausland immer wieder die manchmal ehrlich besorgte, manchmal selbstgerechte und polemische Frage gestellt, wie demokratisch die Bundesrepublik Deutschland eigentlich sei. Seit 1990 richtet sich dieselbe Frage an die Adresse des vereinigten Deutschland. Die Angriffe von Rechtsradikalen auf Ausländer, namentlich auf Asylbewerber, und alle Äußerungen von Fremdenfeindlichkeit sind der düstere Hintergrund der neuerlichen Diskussion über Deutschland und die Deutschen.

Die Frage, wie stabil und widerstandsfähig die Demokratie in Deutschland ist, wird regelmäßig verknüpft mit dem Hinweis auf die ›deutsche Vergangenheit‹, womit in erster Linie die Zeit des Nationalsozialismus gemeint ist. Mit dieser Zeit werden die Deutschen so lange konfrontiert werden, als die nationalsozialistischen Verbrechen im Gedächtnis der Menschen haften. Es ist daher immer von neuem notwendig, daß wir uns klarmachen, was es mit dieser Vergangenheit tatsächlich auf sich hat, warum es zum 30. Januar 1933 kam und ob etwas Ähnliches sich nochmals wiederholen könnte.

Die Herrschaft des Nationalsozialismus war kein Betriebsunfall der deutschen Geschichte. Darin sind sich heute die meisten Historiker einig. Aber ist deshalb der Umkehrschluß erlaubt, HITLERS Machtübernahme sei ein notwendiges Ergebnis der politischen Entwicklung Deutschlands gewesen? Gab es nicht doch Wendepunkte, an denen die Geschichte auch ganz anders hätte verlaufen können? Und sind jene Traditionen, die ›1933‹ möglich machten, noch wirksam, oder gehören sie inzwischen der Vergangenheit an? Die Autoren, die an der Sendereihe und an dem vorliegenden Buch mitgearbeitet haben, versuchen, diese Fragen zu beantworten. Im Mittelpunkt steht für sie das Problem, warum Deutschland einen anderen Weg gegangen ist als die großen westlichen Demokratien.

Deutschland war das einzige hochentwickelte Industrieland, das im Zuge der Weltwirtschaftskrise von 1929 sein demokratisches Regierungssystem aufgab und durch eine totalitäre faschistische Diktatur ersetzte. Andere Länder, die von der Krise ähnlich hart getroffen wurden wie namentlich die Vereinigten Staaten von Amerika, bewahrten ihre liberalen Errungenschaften und ergänzten sie durch soziale Reformen. Dieser Sachverhalt verlangt nach einer historischen Erklärung. Die These, daß Kapitalismus notwendig Faschismus hervorbringt, ist *keine* solche Erklärung. Faschistische Bewegungen kamen nur dort an die Macht, wo starke vorindustrielle Eliten – wie Grundadel, Militär, Bürokratie – ihre Herrschaftspositionen über die Industrielle Revolution hatten hinwegretten können und breite Schichten der Gesellschaft von vordemokratischen Traditionen geprägt waren.

Das war in Deutschland der Fall. Es mag sehr wohl sein, daß die Republik von Weimar ohne die Weltwirtschaftskrise noch lange hätte bestehen können. Ebensoviel spricht aber dafür, daß die deutsche Demokratie ohne das obrigkeitsstaatliche Erbe der Vergangenheit die große Krise überdauert hätte.

Die Revolution von 1918/19 brachte zwar das Ende der Monarchie, aber keinen wirklichen Bruch mit den gesellschaftlichen Grundlagen des kaiserlichen Deutschland. Wie groß die Chancen waren, der ersten deutschen Republik ein solideres Fundament zu geben, ist bis heute umstritten. Der Spielraum der Akteure, in erster Linie der führenden Sozialdemokraten, war wohl größer, als sie selbst meinten: In Militär, Verwaltung und Wirtschaft ist weniger an Demokratisierung durchgesetzt worden, als in der relativ offenen Situation der ersten Monate nach dem Novemberumsturz erreichbar war. Aber für eine Revolution bolschewistischen Typs wie für eine ›klassische‹ Revolution nach dem französischen Vorbild von 1789 fehlten in Deutschland 1918 die Voraussetzungen. Deutschland war für beide Arten von Revolution bereits gesellschaftlich und politisch zu entwickelt. Eine leninistische Verschwörerpartei konnte nur in einem Polizeistaat wie dem Zarenreich zur Avantgarde der Arbeiterbewegung aufsteigen, und ohne eine festgefügte leninistische Kaderpartei war eine bolschewistische Revolution so wenig denkbar wie ohne landhungrige Bauernmassen. Beides gab es in Deutschland nicht. Auf der anderen Seite waren die Deutschen 1918 auf Reichsebene seit fast einem halben Jahrhundert an das allgemeine Wahlrecht für Männer gewöhnt. Eine Phase der revolutionären Diktatur à la CROMWELL oder ROBESPIERRE hätte die überwältigende Mehrheit der Deutschen, einschließlich der meisten Arbeiter, als einen Schritt nach rückwärts betrachtet.

Die großen westeuropäischen Revolutionen hatten alle vor der Industriellen Revolution stattgefunden. Das französische Bürgertum konnte sich 1789 mit einem gewissen Recht als den allgemeinen Stand bezeichnen. Es löste eine weithin funktionslos gewordene herrschende Klasse ab. Noch war die Gesellschaft von den Dienstleistungen des Staates nicht so abhängig, daß eine Mehrheit vor dem radikalen Bruch mit dem bisherigen politischen Zustand zurückschreckte.

Das elementare Bedürfnis einer Gesellschaft nach der »Kontinuität ihrer Lebensordnung und des sie sichernden (alten) administrativen Rahmens« (RICHARD LÖWENTHAL) ist typisch für einen hohen industriellen Entwicklungsgrad. Mit dieser Beobachtung läßt sich zu einem guten Teil erklären, weshalb die Sozialdemokraten sowohl 1914 als auch 1918/19 in der Praxis sehr viel weniger revolutionär waren, als es ihrer Theorie entsprach. Warum aber hatte das deutsche Bürgertum, anders als das französische, nicht schon sehr viel früher die politische Vorherrschaft des Adels überwunden? Warum der Mißerfolg der Revolution von 1848/49, der Kompromiß zwischen bürgerlichem Liberalismus und preußischem Militärstaat im Jahre 1866, die Kapitulation eines Teiles der Liberalen vor BISMARCK 1878/79? Der deutsche, zumal der preußische Obrigkeitsstaat war offenkundig ungleich dynamischer als der französische. BISMARCKS Wort »Revolutionen machen in Preußen nur die Könige« hatte einen richtigen Kern. Das deutsche Ancien régime neutralisierte die politischen Energien des Bürgertums, indem es seine wirtschaftlichen Forderungen erfüllte und das politische Programm des Liberalismus verwirklichte, soweit dies mit dem Interesse der alten Führungsschichten vereinbar schien. Die Einigung Deutschlands unter preußischer Führung stand in der Kontinuität jener ›Revolution von oben‹, zu der BISMARCK sich offen bekannte.

Das Bürgertum hielt diese Lösung für gefahrloser als eine Revolution von unten. Schließlich schreckte das französische Beispiel ebenso wie es faszinierte: Dem Sturm auf die Bastille waren die Schreckensherrschaft der Jakobiner, das napoleonische Imperium und die bourbonische Restauration gefolgt. In Deutschland machte der Vierte Stand schon 1848 und dann verstärkt seit den sechziger Jahren des vorigen Jahrhunderts Forderungen geltend, welche die besitzenden Schichten erschrecken mußten. Die ländlichen Massen Ostelbiens waren eine Stütze des Junkertums und der Monarchie. Eine revolutionäre Kraftprobe mit dem überkommenen Staat war unter solchen Bedingungen für die meisten Bürger eher ein Alptraum als eine Hoffnung. Was der Historiker RUDOLF STADELMANN für das Deutschland des Aufgeklärten Absolutismus gesagt hat, gilt in gewisser Weise auch für das Bismarckreich: »Nicht die deutsche Reaktion, sondern der deutsche

Fortschritt hat Deutschland gegenüber dem Westen zurückgeworfen.«

Nach Wendepunkten der deutschen Geschichte im 19. und 20. Jahrhundert zu fragen, an denen die Entwicklung vielleicht in eine andere, freiheitlichere Richtung hätte gehen können, ist ein notwendiges Unterfangen. Denn die Kosten des Obrigkeitsstaates liegen auf der Hand, und umgekehrt erscheint es uns heute als ›normal‹, daß die industriell entwickelten Gesellschaften des Westens demokratisch verfaßt sind. Aber historische Alternativen dürfen im nachhinein nicht nur behauptet – sie müssen auch, soweit das in der Geschichte geht, nachgewiesen werden. Das ist meist viel schwieriger, als es im Rückblick erscheint. Eine Entwicklung nachträglich als verhängnisvoll zu erkennen, ist eine Sache; eine andere ist, den Punkt zu bestimmen, an dem der Gang der Dinge aufgehalten werden konnte. Der Historiker muß nach solchen Punkten suchen, aber er darf sie nicht erfinden. Sein Ergebnis *kann* auch die Einsicht sein, daß die gewünschte Entwicklung nicht möglich war.

Wir können 1933 nicht erklären, wenn wir nicht tief in die deutsche Geschichte zurückgehen. Wir können die deutsche Geschichte nicht erklären, wenn wir sie nur aus dem Blickwinkel des Jahres 1933 sehen. Das gilt selbst für ein der ›Machtergreifung‹ zeitlich so nahes Ereignis wie die Revolution von 1918/19. ›1933‹ läßt sich nicht einfach aus ›1918‹ ableiten. Das Scheitern der Weimarer Republik war keine notwendige Folge ihrer Geburtsfehler. Der Nationalsozialismus wäre nach 1929 auch zur Massenbewegung geworden, wenn 1918/19 die Schwerindustrie sozialisiert und der Großgrundbesitz enteignet worden wäre. *Die* Machtergreifung, die am 30. Januar 1933 stattfand, hätte vermutlich verhindert werden können, wenn es keine Rittergutsbesitzer und keine Schwerindustriellen gegeben hätte. Aber die Möglichkeit, daß die Nationalsozialisten auf andere, nämlich parlamentarische Weise – über die vom Zentrum 1932 angestrebte schwarz-braune Koalition – an die Regierung gelangten, ließ sich durch die 1918 versäumten Eingriffe nicht ausschließen.

Der Nationalsozialismus war ja, was oft übersehen wird, nicht nur ein Nutznießer des obrigkeitsstaatlichen Erbes, sondern auch der teilweisen Demokratisierung, die sich in Deutschland seit dem 19. Jahrhundert vollzogen hatte. Massen, die seit vielen Jahrzehnten das allgemeine Wahlrecht kannten, ließen sich nicht so einfach politisch ausschalten, wie das 1930 den Architekten des Präsidialregimes, der Regierung mit den Notstandsvollmachten des Reichspräsidenten und zunehmend *ohne* den Reichstag, vorschwebte.

HITLERS Triumph war, daß er an beides appellieren konnte: an die verbreiteten Ressentiments gegenüber dem neuen, angeblich von den Siegern des Ersten Weltkrieges oktroyierten und daher ›undeutschen‹ Parlamentarismus *und* an den verbrieften Anspruch der Massen auf politische Teilhabe. Was er an die Stelle der gescheiterten parlamentarischen Demokratie und des autoritären Präsidialregimes zu stellen versprach, war ein plebiszitär legitimierter ›Führerstaat‹, in dem der Wille des Volkes reiner als je zuvor zur Geltung kommen sollte. Der pseudodemokratische Appell an die Massen war *der* Schlüssel zu HITLERS Wahlerfolgen, und diese Erfolge waren nur zu erklären durch einen der Widersprüche des deutschen Modernisierungsprozesses: das Nebeneinander von Obrigkeitsstaat und allgemeinem Wahlrecht.

Mit der Machtübertragung an HITLER am 30. Januar 1933 endete nicht nur die Weimarer Republik, sondern auch der sehr viel ältere preußisch-deutsche Rechts- und Verfassungsstaat. Es folgte ein Unrechtssystem, dessen zerstörerische Politik mit innerer Logik in die Selbstzerstörung mündete. Da es den Deutschen nicht gelang, sich von HITLERS Herrschaft zu befreien, stand an deren Ende der Untergang des ersten, von BISMARCK geschaffenen deutschen Nationalstaates.

1945 war eine sehr viel tiefere Zäsur als 1918/19. Die alliierte Besatzung verhinderte die Wiederholung dessen, was nach dem Ersten Weltkrieg eintrat: die Kompromittierung der deutschen Demokraten durch Kompromisse mit den Machthabern des vorausgegangenen Regimes. Durch den Verlust der Ostgebiete und die Enteignung des Großgrundbesitzes in der Sowjetischen Besatzungszone hörte eine alte Machtelite, die besonders aktiv gegen die Demokratie gekämpft hatte, zu bestehen auf: das ostelbische Junkertum. Das Land Preußen wurde 1947 durch Gesetz des Alliierten Kontrollrates aufgelöst. Viele Jahre lang gab es kein deutsches Militär. Die höchsten Funktionsträger des ›Dritten Reiches‹, soweit sie den ›Zusammenbruch‹ überlebt hatten, wurden von einem alliierten Militärtribunal abgeurteilt.

Daß Deutschland nach 1945 geteilt wurde, hatte seinen unmittelbaren Grund darin, daß die vier Siegermächte – die USA, die Sowjetunion, Großbritannien und Frankreich – sich nicht auf eine gemeinsame Lösung hinsichtlich der Zukunft des besetzten Landes verständigen konnten. Einig waren sie sich nur darin, daß von Deutschland nie wieder Entwicklungen ausgehen durften wie die, die zu den beiden Weltkriegen geführt hatten. Insofern trugen die Deutschen selbst die Verantwortung für die staatliche Trennung, die bis 1990 währte.

Die Chance, einen zweiten Versuch in Sachen Demokratie zu unternehmen, erhielten nur die Westdeutschen. Die zweite deutsche Demokratie, die ›alte‹ Bundesrepublik Deutschland, war vor allem deshalb so viel stabiler als die erste, weil sie sich unter den Vorzeichen eines langanhaltenden wirtschaftlichen Wachstums entwickeln konnte und von den westlichen Siegermächten schon einige Jahre nach Kriegsende als Partner akzeptiert wurde. Aber ›Bonn‹ wurde auch deshalb nicht ›Weimar‹, weil es Weimar gegeben hatte. Die Väter und Mütter des Grundgesetzes konnten aus den Erfahrungen der gescheiterten Demokratie von 1918/19 lernen, und was sie daraus lernten, trug viel dazu bei, daß sich in der Bundesrepublik eine funktionsfähige parlamentarische Demokratie herausbildete.

Die alte Bundesrepublik wurde, anders als die Weimarer Republik, zu einem in vieler Hinsicht typisch ›westlichen‹ Land. Aber sie war nur ein Teil Deutschlands. Im anderen Teil erhielten die Deutschen keine Gelegenheit, eine neue Demokratie aufzubauen. Sie mußten in der Staatsform leben, die ihnen von der sowjetischen Besatzungsmacht auferlegt wurde: in einer kommunistischen Parteidiktatur. Die Deutschen in der DDR hatten auch materiell, in Gestalt der Reparationen, in ungleich höherem Maß und sehr viel länger als die Bundesdeutschen an den Folgen des Krieges zu tragen. Die Bereitschaft, sich mit den bestehenden Verhältnissen innerlich abzufinden, war infolgedessen in der DDR sehr viel geringer als im Westen Deutschlands.

Auf der anderen Seite war die Teilung Deutschlands eine Bedingung des Gleichgewichts zwischen Ost und West und damit der Stabilität in Europa. Nach dem Bau der Berliner Mauer im August 1961, der die Spaltung Deutschlands im Wortsinn zementierte, konnte ›Realpolitik‹ nur noch bedeuten, die Folgen der Teilung erträglicher zu machen. Als die Sowjetunion unter GORBATSCHOW seit Mitte der achtziger Jahre begann, ihr eigenes System in Richtung Pluralismus und Demokratie zu verändern, wuchsen in der DDR wie in der alten Bundesrepublik die Hoffnungen, daß es auch im östlichen deutschen Staat zu einem solchen Wandel kommen werde. Aber die SED verweigerte sich durchgreifenden Reformen, und als im Herbst 1989 die Krise in ein revolutionäres Stadium trat, war es für die Versuche einer Stabilisierung auf der Basis der Eigenstaatlichkeit der DDR zu spät.

Die Mehrheit der Ostdeutschen sah in der staatlichen Einheit die einzige Möglichkeit, ihren Anspruch auf Gleichberechtigung mit den Westdeutschen durchzusetzen. Die Sowjetunion hätte die DDR gegen den Willen der Ostdeutschen, also mit militärischer Gewalt, nicht aufrechterhalten können, ohne eine Weltkrise auszulösen. Daher war ein Veto gegen den Zusammenschluß von Bundesrepublik und DDR nicht durchzuhalten. Die feste Einbindung des vereinten Deutschlands in den Westen hatte auch aus sowjetischer Sicht einen Vorteil: nämlich ein Stück Stabilität in einer Phase des weltgeschichtlichen Umbruchs zu verbürgen. Die gleiche Überlegung veranlaßte auch die westeuropäischen Verbündeten der Bundesrepublik, ihre Vorbehalte gegen ein einheitliches Deutschland zurückzustellen und der ›westlichen‹ Lösung der ›deutschen Frage‹ zuzustimmen.

Das vereinte Deutschland ist ein ›postklassischer‹ Nationalstaat, der auf bestimmte militärische Attribute von Souveränität, darunter Atomwaffen, verzichtet hat und von vornherein in supranationale Zusammenschlüsse wie Europäische Gemeinschaft und Atlantikpakt eingebunden ist. Dieses ›a priori‹ der Vereinigung spricht zunächst einmal gegen einen neuen ›deutschen Sonderweg‹ im Sinne einer abermaligen Abweichung Deutschlands vom demokratischen Pfad des Westens. Doch die gesamtdeutsche Demokratie steht erst an ihrem Anfang, und sie wird härteren Bewährungsproben ausgesetzt sein als jenen, die die Westdeutschen zwischen 1949 und 1990 zu bestehen hatten. Zu wissen, warum alle Welt dem Umgang der Deut-

schen mit der Demokratie so viel Aufmerksamkeit widmet, reicht noch nicht aus, die Demokratie zu sichern. Aber historische Erkenntnis ist eine notwendige Voraussetzung dafür, daß die Demokratie sich im vereinten Deutschland behauptet und weiterentwickelt.
Zu eben dieser Erkenntnis will das vorliegende Buch einen Beitrag leisten.

*Wolfgang Schieder*
# 1848/49: Die ungewollte Revolution

»Dieser März 1848 ist die große Geschichtswende der Deutschen im 19. Jahrhundert. Es gibt seitdem Vormärz und Nachmärz. Die Geister, die Köpfe, die Herzen schieden sich. Man mußte auf der einen oder der anderen Seite der Barrikade stehen.«
Große Worte über ein fernes Ereignis. Sie wurden 1930 niedergeschrieben. Der Historiker VEIT VALENTIN faßte damit sein Monumentalwerk über die deutsche Revolution von 1848/49 zusammen. Sein historisches Urteil war eindeutig: Diese Revolution schuf in Deutschland ein für allemal Klarheit. Wer mit dem Vormärz und dem Weg zur Revolution sympathisierte, der nahm für Freiheit und Fortschritt Partei. Wer aus der Sicht der Katastrophe des Nachmärz nach dem Sinn der Revolution fragte, gehörte ins Lager der Reaktion.
Heute sind wir uns darin nicht mehr so sicher. Waren »Fortschritt« und »Reaktion« in Deutschland seit 1848 wirklich so klar zu unterscheiden? Brachte das Jahr 1848 tatsächlich die große Wende der neueren deutschen Geschichte? Zeigte sich darin nicht eher die Unfähigkeit der Deutschen zur Revolution? Hatte daher nicht der Historiker RUDOLF STADELMANN recht, der im tristen Jubiläumsjahr 1948 kritisch feststellte: »Das Gift einer unausgetragenen, verschleppten Krise kreist von 1850 ab im Körper des deutschen Volkes. Es war die typische Krankheit des ›Landes ohne Revolution‹.« Die Revolution von 1848 hätte ein Wendepunkt deutscher Geschichte sein können; aber sie war es nicht. Sie brachte soziale und politische Gegensätze zutage, aber sie hob diese nicht auf. In ihr wurde zu Veränderungen aufgerufen, aber sie veränderte nicht.
Woran lag das? Hören wir dazu die Meinungen von zwei Zeitgenossen aus entgegengesetzten politischen Lagern. Zunächst eine konservative Stimme, die des einstmals vielgelesenen Kultursoziologen WILHELM HEINRICH RIEHL. Für RIEHL stand und fiel die Revolution mit dem Bürgertum:

»Aus dem Schoße des deutschen Bürgertums ging der ideelle Anstoß zu der Märzbewegung von 1848 als einer nationalen und konstitutionellen Reformbewegung hervor. Es waren die Chorführer der bürgerlich freisinnigen Richtung, welche an der Spitze standen... Der bürgerliche Liberalismus wollte Fürsten;

aber nicht von Gottes Gnaden. Konstitutionelle Monarchie, aber doch zugleich eine demokratische – ›auf breitester demokratischer Grundlage‹. Einen König, der herrscht, aber nicht regiert. Der freisinnige Bürger war froh, daß es nebenbei noch Fürsten gab, er erschrak aber, als der König von Preußen beim Kölner Dombaufest laut sagte, es gebe noch Fürsten. Er wollte eine Kammer, die den Minister in die Tasche stecken könne, aber darum doch nicht selber regiere. Politische Vertretung der Gesellschaft im allgemeinen – aber nicht im besonderen. Eine Republik in Frankreich, damit die deutschen Fürsten Respekt vor dem Konstitutionalismus behalten möchten. Deutsche Grundrechte – aber mit Ausnahmen. Religionsfreiheit, aber keine Jesuiten, Klöster und Freigemeindler. Volksbewegung, Volksforderung, Sieg des Volkes – aber keine Revolution... Man wollte, wie der beliebte technische Ausdruck lautete, gleich weit entfernt bleiben ›von der Anarchie wie von der Reaktion‹. Dadurch verfiel man zuerst der Anarchie und nachher der Reaktion.«
Zum Vergleich eine Stellungnahme aus dem Lager des revolutionären Sozialismus. FRIEDRICH ENGELS charakterisierte 1851 nach dem Scheitern der Revolution das Verhalten der Bourgeoisie folgendermaßen:

»Sie wußte, daß es den Augenblick zu nutzen galt, und daß sie ohne die Unterstützung der Arbeitermassen unterliegen werde – und dennoch ließ sie ihr Mut im Stich. Deshalb stellte sie sich bei den ersten vereinzelten Erhebungen in der Provinz auf seiten der Regierung, bemühte sich, das Volk in Berlin ruhig zu halten, das sich fünf Tage lang in dichten Massen vor dem königlichen Schlosse drängte, um die Neuigkeiten zu erörtern und Änderungen in der Regierung zu verlangen; und als der König schließlich auf die Nachricht vom Sturze Metternichs hin einige geringe Zugeständnisse machte, betrachtete die Bourgeoisie die Revolution für beendet und beeilte sich, Seiner Majestät für die Erfüllung aller Wünsche seines Volkes zu danken. Aber dann folgten der Angriff des Militärs auf die Menge, die Barrikaden, der Kampf und die Niederlage des Königtums. Jetzt bekam alles ein anderes Gesicht. Gerade die Arbeiterklasse, die die Bourgeoisie im Hintergrund zu halten bestrebt gewesen, war in den Vordergrund gedrängt worden, sie hatte gekämpft und gesiegt und gelangte mit einem Schlag zum Bewußtsein der eigenen Kraft... Es drohte die Gefahr einer Wiederholung der Pariser Szenen der ›Anarchie‹. Angesichts dieser Gefahr verschwanden alle früheren Zwistigkeiten. Dem siegreichen Arbeiter gegenüber, mochte er auch noch gar keine eigenen Forderungen aufgestellt haben, verbanden sich die Freunde mit ihren langjährigen Feinden, und das Bündnis zwischen der Bourgeoisie und den Anhängern des gestürzten Systems wurde noch auf den Barrikaden von Berlin geschlossen.«

Beide Aussagen liegen überraschend nahe beieinander. In beiden wird das liberale Bürgertum gleichermaßen für das Scheitern der Revolution verantwortlich gemacht. Und auch die Begründungen sind nahezu dieselben. Sowohl RIEHL wie ENGELS warfen dem Bürgertum vor, sich aus Angst vor Anarchie in die Arme der Reaktion begeben zu haben. Sie zogen daraus unterschiedliche Konsequenzen. Der Sozialist ENGELS setzte künftig allein auf die Arbeiter, der Konservative RIEHL auf die Bauern. Aber: Man stimmte darin überein, daß das Bürgertum das Scheitern der Revolution verschuldet habe. Damit war ein Sündenbock gefunden. Bis heute ist seitdem, je nach Standpunkt der historischen Kritiker, immer wieder vom »Versagen« oder vom »Verrat« des Bürgertums die Rede, wenn nach den Gründen für den Mißerfolg der Revolution von 1848 gesucht wird. Verraten worden sei die demokratische Volksbewegung, seien die Arbeiter, Bauern und Kleinbürger, die zu den Waffen gegriffen hätten, verraten worden sei das Volk von seinen Führern.

Die Kritiker des Bürgertums gehen freilich von zwei Voraussetzungen aus, die den historischen Realitäten nicht entsprechen. In der Revolution versagt oder die Revolution gar verraten haben kann man erstens nur, wenn man diese überhaupt je wünschte, und wenn man zweitens die reale Chance hatte, sie siegreich zu beenden. Beides traf für das Bürgertum 1848 aber nicht zu. Die ganz große bürgerliche Mehrheit wollte keine Revolution. Und sie wollte keine Revolution, weil sie deren Erfolgschancen niedriger einschätzte als den Weg allmählicher Veränderung. Nicht der Wille zu kompromißloser

Konfrontation, sondern die Bereitschaft zu einvernehmlichen Vereinbarungen mit dem politischen Gegner bestimmte vor 1848 in Deutschland die Politik der oppositionellen Mehrheit des Bürgertums.

Unter den historischen Bedingungen des vormärzlichen Deutschland war das eine Strategie, die durchaus erfolgversprechend war, jedenfalls so erfolgversprechend wie Geheimbündelei, revolutionäre Massenpropaganda und radikaler Aktionismus, auf welche vor 1848 die bürgerliche Minderheit der Demokraten setzte. Drei Umstände zumindest machten die liberale Strategie bürgerlicher Emanzipation erklärlich:

Zum *ersten* muß man sehen, daß es in Deutschland bis 1848 zwar bürgerliche Gruppen gab, aber kein geschlossenes Bürgertum. Die vielbeschworene Klasseneinheit von »Bildung und Besitz« war noch nicht vollzogen. In historischer Sicht zeigt sich vielmehr ein fundamentaler Gegensatz zwischen diesen beiden klassischen Formen bürgerlicher Existenz.

»In den verfassungspolitischen Zielen«, schreibt WERNER CONZE, »herrschte bei der liberalen ›Bewegungspartei‹ im großen und ganzen Übereinstimmung, aus der sich als Antwort auf die obrigkeitliche ›Reaktion‹ die Tendenz zu einer immer starrer werdenden Front gegenüber dem Staat ergab, während es zum demokratischen Radikalismus gleitende Übergänge gab. Von einer auch nur annähernd ähnlichen Übereinstimmung oder gar Frontbildung konnte aber in den Fragen der Wirtschafts- und Sozialverfassung beim deutschen Liberalismus des Vormärz nicht die Rede sein.«

CONZE sieht mannigfaltige Gründe »für diese weitverbreitete Inkongruenz von politischem und wirtschaftlichem Liberalismus«:

»Abgesehen von den Argumenten, die sich jeweils aus regionalen oder sozialen Geschäftsinteressen, Produktionsbedürfnissen oder auch Wahrung des Sozialprestiges ergaben (z. B. für Schutzzölle oder für Zünfte), wäre dabei wohl vor allem zu berücksichtigen, daß die politischen Wortführer des deutschen Liberalismus jener Zeit vorwiegend der akademischen Bildungsschicht angehörten, von einem historisch und philosophisch-sittlich begründeten Idealismus erfüllt waren, dabei aber der Welt der Wirtschaft und der Technik meist fern standen, während umgekehrt die Männer der jungen Industrie und Technik noch wenig in die große politische Öffentlichkeit eingetreten waren.«

Die Kluft zwischen gebildeten und besitzenden Bürgern ließ eine einheitliche Schlachtordnung gegen den monarchischen Spätabsolutismus nicht zu. Für die bürgerliche Machtergreifung fehlte die Einheit der bürgerlichen Klasse. Keine gute Ausgangsbasis für eine bürgerliche Revolution.

Ein *Zweites* kommt hinzu. Bekanntlich fehlte es in Deutschland an einer zentralen nationalen Handlungsebene. Was in Frankreich 1789 die Voraussetzung bürgerlicher Revolution war, mußte in Deutschland erst noch geschaffen werden. Wieviel politischen Sprengstoff das Einheitsstreben der verspäteten Nation enthielt, läßt die Übersicht des Historikers KARL-GEORG FABER erkennen:

»Der Deutsche Bund von 1815 war in den Formen einer lockeren Föderation von Fürsten und Freien Städten organisiert worden, ohne daß das Volk oder die Nation ein Mitwirkungsrecht erhalten hatte. Zu seinen Mitgliedern gehörten nichtdeutsche Fürsten, der König von Dänemark für das Herzogtum Holstein, der König der Niederlande für Luxemburg und (später) das Herzogtum Limburg, bis 1837 auch der englische König für das Königreich Hannover. Dem Umfang nach blieb der Bund teils hinter den Grenzen der Wohngebiete der Deutschen in Mitteleuropa zurück, teils griff er darüber hinaus. Im Norden, Osten und Süden fielen seine Grenzen mit denjenigen des 1806 untergegangenen Reiches zusammen. Das überwiegend deutsche Herzogtum Schleswig, in dessen nördlichem Teil eine dänische Minderheit lebte, lag außerhalb der Bundesgrenzen. Auch die preußischen Provinzen Ost- und Westpreußen sowie Posen, dieses mit einer polnischen Bevölkerungsmehrheit, gehörten nicht zum Bund.«

Nicht zum Deutschen Bund gehörten schließlich auch die ungarischen und italienischen Teile der österreichischen Monarchie. Für die deutsche Nationalbewegung in Österreich ergaben sich daraus schier unlösbare Probleme. FRIEDRICH HEBBEL deckte diese 1848 bei den

Wahlen zur Frankfurter Nationalversammlung in unnachahmlicher Weise auf:

»Die lieben Österreicher! Sie sinnen jetzt darüber nach, wie sie sich mit Deutschland vereinigen können, ohne sich mit Deutschland zu vereinigen! Das wird schwer auszuführen sein, ebenso schwer, wie wenn zwei, die sich küssen wollen, sich dabei den Rücken zuzukehren wünschen!«

Bedenkt man noch, wie stark Österreich und Preußen mit ihrer Militär- und Polizeimacht den Deutschen Bund beherrschten, wird die revolutionäre Enthaltsamkeit des bürgerlichen Liberalismus nochmals verständlicher. Ohne nationale Einheit war keine bürgerliche Herrschaft zu erreichen, aber nationale Einheit auch nicht ohne Zustimmung Preußens und Österreichs. Das deutsche Bürgertum befand sich damit in einer ungleich ungünstigeren Lage als die bürgerliche Klasse in England oder in Frankreich in historisch vergleichbaren Situationen.

Schließlich ein *Drittes*. Die fehlende Klassenhomogenität und die nationale Zersplitterung konnten nicht ohne Folgen bleiben für die politische Ideologie des deutschen Bürgertums.

»In der Front der Regierten war bis 1848 noch ungeschieden vereinigt«, schreibt RUDOLF STADELMANN, »was in anderen, politisch fortgeschritteneren Ländern sich schon parteimäßig und weltanschaulich differenziert hatte. Demokratische und liberale Tendenzen, republikanische und ständische Motive, romantische und aufklärerische Vorstellungen, freihändlerische und zünftlerische Argumente wogten durcheinander.«

Was unter diesen Umständen bürgerliche Politik sein konnte, formulierte am 8. Mai 1847 das Zentralorgan des vormärzlichen Liberalismus, die Heidelberger »Deutsche Zeitung«:

»Wir blicken auf eine volle Generation seit der Wiedergeburt Deutschlands zurück. Wir haben in dieser Zeit einen still instinktiven, vorsichtigen Gang politischer Entwicklung begonnen, im einzelnen unscheinbar, ja oft entmutigend, im großen ganzen nicht ohne Vertrauen gebende, ja selbst bedeutende Fortschritte; Fortschritte, die sich nicht sowohl in großen tatsächlichen Erfolgen, als in der Anregung des politischen Geistes, weniger in rasch vorausgeschobenen einzelnen Richtungen zeigen, als in einer stetigen und massenhaften Fortbewegung in der ganzen Breite aller Volksinteressen.«

Ganz zweifellos waren die vormärzlichen Liberalen in Deutschland in hohem Maße einem obrigkeitsstaatlichen Untertanengeist verhaftet. Aber nicht politisches Unvermögen oder biedermeierliche Beschaulichkeit waren es, sondern die Einsicht in die eigene politische Schwäche und das Vertrauen auf die verändernde Kraft der kleinen Schritte, die vor 1848 die liberale bürgerliche Politik in Deutschland prägten. Eine Revolution war unerwünscht – nicht so sehr, weil man das Ergebnis scheute, sondern weil sie den Prozeß allmählicher Veränderung zu gefährden drohte. Dazu nochmals RUDOLF STADELMANN:

»Der Funke der Revolution ist schließlich unvermutet und plötzlich in eine bürgerliche Welt gefallen, welche zwar seit langem eine Art stillschweigende Übereinkunft über die wünschenswerten Forderungen getroffen, aber radikale Außenseiter seit Jahren immer wieder abgeschüttelt hatte und jede Zuspitzung vermied.«

Überraschung, Verwirrung und bange Erwartung – das waren denn auch die ersten Reaktionen des deutschen Bürgertums auf die revolutionären Februarereignisse in Paris. Typisch war die erste Äußerung des rheinischen Industriellen FRIEDRICH HARKORT. Er hielt es für ausgeschlossen, daß die Revolution von Frankreich auf Deutschland übergreifen könnte:

»Wir Revolution? Wir in Preußen? Das ist ganz unmöglich. Wir wollen in Preußen friedliche volkstümliche Reform und liberale Verfassung, aber unter keinen Umständen Revolution.«

Aus Berlin berichtet am 28. Februar ein bürgerlicher Augenzeuge:

»Überall sah man kleine Gruppen gebildet von Menschen, welche die Köpfe zusammensteckten und über ungeheuerliche Dinge sprachen. Ging ein Gendarm herüber, so stoben sie wohl etwas auseinander oder sprachen ganz, ganz leise; aber gleich darauf war eine neue Gesellschaft da, die dasselbe Gespräch fortführte und von Stunde zu Stunde mehrte sich die Zahl derjenigen, die Neues erfahren oder mitteilen wollten.

Das Neue, das alle Bewegende war: ›In Paris ist die Republik proklamiert, Louis Philippe ist fortgejagt – wer weiß, was daraus wird.‹«

CARL SCHURZ, der später emigrierte und Innenminister der Vereinigten Staaten von Amerika wurde, erlebte den Ausbruch der Revolution in Bonn:

»Eines Morgens gegen Ende Februar des Jahres 1848 – wenn ich mich recht erinnere, war es ein Sonntagmorgen – saß ich ruhig in meinem Dachzimmer am Ulrich von Hutten arbeitend, als plötzlich einer meiner Freunde fast atemlos zu mir hereinstürzte und rief: Da sitzt Du! Weißt Du es denn noch nicht? Nun, was denn? Die Franzosen haben den Louis Philippe fortgejagt und die Republik proklamiert! Ich warf die Feder hin – und der Ulrich von Hutten ist seitdem nie wieder berührt worden. Wir sprangen die Treppe hinunter auf die Straße. Wohin nun?«

Ja, wohin nun? So lautete die deutsche Grundfrage bei Ausbruch der Revolution von 1848. Stand jetzt in Deutschland der französische Weg zur bürgerlichen Republik offen? Oder würde der alte Militär- und Polizeistaat widerstehen und den monarchischen Absolutismus am Leben erhalten? Die Wortführer der bürgerlichen Opposition wünschten in ihrer übergroßen Mehrheit weder das eine noch das andere. Im einen wie im anderen Falle fürchteten sie um ihre Politik der kleinen Schritte. Es überrascht daher nicht, daß sie nach dem ersten Schreck erst recht die alten liberalen Forderungen wiederholten und diesen in Resolutionen, Petitionen und Volksversammlungen Massenresonanz zu verschaffen suchten.

Was war der zentrale Inhalt dieser »Märzforderungen«? Eine Petition Mannheimer Bürger an die badische Ständekammer faßte sie am 27. Februar präzise zusammen:

»Aus der großen Zahl von Maßregeln, durch deren Ergreifung allein das deutsche Volk gerettet werden kann, heben wir hervor:
1. Volksbewaffnung mit freien Wahlen der Offiziere,
2. unbedingte Preßfreiheit,
3. Schwurgerichte nach dem Vorbild England,
4. sofortige Herstellung eines deutschen Parlaments.«

Entscheidung war die vierte Forderung. Damit wurde sowohl die Herstellung deutscher Einheit verlangt wie deren parlamentarische Grundlegung und freiheitliche Ausführung. Noch war man sich auf bürgerlicher Seite auch einig, daß das nationale Parlament nicht gegen die Regierungen, sondern mit ihnen geschaffen werden sollte. Die 51 »Männer des öffentlichen Vertrauens«, die am 5. März 1848 in Heidelberg zusammenkamen, bekräftigten dies ausdrücklich. Sie beschlossen, »ihre betreffenden Regierungen auf das Dringendste anzugehen, sobald und so vollständig, als nur immer möglich ist, das gesamte deutsche Vaterland und die Throne mit diesem kräftigen Schutzwalle zu umgeben«.

Mit »Schutzwall« war eine Nationalversammlung gemeint. Die Wortwahl ist bezeichnend: Das nationale Parlament sollte die Throne schützen, nicht beseitigen; nationale Monarchie, nicht nationale Republik war das Ziel! Verhandlungen mit den Regierungen wurden aufgenommen.

Nach FRIEDRICH VON GAGERNS Wort war es deren Ziel, »den Regierungen die Leitung der gesetzlichen Bewegung für das deutsche Parlament zu erhalten«. Die Rechnung der bürgerlichen Wortführer schien aufzugehen, da stellten die Wiener und die Berliner Märzereignisse die liberale Politik der vereinbarten Revolution in Frage. Was war geschehen?

Dort, wo der vormärzliche Polizei- und Militärstaat am stärksten war, in den Metropolen Österreichs und Preußens, war auch die Auflehnung am heftigsten. Handwerker, Studenten, Arbeiter, die Massen der Großstadt stellten sich hier an die Spitze der Revolution. Die Regierungen reagierten mit nackter Gewalt, um dann doch der mobilisierten Gegengewalt zu weichen. Ein sächsischer Augenzeuge berichtet am 20. März 1848 aus Wien:

> »In wenigen Stunden eine mächtige Monarchie in Trümmern fallen und das ruhige aristokratische Wien drei mal vierundzwanzig Stunden lang ganz dem Mob preisgegeben zu sehen, das war ein erschütterndes Schauspiel. Die Ratlosigkeit in den höchsten Stellen ist nicht zu beschreiben... Die ungeschickte Verwendung des Militärs ermutigte die Umsturzpartei. Nun folgte eine Reihe der unglaublichsten Konzessionen. Alles wurde

nach und nach abgetrotzt; Studentenbewaffnung, Nationalgarde, Preßfreiheit, Konstitution.«

Vor allem aber wirkte der Sturz und die Flucht des Staatskanzlers METTERNICH, der die deutsche Politik jahrzehntelang starrsinnig beherrscht hatte, wie ein Fanal. Mit METTERNICH stürzte der starke Mann des alten Regimes, und er stürzte schon, als der österreichische Kaiserstaat in seinen autoritären Grundlagen noch kaum erschüttert war. Ungläubig berichtete der preußische Gesandte JOSEPH MARIA VON RADOWITZ am 14. März nach Hause:

»Die hiesige Regierung hat dem Aufruhr nachgegeben... Nach meiner vollkommensten Überzeugung war die Regierung Herr des Aufstandes... Nichts war leichter, als gestern abend die zusammengelaufenen Banden aus den Toren zu treiben, diese zu schließen und von den Wällen aus das breite Glacis freizuhalten, welches die Stadt von den Vorstädten trennt.«

METTERNICH resignierte, weil er hoffte, auf diese Weise das monarchische System zu retten. In nüchterner Einschätzung der Lage schrieb er am 2. April 1848 an einen ehemaligen Ministerkollegen:

»Sie legen meinem Rücktritt einen Wert bei, den er nicht verdient. Keine Gewalt auf Erden hätte mich zu demselben vermocht, hätte ich nicht geglaubt, auch nur von Ferne dem Gemeinwohl noch nutzen zu können, ja, hätte ich nicht die Überzeugung gehabt, zu schaden, statt zu nutzen. Meine Rolle war am 13. März ausgespielt, und über das rechte Maß muß niemand gehen. Alles, was dasselbe überschreitet, spricht sich als Schwäche aus, und Schwäche ist Gefahr.«

Was man freilich in Österreich von METTERNICH nach seinem Sturz wirklich dachte, brachte FRANZ GRILLPARZER in einer bissigen »Grabschrift« zum Ausdruck:

»Hier liegt, für seinen Ruhm zu spät
der Don Quichotte der Legitimität.
Der Falsch und Wahr nach seinem Sinne bog,
zuerst die andern, dann sich selbst belog;
Vom Schelm zum Toren war bei grauem Haupte,
weil er zuletzt die eigenen Lügen glaubte.«

Den Wiener Märzereignissen entsprachen die in Berlin. Auch hier gab es im Februar 1848 zunehmende Unruhen in der Bevölkerung. Plakate, Flugblätter, schließlich Volksversammlungen und Straßenaufläufe bestimmten die Szene. Als das Militär am 18. März unvermittelt in die Menge schoß, brach der Sturm los. Im Zentrum der Stadt kam es zu blutigen Barrikadenkämpfen. Ähnlich wie in Wien wich das alte Regime zurück, obwohl es militärisch die Oberhand behielt. In einem nächtlichen Aufruf wandte sich König FRIEDRICH WILHELM IV. verschreckt an seine »lieben Berliner«:

»Kehrt zum Frieden zurück, räumt die Barrikaden, die noch stehen, hinweg und entsendet an mich Männer, voll des echten alten Berliner Geistes mit Worten, wie sie sich Eurem Könige gegenüber geziemen, und ich gebe Euch mein Königliches Wort, daß alle Straßen und Plätze sogleich von den Truppen geräumt werden sollen und die militärische Besetzung nur auf die notwendigen Gebäude des Schlosses, des Zeughauses und weniger anderer, und auch da nur auf kurze Zeit, beschränkt werden wird.«

Die Kapitulation des preußischen Militärstaates trat vollends am nächsten Morgen zutage, als sich der König dazu zwingen ließ, vor die Leichen der gefallenen, ermordeten und standrechtlich erschossenen Barrikadenkämpfer zu treten, eine symbolische Szene wie die der heimlichen Flucht METTERNICHS.

Die Märzrevolutionen in Wien und Berlin diskreditierten die bürgerliche Vermittlungsstrategie gleich in zweifacher Hinsicht. Erstens schien erwiesen, daß sich das alte Regime des monarchischen Absolutismus leichter durch revolutionäre Gewaltanwendung erschüttern ließ, als vorher zu erwarten war. Zum zweiten war fraglich geworden, ob die geschwächte Militärmonarchie, zumal in Preußen, überhaupt noch der geeignete Partner für einen Herrschaftskompromiß mit dem Bürgertum sein konnte. Die Unsicherheit, die sich daraus ergab, war die Chance der bürgerlichen Minderheiten, die auf die demokratische Republik setzten. Ihren ersten großen Auftritt hatten sie im Frankfurter Vorparlament. Die Situation am 30. März, einen Tag vor der Öffnung des Vorparlaments, schildert LUDWIG BAMBERGER, der spätere liberale Parteiführer der Bismarckzeit:

»Bis heute mittag waren 246 Deputierte eingeschrieben... Was von der Versammlung zu erwarten steht, weiß man hier noch nicht besser als anderswo – gar zu viel Wohlwollende und gar zu wenig Wohlgemute. Eine vorbereitende Besprechung gestern abend im Weidenbusch soll heftig gewesen sein, indem die Republikaner bereits hart aneinander gerieten mit den Konstitutionellen. Im fremden Publikum sieht's übrigens republikanischer aus als ich glaubte. Wenigstens sprechen die Republikaner laut, während die anderen schweigen. In den Frankfurter Herzen sitzt viel Furcht. ›Sind Sie auch für die Republik?‹, fragen sie mit bangen Gesichtern jeden Ankömmling, und es wird einem ordentlich wichtig zumut, mit so gespannter und ängstlicher Miene um seine Meinung konsultiert zu werden.«

In den Verhandlungen des Vorparlaments öffneten die Radikalen dann das Visier:

»Am zweiten Tag hielt Hecker eine gewaltige Rede zugunsten der zu schaffenden unteilbaren deutschen Republik, wobei der Präsident es nicht wagte, wegen der bedeutenden Überschreitung der zehn Minuten ihn zu unterbrechen. Hecker, eine einnehmende Gestalt mit langem wallenden Haar und einer glänzenden Rednergabe, machte ungeheuren Eindruck, und als er schloß, erfolgte ein Bravogebrüll, das nicht enden wollte.«

Der Mannheimer Rechtsanwalt FRIEDRICH HECKER schwang sich mit dieser Rede zum Führer der demokratischen Linken auf. Er hatte das rhetorische Talent zum Volkstribun. Was ihm an theoretischer Schärfe fehlte, hatte sein kühler Mannheimer Gesinnungsfreund GUSTAV VON STRUVE zu bieten. STRUVE legte auch das Programm der Radikalen vor, gipfelnd in der Forderung nach

»Aufhebung der erblichen Monarchie (Einherrschaft) und Ersetzung derselben durch frei gewählte Parlamente, an deren Spitze frei gewählte Präsidenten stehen, alle vereint in der föderativen Bundesverfassung, nach dem Muster der nordamerikanischen Freistaaten«.

Die Kraft der Demokraten reichte hin, das Vorparlament auf dem Weg zur Nationalversammlung zu halten. Es gelang ihnen jedoch nicht, die revolutionäre Permanenz der Versammlung zu erzwingen.

Insofern hat man neuerdings den Sieg der Demokraten im Vorparlament nicht zu Unrecht als einen »Pyrrhussieg« bezeichnet. Als die Nationalversammlung schließlich in der Frankfurter Paulskirche zusammentrat, war die demokratische Linke infolge des Wahlausgangs in hoffnungsloser Minderheit. Und das Parlament, das sie sich wünschte, war die Nationalversammlung auch nicht. Trotz ihres revolutionären Ursprungs war sie keine revolutionäre Versammlung. Sie war, wie der Demokrat ARNOLD RUGE treffend formulierte, »die deutsche Republik, wenn auch wider Willen«. Nicht überholt ist daher das folgende Urteil RUDOLF STADELMANNS:

»Man mißt die ›Deutsche Verfassungsgebende Nationalversammlung‹, die am 18. Mai in der Frankfurter Paulskirche zusammentrat, mit einem falschen Maßstab, wenn man in ihr eine revolutionäre Assemblée Nationale vermutet. Die große Chance, eine revolutionäre Vollzugsgewalt und einen deutschen Wohlfahrtsausschuß zu bilden, ist aus guten Gründen schon im Vorparlament versäumt worden. Die Nationalversammlung war von allem Anfang an ihrem Wesen nach eher eine Vereinbarungskörperschaft, ähnlich der preußischen Nationalversammlung und den süddeutschen Abgeordnetenkammern, als ein revolutionäres Tribunal.«

Die radikaldemokratische Minderheit des Vorparlaments hatte allerdings frühzeitig erkannt, wohin der parlamentarische Weg führte. Unter der Führung HECKERs zogen vierzig Mitglieder vor Abschluß der vorparlamentarischen Verhandlungen aus dem Vorparlament aus. HECKER und STRUVE kehrten schnurstracks in ihre badische Heimat zurück, um von dort aus die deutsche Republik zu proklamieren. Die direkte Aktion des nationalen Volkskriegs sollte erzwingen, was politisch durchzusetzen sie in Frankfurt vergeblich versucht hatten. Der aktionsfreudige HECKER gab damit ein Beispiel, das ihn in rasch verklärter Form zum Symbol der revolutionären Jugend werden ließ. Das »Hecker-Lied« wurde in der Revolution seitdem immer dann gesungen, wenn es blutiger Ernst wurde:

»Wenn die Roten fragen,
lebt der Hecker noch,
sollt Ihr ihnen sagen:

Ja, er lebet noch.
Er hängt an keinem Baume,
er hängt an keinem Strick,
sondern an dem Traume
der roten Republik.«

Der Hecker-Putsch scheiterte jedoch kläglich. Reguläre Truppen aus Baden, Hessen und Württemberg bereiteten ihm im April 1848 rund um Freiburg ein rasches Ende. Das Volk, auf das der Volkstribun gehofft hatte, verweigerte ihm die Gefolgschaft. Die erwartete Fraternisierung der Freischärler mit den Soldaten kam nicht zustande. Für die demokratische Revolution fehlte ganz einfach noch die Massenbasis. Schlimmer noch: HECKER diskreditierte durch seinen wilden Aktionismus die demokratische Bewegung. ROBERT BLUM, demokratischer Gesinnungsgenosse HECKERs und STRUVEs, aber trotz allem weiter auf die Nationalversammlung setzend, warf den badischen Revolutionären nach dem Scheitern ihres Aufstandes Verrat an der gemeinsamen demokratischen Sache vor:

»Hecker und Struve haben das Land verraten nach dem Gesetz – das wäre Kleinigkeit. Aber sie haben das Volk verraten durch ihre wahnsinnige Erhebung und es mitten im Siegeslauf aufgehalten – das ist ein entsetzliches Verbrechen.«

BLUMS Anklage entsprang sicherlich der Verzweiflung des Augenblicks. Die Politik der Demokraten wurde jedoch seitdem in der Revolutionszeit tatsächlich weithin mit Aufstand, Putsch und Anarchie verbunden. Demokratie assoziierte Terror und Gewalttätigkeit. Nicht zufällig erbaute sich die Gegenrevolution an dem zynischen Spruch »Gegen Demokraten helfen nur Soldaten«. Für die demokratische Bewegung war das ein schweres Handikap, zumal sich Demokraten auch in der Folgezeit immer wieder aufs neue zu lokalen, politisch nicht koordinierten Aufständen hinreißen ließen. Niederlage reihte sich hierbei an Niederlage, in einer Chronik der Wut, der Empörung, der Verzweiflung. Hier die wichtigsten Ereignisse:

*Berlin, 14. Juni 1848*: Republikanisch gesinnte Studenten und Arbeiter stürmen das königliche Zeughaus, um sich mit Waffen zu versorgen. Sie werden vertrieben, die Anführer drakonisch bestraft. Er-

bittert kommentiert die »Neue Rheinische Zeitung«, die sich unter der Redaktion von KARL MARX und FRIEDRICH ENGELS selbst als »Organ der Demokratie« verstand, die Vorgänge:
> »Wo waren die Herren Demokraten, als es galt, das Volk, das sie immer im Munde führten, anzuführen und zu leiten? Keiner war da, der sich an die Spitze des Volkes gestellt hätte. Das Volk sah sich verlassen und wußte nicht, was es beginnen sollte, nachdem es sich Waffen eroberte.«

*Frankfurt, 18. September 1848.* Die Frankfurter Bevölkerung probt den Aufstand gegen die Nationalversammlung. Ein Chronist notiert am 19. September:
> »Die Demokraten haben heute nachmittag eine große Volksversammlung auf der Pfingstheide gehalten. Außer dem berüchtigten Metternich von Mainz haben die Abgeordneten Schlöffel, Simon von Trier und Wesendonck gesprochen und aufgefordert, die Nationalversammlung zu sprengen, die Zentralgewalt aufzuheben und die Republik zu proklamieren. Morgen soll es losgehen.«

Tatsächlich brach der bewaffnete Aufstand noch am selben Tag aus. Seine ersten Opfer waren zwei konservative Abgeordnete der Paulskirche: Der FÜRST LICHNOWSKY und der General VON AUERSWALD. Die provisorische Regierung ließ in aller Eile reguläre preußische und österreichische Truppen zum Schutz der Nationalversammlung nach Frankfurt kommen. »Noch schwankt der Kampf«, berichtet der Korrespondent der »Neuen Rheinischen Zeitung« am Abend des 19. September. Zugleich aber weist er auf die Aussichtslosigkeit der Erhebung hin:
> »Und dennoch, wir gestehen es, wir haben wenig Hoffnung für den Sieg der braven Insurgenten. Frankfurt ist eine zu kleine Stadt, die unverhältnismäßige Stärke der Truppen und die bekannten konterrevolutionären Sympathien der Frankfurter Spießbürger sind zu überwiegend, als daß wir uns übergroße Hoffnungen machen könnten.«

Die preußischen und österreichischen Truppen machten dem Aufstand am nächsten Tag ein blutiges Ende.
*Lörrach, 21. September 1848:* GUSTAV VON STRUVE ruft in Baden

zum zweiten Male die deutsche Republik aus. Dieses Mal findet er mehr Anhang. Doch den allgemeinen Volkskrieg konnte er wieder nicht entfesseln. Die große Masse der Bauern im deutschen Südwesten ging für die Demokratie nicht auf die Barrikaden. Und städtische Massen gab es hier kaum. Von weiter her stießen nur Intellektuelle wie der junge Wilhelm Liebknecht zu den badischen Aufständischen. Das genügte nicht. Der Liberale LUDWIG HÄUSSER über den Demokraten GUSTAV VON STRUVE:

> »Er kam zu früh und zu spät. Zu spät, weil in Frankreich bereits die blutige Entscheidung gegen die Revolution ausgefallen war; zu früh, weil die Dinge in Baden denn doch nicht so verfault und haltlos waren, daß eine solche Expedition viel Erfolg erwarten konnte.«

*Wien, 6. Oktober 1848:* In Österreich befinden sich die Ungarn seit längerem in nationalem Aufstand. Als gegen sie in Wien Truppen zusammengezogen werden, meutern die deutschen Regimenter. Es kommt, erstmals in der Revolution, zur Verbrüderung von Soldaten mit Studenten, Arbeitern und Bürgern. Dieses Mal wird auch die Frankfurter Nationalversammlung mitgerissen. Die provisorische Zentralregierung schickt zwei »Reichskommissare«, die demokratische Linke eine eigene Delegation in die österreichische Metropole, mit ROBERT BLUM an der Spitze. Dieser weiß, worum es geht:

> »In Wien entscheidet sich das Schicksal Deutschlands, vielleicht Europas. Siegt die Revolution hier, so beginnt sie von neuem ihren Kreislauf; erliegt sie, dann ist wenigstens für eine Zeitlang Kirchhofsruhe in Deutschland.«

Die kaiserlichen Truppen siegen in Wien nach fünftägigem Straßenkampf. Mehrere tausend Tote und eine brennende Stadt sind die Bilanz des Sieges der monarchischen Reaktion. ROBERT BLUM wird unter bewußter Verletzung seiner parlamentarischen Immunität standrechtlich erschossen. In zahlreichen Liedern wurde er als Märtyrer der Freiheit besungen. Sein Schicksal deutete auf das blutige Ende der gesamten Revolution hin. Mit der Schlacht um Wien hatte die demokratische Linke ihren Kampf für die Revolution verloren. In Berlin kam es erst gar nicht mehr zu geordnetem Widerstand, als die

Monarchie im November die preußische Nationalversammlung von Truppen auseinandertreiben ließ und am 5. Dezember eine Verfassung oktroyierte. Woran lag dies? KARL MARX sah in der ersten, nur zu berechtigten Erbitterung vor allem »Verrat« im Spiele. In der »Neuen Rheinischen Zeitung« schrie er es am 7. November heraus: »Verrat jeder Art hat Wiens Fall vorbereitet.« Und er kannte auch die Verräterin. In dramatisch sich steigernder Anklage nannte er fünfmal ihren Namen: »Die Bourgeoisie«. Ihr schleuderte er denn auch sein »Vae victis« entgegen:

> »Die resultatlosen Metzeleien seit den Juni- und Oktobertagen, das langweilige Opferfest seit Februar und März, der Kannibalismus der Konterrevolution selbst wird die Völker überzeugen, daß es nur ein Mittel gibt, die mörderischen Todeswehen der alten Gesellschaft, die blutigen Geburtswehen der neuen Gesellschaft abzukürzen, zu vereinfachen, zu konzentrieren, nur ein Mittel – den revolutionären Terrorismus.«

Was »revolutionärer Terrorismus« sein sollte, kann man sich heute ausmalen. Er wäre, auch damals, das Ergebnis einer Strategie der Ausweglosigkeit, der Verzweiflung gewesen. MARX, der als Revolutionär doch immer Realist blieb, ist ihr letzten Endes nicht gefolgt. Erst später freilich wollte er sich eingestehen, daß die demokratische Bewegung in der achtundvierziger Revolution nicht nur infolge von Verrat, sondern auch an ihrer eigenen politisch-organisatorischen Schwäche gescheitert ist. Er räumte nunmehr ein, daß die demokratische Revolution nur Offiziere und Unteroffiziere, aber keine Soldaten gehabt habe. Die wissenschaftliche Forschung hat zwar inzwischen nachgewiesen, daß die demokratische Linke in der Revolutionszeit in einer breiten außerparlamentarischen Vereinsbewegung organisiert war. Auch und gerade für die Demokraten galt jedoch, was neuerdings DIETER LANGEWIESCHE für das gesamte politische Partciwesen der Revolutionszeit feststellte:

> »Das noch lockere Organisationsgefüge gehört ebenfalls zu den Gemeinsamkeiten des politischen Vereinswesen in den Revolutionsjahren. Keiner Richtung gelang es, Organisation und festen, institutionalisierten Instanzenzug, mit hierarchisch geordneten Zwischen- und Spitzengremien auf regionaler oder gar

nationaler Ebene aufzubauen. Dort, wo man dies versuchte, mißlang es.«

Im Grunde gab es in der Revolutionszeit nur eine demokratische Massenorganisation von gesamtdeutscher Bedeutung: die der »Arbeiterverbrüderung«. Die Historikerin FROLINDE BALSER beschreibt die Rolle dieser Organisation in der Revolution von 1848:

»Es war und blieb die Stärke dieser Arbeiterbewegung – und das Geheimnis ihres raschen Erfolges in ganz Deutschland –, daß sie praktisches Handeln über theoretische Erörterungen zu stellen wußte, und so der Gefahr entging, an der 1848/49 die Organisation der Demokratischen Partei in Deutschland gescheitert ist: der Gefahr nämlich, theoretische Erörterungen und prinzipielle Beschlüsse wichtiger zu nehmen als die organisatorische Einheit, die erst politisches Handeln ermöglicht.«

Die Arbeiterverbrüderung war innerhalb der demokratischen Bewegung der »aktivste Teil«. Nach Vorstellung von MARX und ENGELS hätte das eigentlich der Bund der Kommunisten sein sollen. Anfang 1849 gehörten der Arbeiterverbrüderung etwa 12000 bis 15000 Mitglieder an, die in 170 Ortsvereinen organisiert waren. Diese Arbeiterorganisation war damit mit Abstand die größte politische Vereinigung der Revolutionszeit. Der organisatorische Erfolg entsprach allerdings nicht dem politischen Einfluß der Arbeiterverbrüderung. Schon auf den gesamtdeutschen Demokratenkongressen und im Zentralausschuß der Deutschen Demokraten spielten ihre Führer keine Rolle. Hier gaben bürgerliche Intellektuelle den Ton an. Erst recht galt das für die Nationalversammlungen in Frankfurt und Berlin. Hier waren die sozialen Demokraten der Arbeiterverbrüderung überhaupt nicht vertreten. Soziale Demokratie der Handwerker und Arbeiter einerseits und bürgerliche Demokratie andererseits liefen in der Revolution nebeneinander her. Mit THOMAS NIPPERDEY muß daher gesagt werden:

»Die Linke war weder politisch noch sozial geschlossen oder homogen, sie war, Mehrheit hin, Mehrheit her, nicht eigentlich handlungsfähig und darum zwar ein revolutionäres Potential, aber kein dominanter revolutionärer Faktor. Alle Sozialanalysen, marxistische wie nichtmarxistische, zeigen die Inhomogenität der kleinen Leute, der Unterschichten: des Kleinbürgertums, der Gesellen, des entstehenden Proletariats, der radikalen Intelligenz.«

NIPPERDEY folgert daraus, »daß die radikale Alternative eine relativ geringe Realisierungschance, die liberale aber, soweit das damals erkennbar war, eine sehr viel bessere hatte. Die inneren Voraussetzungen zu einer radikalen Revolution waren kaum gegeben.« Aber auch die liberale Strategie der Vereinbarung, das muß hinzugefügt werden, führte in der Revolution nicht zum Ziel. Warum? Ist sie gescheitert, oder wurden die gegebenen Chancen von den Liberalen leichtfertig verspielt? Wir kehren mit dieser Frage in die Frankfurter Nationalversammlung zurück. Die Paulskirche entschied über den politischen Erfolg des deutschen Liberalismus in der Revolution.

Das erste deutsche Parlament hatte es nicht leicht. Die Anhänger des alten Obrigkeitsstaates lehnten den Frankfurter Parlamentarismus aus prinzipiellen Gründen ab, auch wenn sie dies anfangs nicht öffentlich zu erkennen gaben. Sehr charakteristisch war etwa der Rat, den LUDWIG VON GERLACH im November 1848 dem preußischen König zu geben suchte:

»Und endlich – man hüte sich, die Allianz mit der Versammlung oder der Zentralgewalt in Frankfurt durch Aufgeben auch nur eines Tüttelchens des Prinzips der Selbständigkeit des Königs zu erkaufen. Man stelle sich freundlich zum Reichsverweser, zur Versammlung in Frankfurt, soweit sie Ordnung machen und annehmbare Vorschläge bringen. Man alliiere sich soweit mit ihnen. Aber weiter lasse man sich durch ihre freundlichsten Beschlüsse nicht führen. Man reserviere über jeden ihrer Beschlüsse der Krone Preußens ihre freie Selbstbestimmung. Jene Gewalten sind ihrem Prinzip nach revolutionär, – Ausgeburten der pseudosouveränen Kopfzahl.«

Was den Verteidigern des monarchischen Absolutismus zu revolutionär war, war der demokratischen Linken zu wenig revolutionär. Mit fortschreitender Zeit sah sich die Paulskirche in der Revolution der Kritik der radikalen Demokraten ausgesetzt. Der Dichter GEORG HERWEGH brachte die antiparlamentarische Volksstimmung in

einem Lied zum Ausdruck, das er Strophe für Strophe in dem sarkastischen Refrain enden ließ:
»Im Parla – Parla – Parlament
das Reden nimmt kein End.«
Der Schriftsteller und Revolutionär FRIEDRICH KAPP nannte die Nationalversammlung ein »lächerliches Monstrum«, und FRIEDRICH ENGELS sprach im Rückblick von einer »Versammlung alter Weiber« und von einer »Bühne, auf der alte, längst überlebte politische Figuren ihre unfreiwillige Lächerlichkeit und ihre Impotenz im Denken wie im Handeln vor den Augen ganz Deutschlands zur Schau stellten«.
Die Ungeduld, die Enttäuschung der demokratischen Wortführer über den Immobilismus des Frankfurter Parlaments war begreiflich. Wenn sie aber ausschließlich das Urteil über die Paulskirche bestimmt, so wird dadurch der Blick für die historische Leistung des parlamentarischen Liberalismus von 1848 getrübt: Die Frankfurter Nationalversammlung schuf in monatelangen, fast einjährigen Verhandlungen unter größten inneren und äußeren Schwierigkeiten die erste gesamtdeutsche Verfassung. FRANK EYCK faßt den Inhalt dieser Verfassung folgendermaßen zusammen:

»In der Reichsverfassung waren für das Parlament, den Reichstag, zwei Häuser vorgesehen. Das Volkshaus wurde normalerweise auf drei Jahre gewählt. Im Wahlgesetz waren das allgemeine Männerwahlrecht und direkte, geheime Wahlen vorgesehen. Im Staatenhaus war jeder Staat wenigstens durch ein Mitglied vertreten, auch der kleinste; die Mitgliedszahl der anderen richtete sich nach der Größe. Die Hälfte wurde von den Regierungen der Länder, die Hälfte von den dortigen Volksvertretungen ernannt. Die Bindung von Mitgliedern beider Häuser durch Instruktionen war verboten. Das Staatenhaus war damit nicht in der Lage, als Vertretung der Länderregierungen zu fungieren. Die Reichsverfassung stellte zwar gewisse Grundprinzipien für die Einzelstaaten auf, ließ diese aber samt ihren Fürsten bestehen. Von Mediatisierung der kleineren Staaten oder von einer Aufteilung Preußens war nicht mehr die Rede. Die Reichsminister wurden vom Kaiser ernannt und übernahmen durch ihre Gegenzeichnung seiner Regierungshandlungen die konstitutionelle Verantwortung für sie. Die Zustimmung des Reichstags war bei Gesetzen und beim Reichshaushalt erforderlich. Der Reichstag hatte starke Kontrollfunktionen über die Regierung. Die Reichsregierung ihrerseits hatte ein aufschiebendes Veto gegen die Beschlüsse des Reichstages. Parlamentarische Regierung im englischen Sinne war nicht vorgesehen. Dies bedeutete aber nicht, daß die Abhängigkeit der Regierung vom Parlament gering war. Die Verfassung fußte weitgehend auf dem Prinzip der Gewaltentrennung. Der Rechtsstaat war durch die Grundrechte gewährleistet. Diese stellten einen tiefen Eingriff in die Kompetenz der Einzelstaaten dar.«

Der Katalog der Grundrechte war das Kernstück der Verfassung. Er vor allem wirkt bis heute in den Verfassungsvorstellungen der liberalen und sozialen Demokratie in Deutschland nach. Nach der prägnanten Formulierung von MICHAEL STÜRMER »bleiben vom Erbe der unvollendeten Revolution Grundrechte, Verfassungsstaat, ein allgemeiner Staatsbürgerbegriff – mit einem Wort eine zugleich liberale und zur Demokratie offene Ordnung des ›Politischen‹«. Und diese bleibenden Ergebnisse waren das Werk der Paulskirche. Man sollte sich deshalb hüten, die Frankfurter Nationalversammlung einfach als weltfremdes Professorenparlament oder gar als politische Schwatzbude abzutun. In der theoretisch-programmatischen Diskussion und Gestaltung lag die Stärke dieses ersten deutschen Parlaments.

Seine Schwäche allerdings war die politische Praxis. Welche Schwierigkeiten die bürgerliche Mehrheit des Liberalismus damit hatte, zeigte schon die Eröffnungsrede des ersten Parlamentspräsidenten HEINRICH VON GAGERN:

»Wir haben die größte Aufgabe zu erfüllen. Wir sollen schaffen eine Verfassung für Deutschland, für das gesamte Reich. Der Beruf und die Vollmacht zu dieser Schaffung, sie liegen in der Souveränität der Nation (*stürmisches Bravo*). Der Beruf und die Vollmacht, dieses Verfassungswerk zu schaffen, hat die Schwierigkeit in unsere Hände gelegt, um nicht zu sagen die Unmöglichkeit, daß es auf anderem Wege zustande kommen könnte. Die

Schwierigkeit, eine Verständigung unter den Regierungen zustande zu bringen, hat das Vorparlament richtig vorgefühlt, und uns den Charakter einer konstituierenden Versammlung vindiziert. Deutschland will Eins sein, ein Reich, regiert vom Willen des Volkes, unter der Mitwirkung aller seiner Gliederungen; diese Mitwirkung auch den Staaten-Regierungen zu erwirken, liegt mit in dem Beruf dieser Versammlung.«

Das war konstitutionelle Vereinbarungspolitik mit revolutionären Mitteln: GAGERN berief sich auf die Volkssouveränität, aber er wünschte die Mitwirkung der monarchischen Regierungen. Diese Strategie war erfolgversprechend, solange sich die Monarchie nicht gegen den Machtanspruch des Nationalparlaments zur Wehr setzte. Je mehr die Reaktion jedoch zu Kräften kam, desto geringer waren die Erfolgschancen der vereinbarten Revolution. Am Ende ist diese Politik daher gescheitert.

Der Weg in die liberale Katastrophe wird markiert durch drei Entscheidungssituationen, in denen die Ohnmacht des Parlamentes von Mal zu Mal deutlicher hervortrat. Beim ersten Mal ging es um die Einsetzung einer provisorischen Zentralregierung. Während die Demokraten zur Wahl eines revolutionären Vollziehungsausschusses drängten, war es das Ziel der Liberalen, die Zentralgewalt im Zusammenwirken mit den monarchischen Landesregierungen einzusetzen. Diese versagten jedoch ihre Mitarbeit. Die liberale Vereinbarungsstrategie wäre damit schon gescheitert, wenn HEINRICH VON GAGERN nicht einen genialen Einfall gehabt hätte. Am 24. Juni erkärte er in der Nationalversammlung:

»Meine Herren! Ich tue einen kühnen Griff, und ich sage Ihnen: Wir müssen die provisorische Zentralgewalt selbst schaffen (*langanhaltender stürmischer Jubelruf*).«

Der »kühne Griff« bestand darin, daß die Liberalen auf die Mitwirkung der Regierungen bei der Berufung einer Zentralgewalt verzichteten, dieser aber keine demokratischen, sondern nur eingeschränkte konstitutionelle Befugnisse gaben. Befriedigt schrieb der konservative Abgeordnete VON RADOWITZ nach der Abstimmung über die Einsetzung des österreichischen ERZHERZOGS JOHANN zum Reichsverweser nach Hause:

»Er wird keiner Verantwortlichkeit gegen die Nationalversammlung unterworfen, sondern nur seine Minister. Seine Stellung ist daher nicht die eines Präsidenten einer Republik, sondern die eines konstitutionellen Kaisers.«

Der Bankrott der liberalen Politik wurde so zwar vermieden. Diese geriet jedoch ein zweites Mal in die Krise, als Preußen mit Dänemark am 5. September 1848 einen Waffenstillstand schloß, ohne sich um die Nationalversammlung und deren Anweisungen zu kümmern. HELMUTH VON MOLTKE analysierte vier Tage später aus der Sicht des preußischen Monarchismus die Lage:

»Ich kann natürlich die Absicht unserer Regierung nicht kennen. Aber gewiß wird sie, ich meine den König, bei dem abgeschlossenen Waffenstillstand stehenbleiben, was auch immer in Frankfurt beschlossen wird. Wir sind an der äußersten Grenze des zu Duldenden angelangt... Die Zeit ist ernst, ein Bruch fast unvermeidlich, ein Bruch mit der Revolution in Preußen und mit Deutschland, soweit es in Frankfurt repräsentiert ist.«

Der Bruch wurde nochmals vermieden. Die liberale Mehrheit der Nationalversammlung wich erneut zurück, um weiterhin die Tür für eine Verständigung mit den monarchischen Regierungen offenzuhalten. In Wahrheit machte ihre Ohnmacht gegenüber dem selbstherrlichen preußischen Militärstaat die Hoffnung auf einen ausgehandelten nationalen Verfassungsstaat schon illusorisch.

Endgültig zerriß das Band zwischen dem bürgerlichen Liberalismus und dem monarchischen Obrigkeitsstaat aber erst am 3. April 1849. Die Nationalversammlung hatte nach der Vollendung der Reichsverfassung am 28. März den preußischen König zum Kaiser der Deutschen gewählt. FRIEDRICH WILHELM IV. aber lehnte die Krone ab, die ihm von einer Delegation der Nationalversammlung angetragen wurde. Schon Monate zuvor hatte er in einem privaten Brief die Gründe dafür unmißverständlich dargelegt:

»Die Krone, die die Ottonen, die Hohenstaufen, die Habsburger getragen, kann natürlich ein Hohenzoller tragen; sie ehrt ihn überschwenglich und mit tausendjährigem Glanze. *Die* aber, die Sie – leider – meinen, verunehrt überschwenglich mit ihrem Ludergeruch der Revolution von 1848, der albernsten, dümmsten, schlechtesten, wenn auch gottlob nicht der bösesten dieses Jahrhunderts. Einen solchen imaginären Reif, aus Dreck und Letten gebacken, soll ein legitimer König von Gottes Gnaden, und nun gar der König von Preußen sich geben lassen, der den Segen hat, wenn auch nicht die älteste, doch die edelste Krone, die niemandem gestohlen ist, zu tragen... Ich sage es Ihnen rundheraus: Soll die tausendjährige Krone deutscher Nation, die 42 Jahre geruht hat, wieder einmal vergeben werden, so bin ich es und meinesgleichen, die sie vergeben werden; und wehe dem, der sich anmaßt, was ihm nicht zukommt.«

Die Worte bedürfen keines Kommentars. FRIEDRICH WILHELM IV. hat das liberale Angebot zur Kooperation in vollem Bewußtsein zurückgewiesen, seinen wiedererstarkten Militärstaat im Rücken. Vereinbarung? Ja, aber nur mit seinesgleichen!

Die Liberalen waren seit dem 3. April wie gelähmt und zu keiner politischen Aktion mehr fähig. Sie gaben auf und überließen der Reaktion das Feld. Als Besiegte. Nur die Demokraten sammelten sich noch einmal zur letzten, gewaltigsten Schlacht der Revolution:

»Die Stunde ist gekommen, da es sich entscheiden wird, ob Deutschland frei und stark, oder geknechtet und verachtet sein soll. Die Vertreter der deutschen Nation von allen Bürgern und von Euch gleichfalls gewählt, haben die Reichsverfassung für ganz Deutschland beschlossen und als unverbrüchliches Gesetz verkündet. Die ganze Nation ist fest entschlossen, die Reichsverfassung durchzuführen. Aber dieselben Menschen, welche Deutschlands Freiheit und Einheit seit vielen Jahren auf unerhörte Weise darniederhalten, sie stemmen sich auch jetzt wieder entgegen. Die größeren Fürsten und ihre Kabinette verweigern der Reichsverfassung den Gehorsam. Sie sind Rebellen gegen den Willen und das Gesetz der Nation.«

Mit diesen Worten rief der Kongreß sämtlicher demokratischer März-Vereine Deutschlands am 6. Mai 1849 in Frankfurt zur Durchsetzung der Reichsverfassung auf. Ähnliche Aufrufe folgten in den nächsten Tagen von anderen Orten aus. Was in nahezu allen deutschen Staaten mit Aufrufen, Pressekampagnen und Straßenversammlungen begann, endete in Sachsen, in der Pfalz und in Baden im bewaffneten Aufstand.

Nach zweimonatigem zähen Kampf wurde die demokratische Volksarmee in Baden durch das preußische Heer besiegt. Rastatt, die letzte Festung der Aufständischen, fiel am 23. Juli. Jetzt begannen preußische Militärtribunale mit ihrer Arbeit. Standrechtliche Erschießungen und drakonische Freiheitsstrafen waren das Ergebnis. Zahllose Revolutionäre verließen ihre Heimat, wanderten aus. Die Revolution war zu Ende. Die Reaktion triumphierte.

Die Revolution ist gescheitert am Widerstand der alten Dynastien, der königstreuen Offiziere und Beamten, die ihre soziale Basis im Adel hatten. Sie ist auch gescheitert an der Lethargie der bäuerlichen Massen, die 1848 in Deutschland immer noch bei weitem den Hauptanteil der Bevölkerung stellten. Der alte Obrigkeitsstaat wurde durch die Revolution zwar schwer erschüttert, aber nicht in seinem Kern getroffen. Er konnte sich nach der Revolution daher erneut durchsetzen.

Die Revolution ist aber auch gescheitert an der inneren Schwäche der revolutionären Bewegung. Das deutsche Bürgertum war in sich nicht geschlossen. Daher war es von vornherein nicht zu einheitlichem politischen Handeln fähig, als es von der Revolution überrascht wurde. Erst recht nicht war es dazu in der Lage, mit anderen, übrigens ebensowenig homogenen sozialen Klassen gegen den vom Adel beherrschten Obrigkeitsstaat zu kooperieren. Für ein im historischen Rückblick auch noch so beschworenes Bündnis von Bürgertum und Volksmassen bestand 1848 keine reale Chance. Bürgerliche Liberale und Demokraten gingen in der Revolution auseinander und kämpften jeweils mit einer eigenen Strategie gegen die etablierten Mächte. Weder der liberale Weg der Vereinbarung noch der demokratische der Konfrontation führten zum Ziel. Am Ende waren sowohl Liberale wie Demokraten geschlagen. Siegreich war allein die konservative Gegenrevolution.

Eine gescheiterte Revolution konnte kein Wendepunkt der deutschen Geschichte sein. Sie war dies aber auch nicht im negativen Sinne. Was einmal mißlang, mußte nicht ein für alle Male unmöglich sein. Die gescheiterte Revolution ließ die Möglichkeit neuer Anläufe bürgerlicher Veränderungspolitik offen.

*Heinrich August Winkler*
# 1866 und 1878: Der Liberalismus in der Krise

Wer heute in der westlichen Welt sich selbst als »national« oder gar als »Nationalist« bezeichnet, der wird sich im Zweifel eher der politischen Rechten als der Linken zurechnen. »Nationale Kreise«: Das fiel schon im wilhelminischen Deutschland zusammen mit konservativer Gesinnung, auch wenn sich diese durchaus mit einem nationalliberalen Parteibuch vertrug. Aber die Gleichsetzung der Begriffe »national« und »rechts« versteht sich nicht von selbst.

»Das nationale Banner in der Hand der preußischen Ultras und der sächsischen Zünftler ist die Karikatur dessen, was es einst bedeutet hat, und diese Karikatur ist ganz einfach so zustande gekommen, daß die überwundenen Gegner sich das abgelegte Gewand des Siegers angeeignet und dasselbe nach ihrer Fasson gewendet, aufgefärbt und zurechtgestutzt haben, um als die lachenden Erben der nationalen Bewegung darin einherstolzieren zu können.«

So umschrieb 1888 der freisinnige Reichstagsabgeordnete LUDWIG BAMBERGER einen Vorgang, den wir in der Sprache unserer Zeit als »Funktionswandel des Nationalismus« bezeichnen würden.

Für BAMBERGER wie für andere Liberale war es eine durchaus neue Erfahrung, daß ostelbische Rittergutsbesitzer und wettbewerbsscheue Handwerksmeister – jene Säulen des konservativen Lagers, die BAMBERGER als »preußische Ultras« und »sächsische Zünftler« attackierte – sich als Hüter des nationalen Gedankens ausgaben. Denn vom Vormärz bis in die Reichsgründungszeit war die nationale Parole in erster Linie ein Ausdruck bürgerlicher Emanzipationsbestrebungen gewesen. Die Forderung nach nationaler Einheit richtete sich gegen den landsässigen Adel als den Träger der zahlreichen Einzelstaaten. Das Bürgertum dagegen begriff sich selbst als gesellschaftliche Verkörperung der deutschen Einheit, wobei die Bildungsschicht stärker auf die von ihr hervorgebrachte deutsche Nationalkultur hinwies, während die Unternehmer die politische Einigung Deutschlands aus den Notwendigkeiten eines nationalen Marktes ableiteten. Das zweite Argument trat im Zuge der Industrialisierung immer mehr in den Vordergrund. Nationalismus meinte bis in die frühen siebziger Jahre des 19. Jahrhunderts vor allem gesellschaftliche Modernisierung.

## 1866 und 1878: Der Liberalismus in der Krise

Die Gleichsetzung von »bürgerlich«, »liberal« und »national« ging so weit, daß 1861 HERMANN SCHULZE-DELITZSCH, ein ehemaliger achtundvierziger Demokrat, erklären konnte, er hätte der soeben gegründeten Partei der sogenannten »entschiedenen Liberalen«, der Deutschen Fortschrittspartei, am liebsten den Namen »Nationale Partei« gegeben, weil dies nicht bloß die deutsche Politik, sondern die ganzen übrigen Tendenzen der Partei gegenüber den dynastischen Gegenkräften einschließe. Wenn SCHULZE-DELITZSCH für den linken Flügel der preußischen Liberalen sprach, so äußerte sich im Juni 1861 die Berliner »National-Zeitung« ganz ähnlich für den rechten Flügel. Sie bezeichnete die Zersplitterung des Vaterlandes als eine »Folge der Grundlagen des feudalen Staatswesens« und fuhr dann fort:

> »Im deutschen Bürgertum ist die Spaltung der Nation überwunden... Wir sprechen hier vom Bürgertum und nicht vom Volk überhaupt, um die soziale Seite des Kampfes, welche die politische Doktrin oft zu sehr aus den Augen verloren hat, schärfer zu betonen.«

Ein Jahr später, im September 1862, brach mit der Ernennung OTTO VON BISMARCKS zum Ministerpräsidenten der preußische Verfassungskonflikt aus. Die »entschiedenen Liberalen« hatten die Regierung stärker als bisher dem Willen der parlamentarischen Mehrheit unterwerfen wollen. Sie strebten zwar nicht eine formelle Parlamentarisierung in dem Sinne an, daß einer der Ihren Ministerpräsident werden sollte. Aber die Regierung sollte doch nicht gegen den Willen des Abgeordnetenhauses Politik machen dürfen. Tat sie es dennoch, so sollte der König sie zugunsten eines neuen Kabinetts auswechseln, das sich mit der Mehrheit verständigte. Eine solche Machtverlagerung von der Exekutive zur Legislative setzte freilich voraus, daß auch das entscheidende Machtmittel der vollziehenden Gewalt, die Armee, nicht länger der parlamentarischen Kontrolle entzogen blieb. Eben dies war der Anlaß des Konflikts. Der Monarch, WILHELM I., und sein neuer Ministerpräsident, BISMARCK, wollten lieber gegen die Verfassung regieren, als von jenen Plänen einer Heeresreform abrücken, für die es keine parlamentarische Mehrheit gab. Vier Jahre lang lebte Preußen ohne gesetzmäßig verabschiedetes Budget – das heißt: unter einem von der Verfassung nicht vorgesehenen Notstandsregime. Im Herbst 1866 aber gelang es BISMARCK, sich vom rechten Flügel der Liberalen Absolution erteilen zu lassen. Die »Indemnitätsvorlage«, durch die das geschah, war eine Art rückwirkendes Ermächtigungsgesetz. BISMARCK bestätigte den Liberalen, daß die Staatsausgaben seit 1862 nicht dem geltenden Verfassungsrecht entsprochen hatten; die kompromißwilligen Liberalen verzichteten ihrerseits darauf, der Regierung deswegen weiterhin verfassungsrechtliche Vorhaltungen zu machen. Theoretisch war damit der Rechtsstandpunkt der Opposition anerkannt. Aber es gab keinerlei Garantie dafür, daß sich in Zukunft ein ähnlicher Konflikt nicht wiederholen würde. Die Verfassungen des Norddeutschen Bundes von 1867 und des Deutschen Reiches von 1871 verliehen dem Parlament nicht die Machtmittel, um die Regierung an gesetzwidrigen Ausgaben zu hindern. Warum also das Einlenken des rechten Flügels der Fortschrittspartei? Warum der Kompromiß mit BISMARCK?

Der preußische Verfassungskonflikt der Jahre 1862 bis 1866 war der letzte Versuch des deutschen Bürgertums, dem Feudaladel die politische Führungsrolle abzunehmen. Wie in der Revolution von 1848 ging es um ein doppeltes Ziel: Liberalisierung des Obrigkeitsstaates und nationale Einigung Deutschlands. Der wirtschaftliche Aufschwung der fünfziger Jahre hatte das Bürgertum mit neuem Selbstbewußtsein erfüllt. So schrieb am 31. Juli 1862 die linksliberale Berliner »Volkszeitung«:

> »Die materielle Welt ist zu mächtig geworden, um vom grünen Tisch aus gegängelt zu werden; die soziale Welt ist der Staatsweisheit über den Kopf gewachsen.«

Und noch im Februar 1866 nannte KARL TWESTEN, der intellektuelle Wortführer des rechten Fortschrittsflügels, in einer Rede vor dem Abgeordnetenhaus den Verfassungsstreit einen Konflikt zwischen Junkertum und Volk. Die Liberalen verträten das Bürgertum im weitesten Sinn und damit *die* Klassen des Volkes, die im Aufstieg begriffen seien seit dem Ende des Mittelalters, die die moralische Gewalt immer in den Händen hätten und über kurz oder lang auch in Preußen die politische Gewalt in den Händen haben würden.

Aber gerade in Preußen lag auch klar zutage, weshalb die Liberalen davor zurückschreckten, eine neue revolutionäre Kraftprobe mit den alten Gewalten zu suchen. Der ostpreußische Gutsbesitzer LEOPOLD VON HOVERBECK, Abgeordneter der Fortschrittspartei im preußischen Landtag, sprach in Briefen vom Sommer 1865 die Gründe offen aus. An einen seiner politischen Freunde schrieb er:

»Wir, die wir für Volksfreiheit arbeiten, stehen... auf keiner soliden Grundlage... Auf die große Masse des Volkes..., auf die dritte und teilweise zweite Wählerklasse haben alle unsere Beratungen keinen Einfluß, da sie nichts davon erfahren – wenn sie nicht gar die offizielle Provinzialkorrespondenz noch absolutistischer macht, als sie das ihrem ganzen Bildungsgange nach schon sind... Die nächste Zukunft könnte leicht beweisen, wie schwach es noch mit der gerühmten politischen Reife unseres Volkes bestellt ist, von der viele Preußen, namentlich wenn sie mit deutschen Kleinstaatlern sprechen, das Maul so vollnehmen.«

Die Furcht, die Bevölkerung des platten Landes – und das war die überwältigende Mehrheit des preußischen Volkes – folge noch immer den Konservativen eher als den Liberalen, war nur zu begründet. Auf der anderen Seite begann sich in den sechziger Jahren auch eine selbständige Arbeiterbewegung zu regen, die den Führungsanspruch der Liberalen nicht mehr anerkannte. Das klassenkämpferische Pathos der Liberalen konnte nicht darüber hinwegtäuschen, daß sie sich einer breiten Massenbasis keineswegs sicher waren. Das besitzfreundliche Dreiklassenwahlrecht verdeckte diesen Sachverhalt nur notdürftig.

Ein entscheidender Grund für die strukturelle Schwäche des Liberalismus lag nach Ansicht des gemäßigten Flügels der Fortschrittspartei in der Kriegsverfassung des Deutschen Bundes, wie sie 1821 von den Mitgliedern dieses schwerfälligen Staatenbundes vereinbart worden war. Um auch nur den bloßen »Schein von Suprematie eines Bundesstaates über den anderen« zu vermeiden, durfte kein einzelner Staat mit mehr als drei Armeekorps im Bundesheer vertreten sein. Die europäische Großmacht Preußen unterhielt aber ein sehr viel größeres Heer, nämlich sechs weitere Armeekorps, und sie durfte das auch, da sie nicht mit ihrem ganzen Territorium dem Deutschen Bund angehörte: Ihre Ostprovinzen lagen ebenso außerhalb des Bundesgebietes wie große Teile der Habsburger Monarchie, der Präsidialmacht des Deutschen Bundes. Preußen trug also weitaus höhere militärische Lasten als die, zu denen es als Mitgliedsstaat des Deutschen Bundes verpflichtet gewesen wäre. Andere deutsche Staaten profitierten von diesem preußischen Übersoll. Im Vertrauen darauf, daß Preußen im Ernstfall sein gesamtes Heer Deutschland zur Verfügung stellen werde, hielten sie ihre eigenen militärischen Anstrengungen in bescheidenen Grenzen. Die Überbürdung Preußens mit Militärlasten war nun aber nach Meinung vieler Liberalen der Grund für jene soziale Militarisierung, die sich im Untertanengeist der Massen niederschlug. Das nichtpreußische Deutschland trug aus dieser Sicht folglich eine Mitschuld an der preußischen Misere. Der Abgeordnete MAX VON FORCKENBECK, in den siebziger Jahren Präsident des Deutschen Reichstages, drückte den Zusammenhang 1859 so aus:

»Ohne eine andere Gestaltung der deutschen Verhältnisse ist... für die Dauer auch die Existenz einer vernünftigen und freien Verfassung Preußens eine Unmöglichkeit. Bleiben die deutschen Verhältnisse so, wie sie sind, so wird und muß in Preußen nur der Militärstaat weiter ausgebildet werden.«

Die liberale Berliner »National-Zeitung« kam am 11. Juni 1864 zu einem ähnlichen Urteil:

»Nun aber ist die höchste Anspannung aller Kräfte eines Volkes eines Landes für den Krieg sehr selten ein Mittel, um zugleich seine innere Freiheit emporzubringen. Weder das preußische Volk noch seine Volksvertretung gewinnt an Freiheit, wenn fortwährend der kriegerische Beruf des Staates für den dringendsten und höchsten gilt. Die höchsten Steuern müssen in diesem Fall nach dem Verlangen der Militärbehörden bezahlt, der höchste Militäraufwand bestritten werden unter beständiger Verstärkung der bewaffneten Macht. Was aber für Geschäfte das parlamentarische Leben dabei macht, wissen wir alle nur zu gut. Es kommt dahin, daß alle, welche für die bürgerlichen Aufgaben des Staates Sinn behalten, den Ehrentitel von ›Schwätzern‹ empfangen, und nur die Leistung und der Gehorsam des Soldaten heißen nützlich für den Staat.«

Hier haben wir einen entscheidenden Grund für die innenpolitische Wende von 1866. Ein Teil der Liberalen, der rechte Flügel, kam während des Verfassungskonfliktes zu dem Ergebnis, daß die verkrusteten Strukturen des preußischen Militär- und Obrigkeitsstaates nur durch eine Einigung Deutschlands aufgebrochen werden könnten. Die Einigung würde dem Bürgertum nicht nur wirtschaftlich Auftrieb geben, sondern auch zu einer gerechteren Verteilung der Militärlasten führen – was wiederum nur dem Bürgertum nützen könnte. Hatten die Liberalen bisher geglaubt, nur eine liberal gesinnte Regierung könne eine nationale Politik betreiben, so zwang BISMARCK sie seit 1864 zum Umlernen. Den Anlaß gab der Krieg, den die beiden deutschen Großmächte, Österreich und Preußen, gegen Dänemark führten, das sich unter Bruch des Völkerrechts Schleswig einverleibt hatte. Der militärische Sieg über Dänemark eröffnete die Chance, daß Schleswig-Holstein, in mehr oder weniger direkter Form, Preußen angeschlossen wurde und damit zur militärischen Entlastung der norddeutschen Führungsmacht beitrug.

Der Streit um die künftige Stellung der Herzogtümer Schleswig und Holstein entzweite die Sieger. Da die protestantischen Liberalen Norddeutschlands in Österreich ein Bollwerk der katholischen Reaktion sahen, war ihnen BISMARCKs Wendung gegen das Habsburgerreich durchaus sympathisch. Als der preußische Ministerpräsident dann im Frühjahr 1866 die nationale Parole offiziell übernahm und im Zeichen der deutschen Einheit Wien den Fehdehandschuh zuwarf, entschied sich der rechte Flügel des Liberalismus endgültig für den Vorrang der Einheit vor der Freiheit.

»Wenn wir auch kein volksfreundliches Ministerium bei uns am Ruder haben«, erklärte unmittelbar nach Beginn des preußisch-österreichischen Krieges die »National-Zeitung«, »den Österreichern gegenüber vertritt Preußen dennoch die deutsche Volksfreiheit gleichwie im Dreißigjährigen Krieg die starren Lutheraner und Reformierten die Geistesfreiheit vertraten und retteten.« Und auf einer Berliner Wahlmännerversammlung bekannte im Juli 1866 ein liberaler Redner: »Im Kampf gegen Österreich bedeutet der Sieg Preußens auf alle Fälle den Sieg der bürgerlichen und kirchlichen Freiheit, bedeutet er die Bewahrung Norddeutschlands auf geistigem Gebiet vor den Jesuiten, auf materiellem vor finanziellem und volkswirtschaftlichem Ruin.«

Während der linke Flügel der Fortschrittspartei, der sich vor allem auf das städtische Kleinbürgertum stützte, auch nach dem preußischen Sieg von Königgrätz daran festhielt, daß der innerstaatlichen Freiheit der absolute Vorrang vor der nationalen Einheit gebühre, schwenkte das vom rechten Flügel repräsentierte gebildete und besitzende Bürgertum mehrheitlich auf LUDWIG BAMBERGERS Parole »Durch Einheit zur Freiheit« um. Denn daran zweifelte auch bei den »Nationalliberalen«, wie sich der ehemalige rechte Flügel der Fortschrittspartei seit der Spaltung der Partei im Herbst 1866 nannte, niemand: Die Einheit lag im Interesse des Bürgertums; sie mußte ihm schließlich dazu verhelfen, die feudale Aristokratie aus ihrer politischen Führungsrolle zu verdrängen. Der Sieg über das katholische Österreich nahm in den Augen des protestantischen Bürgertums Preußens außenpolitisch die Niederlage der preußischen Junker vorweg – oder ließ doch das Ausbleiben dieser Niederlage vorerst verschmerzen.

Das Ende des Deutschen Bundes war daher für die »National-Zeitung« auch eine sozialgeschichtliche Zäsur. Der Leitartikel vom 25. Juli 1866 scheute vor großen Worten nicht zurück:

»Dies ist der Schritt, mit dem erst ganz und vollständig das Mittelalter, die Feudalität, von unserer Nation überwunden und beseitigt wird. Indem wir uns vom Hause Habsburg trennen, welches die Ideen und Ansprüche des römisch-deutschen Kaisertums nicht loswerden kann, werden wir... die selbständige Nation und stehen wir vor der Möglichkeit, einen deutschen Nationalstaat zu errichten. Wir *können* deutscher sein als es unseren Vorfahren vergönnt war.«

Das Jahr 1866 bedeutet, was die bürgerliche Konzeption von der Nation angeht, *keinen* Bruch. Der Teil der ehemaligen Fortschrittspartei, der sich mit BISMARCK arrangierte, gab keines seiner bisherigen Prinzipien auf. KARL TWESTEN hielt in seinem Entwurf für das Gründungsprogramm der Nationalliberalen Partei ausdrücklich an der Erwartung fest, das »Bedürfnis wirklicher Eintracht zwischen Volk und Regierung« werde »schließlich die letztere in die vom Volk verlangten Bahnen lenken«. Die langfristigen Zielvorstellungen der »entschiedenen Liberalen«, ob sie in der Fortschrittspartei blieben oder sich der neuen Nationalliberalen Partei anschlossen, liefen nach wie vor auf ein System hinaus, das man als quasi-parlamentarisch bezeichnen kann: Die Regierung sollte auf das Vertrauen der parlamentarischen Mehrheit angewiesen sein. Das Haushaltsrecht vor allem war das Instrument, das diese Abhängigkeit sichern sollte.

Allerdings vertraten die preußischen Nationalliberalen weder das ganze preußische Besitzbürgertum noch die ganze Nationalliberale Partei. Die industriellen Führungsgruppen an Rhein und Ruhr hatten im Verfassungskonflikt rechts von der Fortschrittspartei gestanden, und auch nach 1866 drängten sie nicht auf eine Erweiterung der Parlamentsrechte. Durch die preußische Handelspolitik materiell saturiert, waren sie mit dem politischen Status quo nicht unzufrieden. Und auch einige außerpreußische Nationalliberale aus dem Bildungsbürgertum fanden es an der Zeit, die politischen Machtansprüche der Bourgeoisie zu begraben. So meinte der aus Niedersachsen stammende, während des Konflikts in Karlsruhe lehrende Historiker HERMANN BAUMGARTEN 1866 in seiner Schrift *Der deutsche Liberalismus. Eine Selbstkritik*:

»Der Bürger ist geschaffen zur Arbeit, aber nicht zur Herrschaft, und des Staatsmannes wesentliche Aufgabe ist zu herrschen... Nachdem wir erlebt haben, daß in einem monarchistischen Staat der Adel einen unentbehrlichen Bestandteil ausmacht, und nachdem wir gesehen haben, daß diese vielgeschmähten Junker für das Vaterland zu kämpfen und zu sterben wissen, trotz dem besten Liberalen, werden wir unsere bürgerliche Einbildung ein wenig einschränken und uns bescheiden, neben dem Adel eine ehrenvolle Stellung zu behaupten.«

Ein anderer Historiker, HEINRICH VON TREITSCHKE, benutzte 1869 die »soziale Frage« als Argument gegen ein parlamentarisches System:

»Die unzufriedenen Massen, man täusche sich nicht, hegen mehr Vertrauen zu dem Königtum als zu dem Parlamente. Die sozialen Zustände sind in Deutschland im Ganzen gesünder, die Klassengegensätze minder schroff als in Frankreich... Doch ein starkes Königtum, das über den sozialen Gegensätzen steht, ist uns unentbehrlich, um den Frieden in der Gesellschaft zu wahren und zu festigen, die gewaltigen Probleme, welche die rasch anwachsende Volkswirtschaft noch aufwerfen wird, unbefangen zu lösen... Erwägen wir diese Macht des preußischen Königtums und die großen Aufgaben, welche die deutsche Nation noch mit seiner Hilfe zu lösen hat, so scheint unverkennbar, daß unser Liberalismus einige seiner Lieblingswünsche ermäßigen muß, die mit einer lebendigen monarchischen Gewalt sich nicht vertragen. Dazu zählt vornehmlich das Verlangen nach einer Parteiregierung im englischen Sinne und nach dem Rechte der unbeschränkten Steuerverweigerung... Eine monarchische Regierung besitzt unleugbar größere Stetigkeit als ein Parteiregiment; daß sie den Fortschritt hemme, ist durch die Erfahrung nicht erwiesen... Das Verlangen nach parlamentarischer Parteiregierung entstammt der urteilslosen Bewunderung englischer Zustände; der Gedanke des absoluten Steuerverweigerungsrechts dagegen ist das rechtmäßige Kind neufranzösischer Doktrinen.«

Aber noch war TREITSCHKE ein Außenseiter im liberalen Lager. Typisch für den Nationalliberalismus war die Erwartung, daß die deutsche Einheit die alten Gewalten schwächen und das Bürgertum stärken würde. LUDWIG BAMBERGER brachte diese Hoffnung im Dezember 1866 auf die knappe Formel: »Ist denn die Einheit nicht selbst ein Stück Freiheit?«

Wer im Verfassungskonflikt Sieger und wer Besiegter war, ist bis heute umstritten. Die einleuchtendste Antwort dürfte sein, daß beide Konfliktparteien aus der Beilegung des Streits Vorteile zogen. Dem Prestigeerfolg des preußischen Militärstaats standen verbesserte materielle Chancen des Bürgertums gegenüber. Preußens territoriale Expansion erlaubte eine Lösung des innenpolitischen Disputs, bei der keine Seite der Verlierer war, sondern beide etwas gewannen. Stellt man auf die Selbsteinschätzung der Betroffenen ab, so fühlte sich zwischen 1866 und 1878 das liberale Bürgertum und nicht die konservative Aristokratie als Sieger. Gewiß: Die Verfassungen des Norddeutschen Bundes von 1867 und des Deutschen Reiches von 1871 enthielten weit weniger parlamentarische Kontrollrechte, als die Liberalen gefordert hatten, und die Einigung Deutschlands führte keineswegs, wie erhofft, zu einer Entmilitarisierung Preußens. Dennoch trug die Gesetzgebung der ersten zwölf Jahre nach dem Verfassungskonflikt eine überwiegend liberale Handschrift: Die freiheitliche Gewerbeordnung, eine umfassende Justizreform, die Vereinheitlichung des Bankwesens sind dafür nur einige Beispiele.

Auch der »Kulturkampf« gegen überkommene Rechte der katholischen Kirche wie etwa die geistliche Schulaufsicht – oft als Manöver BISMARCKs beschrieben, das die Liberalen von ihrem Drängen nach schrittweiser Parlamentarisierung ablenken sollte – war tatsächlich wohl weniger eine Initiative des Kanzlers als der Versuch der Nationalliberalen, die Bildung einer konservativ-klerikalen Parlamentsmehrheit zu verhindern. Die Nationalliberalen sahen sich selbst in den siebziger Jahren als Regierungspartei und das parlamentarische System in Deutschland als schon fast verwirklicht an.

Die nationale Parole hat für den Nationalliberalismus in den Jahren 1871 und 1878 vor allem *eine* Funktion gehabt: Sie diente der Absicherung des eigenen Anspruchs, die legitime Mehrheit zu sein. Sie war das ideologische Vehikel eines Bürgertums, das eines seiner beiden Hauptziele, die nationale Einheit, zwar prinzipiell erreicht hatte, aber die Einheit weiterhin von innen bedroht sah und nur durch die Abwehr dieser (vermeintlichen oder wirklichen) Gefahren seinen politischen Einfluß erweitern zu können meinte. Die innenpolitische Stoßrichtung des liberalen Nationalismus war zu dieser Zeit eine dreifache: Er wandte sich erstens gegen die feudalen Trägerschichten des »spezifischen Preußentums« und die übrigen »Partikularisten«, zweitens gegen die »Ultramontanen«, d. h. gegen den politischen Katholizismus, und drittens gegen die Sozialisten.

Den konservativen preußischen Agrariern, die der BISMARCKschen Einigungspolitik großteils mit erheblichen Reserven gegenübergestanden hatten und dem Kanzler seine Abhängigkeit vom parlamentarischen Liberalismus anlasteten, warf man vor, sich zu Unrecht noch als die staatstragende Schicht schlechthin aufzuführen. So schrieb das maßgebliche nationalliberale Blatt, die »National-Zeitung«, im Juni 1876:

»Der Grund und Boden ist unzweifelhaft ein unentbehrliches
Fundament jedes Staates; die Interessen des Grundbesitzes hören aber in dem Maße auf, das herrschende Prinzip im Staate zu
sein, als die Industrie sich entwickelt.«

Gegen die katholische Partei führte dasselbe Blatt bereits eine weit schärfere Sprache:

»Deutschland hat den Kampf gegen die schwarze Schar der vaterlandslosen Römlinge aufgenommen, wohl wissend, daß dieser Kampf schwerer und langwieriger sein würde als der gegen
den Erbfeind jenseits des Rheins.«

Mit den »Ultramontanen« hatten die anderen angeblichen »Hauptfeinde« des Reiches, die Sozialisten, nach Ansicht der »National-Zeitung« zumindest das *eine* gemeinsam, daß sie nicht allein Deutschland bedrohten:

»Sie sind, überall auf dem Erdboden, die Gegner der bestehenden bürgerlichen Ordnung. Die Kirche wie der Sozialismus
greifen nicht sowohl einen besonderen Staat, eine besondere
Verfassung, als vielmehr die Grundlagen eines jeden Staates und
jeder Gesellschaft an.«

Zu dem alten antifeudalen Moment im liberalen Nationalismus kamen im Zeichen des Kulturkampfes die antiklerikale und unter dem Eindruck der Pariser Kommune von 1871 die antisozialistische Komponente hinzu. Während die antifeudale Stoßrichtung noch auf eine Modernisierung der Gesellschaft zielte, spiegelte die antisozialistische Begründung der nationalen Parole bereits das bürgerliche Interesse an der Erhaltung des sozialen Status quo wider. Eine Zwischenstellung nahm der Antiklerikalismus ein. Er stand einerseits in der Tradition liberalen Aufklärungs- und Fortschrittsdenkens und wurde subjektiv als Kampf gegen mittelalterliche Rückständigkeit empfunden. Andererseits stellten die Machtmittel, mit denen der politische Katholizismus bekämpft wurde, gerade die liberalen Prinzipien in Frage, mit denen der Kampf begründet wurde. Insofern ist der Kulturkampf durchaus ein Vorspiel zu der Unterdrückung der sozialdemokratischen Bewegung seit 1878. Der bürgerliche Nationalismus war also in den ersten Jahren nach der Reichsgründung eine widerspruchsvolle Sache. Einerseits trug er noch die Züge einer liberalen

Modernisierungsideologie. Andererseits war er bereits so stark von der Angst vor politischer Majorisierung geprägt, daß er teilweise illiberal wurde.

Der Übergang vom »linken« zum »rechten« Nationalismus hat sich beschleunigt in den Jahren 1878/79 vollzogen. Er wurde unmittelbar ausgelöst durch einen Kurswechsel der BISMARCKschen Politik. Es ist heute kaum noch bestritten, daß nicht nur das Sozialistengesetz, sondern auch der Übergang zum Schutzzoll für den Reichskanzler vorrangig Mittel waren, um das bisherige Übergewicht des Liberalismus zu brechen und das Gewicht der konservativen Faktoren zu stärken. Alle Versuche der Nationalliberalen, ihren Einfluß auf die Reichspolitik zu verstärken – sei es durch die Beanspruchung von Ministerposten, sei es durch das Drängen auf eine Erweiterung des parlamentarischen Budgetrechts –, waren für BISMARCK systembedrohende Tendenzen, und das um so mehr, als durchaus die Möglichkeit einer neuen »liberalen Ära« unter dem künftigen Kaiser FRIEDRICH bestand. Da BISMARCK eine solche Entwicklung zunehmend als Gefahr für die innere und äußere Sicherheit des Reiches ansah, versuchte er alles, um die Nationalliberale Partei in Regierungsfreunde und Regierungsgegner zu spalten und eine neue Mehrheit aus rechten Nationalliberalen und den beiden konservativen Parteien zu bilden.

Der politische Kurswechsel von 1878/79 war allerdings nur möglich, weil wirtschaftliche Faktoren ihm vorgearbeitet hatten. Seit dem großen Börsenkrach von 1873, dem Beginn der sogenannten »Großen Depression«, war die Rate des jährlichen Wirtschaftswachstums stark zurückgegangen. Der Optimismus der Gründerjahre war verflogen. An seine Stelle war eine vorwiegend düstere Wirtschaftsmentalität getreten. Auf diesem Hintergrund gediehen sowohl die Furcht vor der sozialen Revolution als auch die Neigung zum Protektionismus. Eine wachsende Mißstimmung gegen den Liberalismus, den breite Kreise für die ökonomische Krise verantwortlich machten, bildete die wesentlichste Voraussetzung für BISMARCKs Wendung nach rechts.

Die treibenden gesellschaftlichen Kräfte des Umschwungs von 1878/79 waren schutzzöllnerische Industrielle, vor allem aus der Montan- und Textilbranche, und, allerdings sehr viel weniger einmütig und mit geringerem Nachdruck, jene Gruppe, die im nachhinein als die Hauptgewinnerin der Schutzzollpolitik erscheint und dieser in der Tat die Erhaltung ihrer sozialen Machtposition bis weit in das 20. Jahrhundert hinein verdankt: die preußischen Großagrarier. Im Bereich der ostelbischen Landwirtschaft gab es auch noch Ende der siebziger Jahre zahlreiche Anhänger des Freihandels, die trotz wachsender russischer und amerikanischer Konkurrenz ihre wirtschaftliche Zukunft im Getreideexport oder in der Veredelung importierten Getreides sahen. Selbst die »Kreuz-Zeitung«, das offizielle Organ der Konservativen, griff auf dem Höhepunkt der Schutzzoll-Agitation den wirtschaftlichen Liberalismus nicht des Freihandels wegen an, dem die gesamte ostelbische Landwirtschaft bis zur Agrarkrise von 1875 aus einleuchtendem Eigeninteresse angehangen hatte, sondern aus binnenwirtschaftlichen Gründen: In der Gewerbefreiheit erblickte der preußische Konservativismus um 1878/79 eine größere Gefahr für seine ökonomische Position als im Freihandel, und anders als in den Zolldebatten waren sich die Konservativen im Kampf gegen den binnenwirtschaftlichen Liberalismus einig.

Gewerbefreiheit bedeutete fortschreitende Industrialisierung, und in der entschlossenen Opposition hiergegen lag zugleich die Chance für das, was der Historiker HANS ROSENBERG die »Pseudodemokratisierung der Rittergutsbesitzerklasse« genannt hat: die Mobilisierung von Bauern, Handwerkern und Kleinhändlern gegen den Liberalismus als den Motor der gesellschaftlichen Modernisierung. Eng verbunden mit der Agitation gegen die Gewerbefreiheit war der Schlachtruf gegen die »internationale Spekulation«, der sich seit Mitte der siebziger Jahre immer deutlicher gegen die Juden, die angeblichen Schuldigen des Börsenkrachs, richtete.

Der Nationalismus der konservativen Agrarier war von Anfang an Antiliberalismus, Antiinternationalismus und Antisemitismus. Die »Kreuz-Zeitung« legte im August 1878 ihren Lesern die Zusammenhänge klar:

> »Die Verjudung macht reißende Fortschritte, und der Liberalismus ist es, der dieselbe fördert. Mehr und mehr kommt unser Volk in die Abhängigkeit von Geldleuten, und das sind leider meist Juden... Der Liberalismus schädigt unser Volk geistig und

materiell... und daß hierdurch die nationale Kraft Deutschlands Schaden leidet, kann nicht geleugnet werden.«

Für die Nationalliberalen war die industrielle Schutzzoll-Agitation, vom 1876 gegründeten Centralverband Deutscher Industrieller wirkungsvoll in das Parlament hineingetragen, deshalb gefährlicher als die agrarische, weil sie von Teilen der eigenen Partei unterstützt wurde. Wirtschaftlich ließen sich Schutzzölle für Roheisen, wie sie die schwerindustrielle Lobby forderte, durchaus nicht rechtfertigen: Die Probleme der deutschen Stahlindustrie waren nicht auf die englische Konkurrenz, sondern auf Schwierigkeiten bei der technischen Modernisierung zurückzuführen. Die traditionelle Standardformel der Freihandelsgegner, der »Schutz der nationalen Arbeit«, suggerierte gleichwohl übereinstimmende Interessen von Arbeitgebern und Arbeitnehmern gegenüber der Konkurrenz des Auslands und rückte das Interesse von weiterverarbeitenden Industrien und Verbrauchern an billigen Produkten in die Nähe vaterlandsloser Gesinnung. Das war keine deutsche Besonderheit. Zwischen den Argumenten etwa der Schutzzollbewegung in der Habsburger Monarchie und derjenigen in Deutschland gab es, wie die »National-Zeitung« im November 1877 feststellte, bemerkenswerte Parallelen:

»Denn der tiefe Brustton der nationalen Begeisterung, mit welchem die Fabrikherren und ihre Agenten zum Himmel rufen, daß endlich der österreichische Patriotismus sich wiedergefunden habe und das teure Vaterland auf seine eigenen Füße gestellt werden solle – dieser klangvolle Biedermannsbaß, welcher direkt aus dem Kassenschrank hervortönt, hat auch bei uns schon oft sich vernehmen lassen, und eben wieder stimmt er seine Leier zu neuen Gesängen.«

Noch allerdings, meinte das liberale Blatt, seien im Deutschen Reich Regierung und Volksvertretung »entfernt nicht in dem Maße mit den Herren von der Bank und Industrie so verschwägert wie jenseits unserer östlichen Grenzen«, und darum sei eine Abkehr vom Freihandel in Deutschland vorerst nicht zu erwarten.

Im Jahr darauf jedoch traten Ereignisse ein, die BISMARCK die ersehnte Gelegenheit boten, die parlamentarischen Mehrheitsverhältnisse in seinem Sinne zu korrigieren. Ende Mai 1878 schoß der

Klempnergeselle Hödel auf Kaiser Wilhelm I., ohne ihn zu treffen; Anfang Juni wurde der Monarch durch Schüsse, die ein Dr. Nobiling auf ihn abgab, schwer verletzt. Der Kanzler beschloß sogleich, die beiden Attentate für eine Generalabrechnung mit seinen Kontrahenten im nationalliberalen Lager zu nutzen.

Bismarck verlangte – wohlwissend, daß er damit die Liberalen in einen schweren inneren Konflikt stürzte – schon nach dem ersten Anschlag vom Reichstag Sondermaßnahmen gegen die Sozialdemokraten, denen er die Schuld für das Attentat in die Schuhe schob. Noch wehrten sich die Liberalen gegen das Ansinnen, so daß die Vorlage des Kanzlers im Reichstag keine Mehrheit fand. Die Strafe folgte auf dem Fuß. Nach dem Mordanschlag des Dr. Nobiling war Bismarcks erste Reaktion nicht die Frage nach dem Befinden des Kaisers, sondern der Entschluß: »Jetzt lösen wir den Reichstag auf!« Das Kalkül ging auf: Die neue Volksvertretung war den Wünschen des Kanzlers erheblich gefügiger als die alte.

Die Attentate vom Mai und Juni 1878 erwiesen sich in dreifacher Hinsicht als langfristig folgenreich. *Erstens* waren sie der unmittelbare Anlaß einer Ausnahmegesetzgebung, die den Prinzipien eines liberalen Rechtsstaates strikt widersprach. Die Zustimmung der Nationalliberalen zum Sozialistengesetz, einem Sondergesetz gegen die angeblichen Umsturzbestrebungen der Sozialdemokratie, bedeutet ein Stück »Kapitulation des Liberalismus« vor Bismarck wie vor dem von ihm entfesselten plebiszitären Druck von unten. In der Sozialdemokratie selbst, die die beiden Anschläge als anarchistische Gewalttaten scharf verurteilte, verstärkte sich in den zwölf Jahren der Geltungsdauer des Sozialistengesetzes, von 1878 bis 1890, ein gesellschaftliches Ghettobewußtsein. Es erwies sich als guter Nährboden für die Verbreitung jener vulgärmarxistischen Erlösungsideologie, die – lange über das Ende des Kaiserreiches hinaus – eine schwere Hypothek der sozialdemokratischen Arbeiterbewegung bildete.

*Zweitens* diente die Empörung über die Attentate dazu, bei den Reichstagswahlen vom 30. Juli 1878 einen Rechtsruck herbeizuführen, der dem Kanzler eine parlamentarische Mehrheit für seine Zoll- und Finanzreform sicherte. Erst der neugewählte Reichstag ermöglichte mit der Einführung von Getreide- und Eisenzöllen jene

Koalition zwischen »Rittergut« und »Hochofen«, die sowohl den Übergang vom Agrar- zum Industriestaat als auch den Strukturwandel innerhalb der Industrie, vom »alten« Montansektor zu den »neuen« Branchen der Elektrotechnik und Chemie, verzögerte und erschwerte. Die Allianz zwischen Agrariern und Zechenherren diente über das Ende des Kaiserreiches hinaus allen antidemokratischen Bestrebungen als fester gesellschaftlicher Rückhalt.

*Drittens* ist die Furcht vor Sozialismus und Revolution in den Jahren 1878/79 endgültig zum Bestandteil eines spezifisch »rechten« Nationalismus geworden, der sich primär gegen den wirklichen oder vermeintlichen Internationalismus in Linksliberalismus und Sozialdemokratie richtete. Die sozialen Träger dieses Nationalismus waren zum einen Gruppen, die der nationalen Bewegung bisher eher ferngestanden hatten – neben den preußischen Agrariern wettbewerbsmüde Handwerker und Kleinhändler –, zum anderen Gruppen, die angesichts der wirtschaftlichen Krise und aus Angst vor sozialen Unruhen ihrem liberalen Credo abschworen und mit der militärisch-feudalen Machtelite Preußens eine Art gesellschaftlichen Rückversicherungsvertrag schlossen. Zu den letztgenannten Gruppen gehörten neben den schutzzöllnerischen Industriellen erhebliche Teile des deutschen Bildungsbürgertums. Der Sieg des »rechten« über den »linken« Nationalismus war der ideologische Ausdruck des Umschwungs von 1878/79 und zugleich sein bleibendes Ergebnis. Die Macht, die der neue Nationalismus über das Bewußtsein von Massen wie von Führungsschichten ausübte, überdauerte die wirtschaftliche Krise, aus der er ursprünglich hervorgegangen war.

Das anfängliche Widerstreben der Nationalliberalen, der Regierung Sondervollmachten gegen die Sozialisten einzuräumen, genügte der von BISMARCK inspirierten Presse bereits, den Liberalen eine moralische Mitschuld an den Mordanschlägen auf den Monarchen zu geben. Die Reichstagsauflösung nach dem zweiten Attentat sollte in erster Linie die Nationalliberalen treffen, die dem Staat die geforderten Machtmittel versagt hatten. Der anschließende Wahlkampf wurde von der Regierung als nationalpsychologische Mobilmachung aufgezogen. Sie rief über die offiziöse »Provinzialkorrespondenz« die »patriotisch gesinnten Wähler« auf, sich »vollzählig um das kaiserliche Banner zu sammeln« und sich darüber zu informieren, »inwieweit die verschiedenen Parteien und Wahlkandidaten genügend Bürgschaften für die Unterstützung der Regierung in der Lösung ihrer großen Aufgaben gewähren«.

BISMARCKS Hausorgan, die »Norddeutsche Allgemeine Zeitung«, hatte schon nach dem ersten Attentat im Mai 1878 den Nationalliberalen vorgeworfen, sie hätten den Sozialdemokraten die Stätten bereitet, auf denen diese sich nun niederlassen könnten. Nach dem zweiten Attentat auf Kaiser WILHELM behauptete das Blatt, die Nationalliberale Partei dränge immer mehr den zweiten, den liberalen Teil ihres Namens zum Schaden des ersten, des nationalen, in den Vordergrund und treibe infolgedessen unaufhaltsam nach links. Dagegen wußte die Zeitung nur ein Mittel:

»Wähler in Stadt und Land! Gebt durch Euer Votum am morgigen Tage zu erkennen, daß die Nation in Treue um den Kaiser geschart bleiben, daß sie mit den falschen Doktrinen brechen, im Fortbauen auf ihrer historischen Entwicklung fortan allein ihr Heil suchen will.«

Noch deutlicher wurde am 5. Juni die konservative »Kreuz-Zeitung«:

»Preußen ist durch Gottes Gnade groß geworden, durch seine Könige und die Kraft ihrer Regierung. Lassen wir auch jetzt das Zutrauen zu ihrer Kraft nicht schwinden, kritteln wir nicht unnütz an den Maßregeln der Obrigkeit, stärken wir ihre Autorität und folgen wir ihrer Führung! Es tut not, die Regierung zu stützen im Kampf gegen die Mächte des Umsturzes.«

In tieferem Sinne war aus der Sicht des konservativen Blattes der Liberalismus schuld an den Attentaten. Durch Wucherfreiheit, Freizügigkeit und Gewerbefreiheit seien die Bande der Zucht und Autorität gelockert worden. Dafür trügen die Liberalen ebenso die Verantwortung wie für die »weichliche Zärtlichkeit unserer Strafgesetzgebung«. Daher dürfe dem Drängen der Nationalliberalen auf Erweiterung der Parlamentsrechte nicht nachgegeben werden:

»Dieses Bestreben ist jetzt am wenigsten an der Zeit, es führt zur Herrschaft der Majoritäten, und wer weiß, ob über kurz oder lang nicht auch die Sozialdemokraten einmal zur Majorität gelangen können... Jetzt gilt es vielmehr, das monarchische Prinzip und die obrigkeitliche Autorität gegenüber den Herrschaftsgelüsten der Massen wie der Parlamente zu schützen... Der Sozialismus ist die konsequente Fortbildung des Liberalismus – das bedarf nachgerade für Augen, die sehen können, keines Beweises mehr. Wer also den Sozialismus bekämpfen will, muß bei dem Liberalismus den Anfang machen.«

Der Appell an die nationalen und konservativen Instinkte war erfolgreich. Die Nationalliberalen, die von ihren bisher 127 Reichstagssitzen 29 verloren, waren angesichts ihrer abbröckelnden Basis nun bereit, ein Sondergesetz gegen die Sozialdemokratie anzunehmen. Auf ihrem äußersten rechten Flügel gab es sogar Stimmen, die gegen die zeitliche Befristung eines solchen Gesetzes sprachen. In der Zeitschrift »Die Grenzboten« schrieb ein anonymer Autor, indem er auf das 1872 ergangene Verbot sämtlicher Niederlassungen des Jesuitenordens anspielte:

»Wir sind durch nichts behindert, das Notwendige zu tun: die Sozialdemokratie für immer von den Marken unseres Reiches fernzuhalten. Mit dieser Notwendigkeit ist ein befristetes Gesetz unvereinbar. Was dem Jesuiten recht ist, ist dem Sozialisten billig.«

Zwar bemühte sich im Reichstag der Abgeordnete EDUARD LASKER mit Erfolg darum, einige rechtsstaatliche Sicherungen in das Sozialistengesetz einzubauen. Aber das änderte nichts daran, daß die Nationalliberalen mit der Zustimmung zu diesem Ausnahmegesetz »gegen die gemeingefährlichen Bestrebungen der Sozialdemokratie« von dem alten liberalen Grundsatz, individuelle Schuld nur nach den allgemeinen Strafgesetzen zu ahnden, abwichen und damit ein Stück politischer Glaubwürdigkeit verloren.

Das Verbot sozialistischer Vereine, Versammlungen und Druckschriften, die Ausweisung von sozialdemokratischen Agitatoren, die Möglichkeit, in »gefährdeten« Bezirken für die Dauer eines Jahres den »kleinen Belagerungszustand« zu verhängen: Das alles waren Repressionsmaßnahmen, die mit der unbewiesenen und unbeweisbaren Behauptung gerechtfertigt wurden, die Attentäter vom Mai und

Juni 1878 seien durch sozialdemokratische Verhetzung zu ihren Anschlägen verleitet worden.

Die Hinwendung zu Schutzzöllen hatten die Nationalliberalen schon dadurch erleichtert, daß sie sich in ihrem Wahlmanifest vom Juni 1878 weder auf den Freihandel noch auf seine Abschaffung festlegten. 27 ihrer Abgeordneten schlossen sich der interfraktionellen Schutzzöllnergruppe an. Bei der Abstimmung über die Zoll- und Finanzreform am 12. Juli 1879 kam es auf die Haltung der zerstrittenen Nationalliberalen schon gar nicht mehr an. Das »Gespenst einer konservativ-klerikalen Koalition«, von dem die »National-Zeitung« Mitte Mai 1879 gesprochen hatte, war, vorübergehend jedenfalls, durchaus aus Fleisch und Blut. Für das spätere konservativ-nationalliberale Bündnis, wie es in den Reichstagswahlen von 1887 Gestalt annahm, wurden 1879 die materiellen Fundamente gelegt. Die »liberale Ära« der BISMARCKschen Regierungszeit war endgültig zu Ende.

Die Anhänger des Freihandels wurden seit 1879 nicht mehr zu den nationalen Kräften gerechnet. Wer »national« im Sinne der Protektionisten sein wollte, der mußte für den »Schutz der nationalen Arbeit«, d. h. für Schutzzölle auf Kosten der Verbraucher, und für den Erwerb von Kolonien eintreten. Kolonien wurden von den Schutzzöllnern auch als Heilmittel für innere Probleme empfohlen. Deshalb schrieb die »Volkswirtschaftliche Korrespondenz« im Herbst 1878:

> »Schon als Sicherheitsventil für den grollenden Vulkan der sozialen Frage ist kein Land der Welt eines national organisierten Auswanderungswesens so bedürftig wie Deutschland.«

Die »Grenzboten« hatten Ähnliches im Sinn:

> »Der Staat, welcher Ruhe als die erste Bürgerpflicht betrachtet, gewinnt entschieden dadurch, daß die unruhigen Geister, welche zu Hause nicht gut tun, außer Landes gehen... Ein System, ähnlich wie es bei den Deportierten Australiens in Anwendung kam und vortreffliche Frucht zeitigte, erscheint uns als das geeignetste, wenn einmal die Frage an das Deutsche Reich herantritt, sich seiner mißratenen Söhne zu entledigen.«

Den Freihändlern erschienen deutsche Kolonien als ein zu kostspieliges Experiment, als daß sie sich damit hätten anfreunden können. Um den Kolonial-Agitatoren die nationale Parole nicht ganz zu überlassen, propagierte die liberale Berliner »National-Zeitung« im November 1878 jedoch nunmehr verstärkt die innere Kolonisation in Posen, der mehrheitlich von Polen besiedelten preußischen Grenzprovinz:

»So lockend Bilder von blühenden Faktoreien in Afrika oder Amerika sein mögen, so geben wir den Vorzug doch weniger glänzenden, aber sicheren und für Deutschland nützlicheren Unternehmungen, die an der Peripherie unseres Volksgebietes selbst den kolonialen Meißel ansetzen wollten. Solange wir daheim noch nicht voll und ganz auf eigenem deutschen Boden stehen, sehen wir weder den Nutzen noch die Berechtigung zu der Forderung nach nationalem deutschen Boden in anderen Weltteilen.«

Für die Schutzzöllner waren jedoch eine Eindeutschung Posens und der Erwerb von Kolonien in Übersee keine Gegensätze. So setzten sich denn auch die »Preußischen Jahrbücher«, die dem rechten Flügel der Nationalliberalen nahestanden, nachdrücklich dafür ein, daß vor allem deutsche Bauern vom Staat mit Hilfe gezielter Maßnahmen zur Siedlung in Posen ermuntert wurden:

»Wir haben im Westen uns staatlich zu schützen, zu sichern, nicht aber volklich zu erwerben. In der Tat aber ist der Osten das Land der Verheißung für uns gewesen, solange wir eine deutsche Geschichte kennen.«

Die Forderung nach Lebensraum im Osten hatte – im Vergleich zu späteren Zeiten – in den siebziger Jahren des 19. Jahrhunderts noch bescheidene Ausmaße. Aber es ist bezeichnend, daß der Ruf nach Bauernsiedlung im slawischen Osten des Reiches gerade während der ersten Wirtschaftskrise nach der Industriellen Revolution laut wurde. In der Frühphase der »Großen Depression« entstanden viele der Ideologien, die man gelegentlich unter dem Begriff »Kulturpessimismus« zusammenfaßt und die schließlich nach dem Ersten Weltkrieg vom Nationalsozialismus aufgegriffen wurden. Zu diesen Ideologien gehört auch jene »leidenschaftliche Bewegung gegen das Judentum«, die die »Preußischen Jahrbücher« 1879 als Symptom einer »tiefen Umstimmung« im deutschen Volk bezeichneten.

Sogar einige Nationalliberale des äußersten rechten Flügels bekannten sich Ende der siebziger Jahre offen zum Antisemitismus. Zwar distanzierten sie sich von der vulgären Judenfeindschaft der Bauern und Kleinbürger. Aber sie empfanden die antijüdische Bewegung doch, wie der Historiker und Reichstagsabgeordnete HEINRICH VON TREITSCHKE in den »Preußischen Jahrbüchern« schrieb, als »sehr tief und stark«:

»Bis in die Kreise der höchsten Bildung hinauf, unter Männern, die jeden Gedanken kirchlicher Unduldsamkeit oder nationalen Hochmuts mit Abscheu von sich weisen würden, ertönt es heute wie aus einem Munde: Die Juden sind unser Unglück.«

Wenn TREITSCHKE auch immer wieder betonte, es gehe ihm nur darum, daß die Juden sich rücksichtslos entschlössen, Deutsche zu sein, so waren seine Vorurteile doch denen des radikalen »Radau-Antisemitismus« sehr ähnlich:

»Über unsere Ostgrenze... dringt Jahr für Jahr aus der unerschöpflichen polnischen Wiege eine Schar strebsamer hosenverkaufender Jünglinge herein, deren Kinder und Kindeskinder dereinst Deutschlands Börsen und Zeitungen beherrschen sollen... Unbestreitbar hat das Semitentum an dem Lug und Trug, an der frechen Gier des Gründerunwesens einen großen Anteil, eine schwere Mitschuld an jenem schnöden Materialismus unserer Tage, die jede Arbeit nur noch als Geschäft betrachtet und die alte gemütliche Arbeitsfreudigkeit unseres Volkes zu ersticken droht; in Tausenden deutscher Dörfer sitzt der Jude, der seine Nachbarn wuchernd ausverkauft.«

Der rechtsliberale Antisemitismus zeigte besonders eindringlich, wie weit sich der Nationalismus von seinen Ursprüngen als bürgerliche Emanzipationsideologie entfernt hatte. Mit der Verneinung der jüdischen Emanzipation (und darauf lief trotz aller verbalen Vorbehalte die antisemitische Agitation der rechten Nationalliberalen hinaus) wandte sich ein repräsentativer Teil des gebildeten und besitzenden Bürgertums gegen die humanitären Ansprüche, in deren Zeichen es seinen Kampf gegen den Obrigkeitsstaat einst geführt hatte. TREITSCHKES Polemik gegen die »weichliche Philanthropie unseres Zeitalters« war eine bezeichnende Selbstanzeige des neuen Nationalismus.

Für die Nationalliberalen des linken Flügels, in ihrer Mehrheit Vertreter des Bank- und Handelskapitals sowie von Teilen des Bildungsbürgertums der altpreußischen Provinzen, wurde es seit dem Sommer 1879 immer deutlicher, daß sich der Liberalismus durch neue Kompromisse mit dem Kanzler nur noch weiter kompromittieren konnte. EDUARD LASKER war einer der ersten, die offen aussprachen, daß der Platz der Liberalen fortan nur noch in der Opposition sein konnte. 1866, als die Zusammenarbeit mit BISMARCK begann, hatte es keine realistische Alternative zum Kurs der TWESTEN, BAMBERGER und LASKER gegeben. Hätten sie wie der Rest der alten Fortschrittspartei in bedingungsloser Opposition zum Sieger von Königgrätz verharrt, wären die Strukturen des Norddeutschen Bundes und des Deutschen Reiches autoritärer und nicht liberaler geworden. Aber die innenpolitischen Kompromisse der Jahre 1866 und 1871 waren unter Bedingungen geschlossen worden, die sich nicht als dauerhaft erwiesen. Die Reichsgründungszeit fiel zusammen mit einem Stadium der Hochkonjunktur, die den Interessenausgleich zwischen Industrie und Landwirtschaft erleichterte und die »soziale Frage« langfristig zu entschärfen versprach. Das nationale Prestigebedürfnis war durch den Sieg über Frankreich und die Schaffung des Deutschen Reiches fürs erste befriedigt.

Die 1873 einsetzende Wirtschaftskrise änderte die Situation zwar nicht schlagartig, aber doch nachhaltig. In dem Maß, wie die soziale Unzufriedenheit wuchs, sank das Interesse des Bürgertums an einer allmählichen Parlamentarisierung. Während die Nationalliberalen noch »konstitutionelle Garantien«, d. h. eine Erweiterung der Kontrollrechte des Reichstages forderten, mehrten sich in der ihnen nahestehenden Publizistik die Stimmen, die das parlamentarische System als für Deutschland gänzlich ungeeignet bezeichneten. Immer wieder wurde als Argument ins Feld geführt, daß die Liberalen der parlamentarischen Mehrheit keineswegs sicher sein konnten. In der Tat verloren sie ihre katholischen Wähler immer mehr an das Zentrum und die Arbeiter zunehmend an die Sozialdemokraten – zwei Parteien, die aus der Einführung des allgemeinen gleichen Männerwahlrechts (1867 im Norddeutschen Bund, 1871 im Deutschen Reich) längerfristig sehr viel mehr Nutzen zogen als die Liberalen.

BISMARCKS Revolutionsfurcht, unzweifelhaft ein wesentliches Motiv seiner Abwendung vom Liberalismus, wurde offensichtlich von breiten bürgerlichen Schichten geteilt. Die Rückwendung zu einer autoritären Regierungsweise war prinzipiell jederzeit möglich, solange der Obrigkeitsstaat sein Fundament in der preußischen Grund- und Militäraristokratie besaß. BISMARCKS Appell an das Volk gab der Rückwärtsrevision der Verfassungswirklichkeit die plebiszitäre Legitimation. Die »National-Zeitung« fand im Februar 1879 scharfe Worte für die neue Herrschaftstechnik des Kanzlers:

»Er greift über den Reichstag hinaus, er wendet sich mit kurzen Andeutungen an die große Menge der Staatsbürger, nicht um ihr ruhiges und besonnenes Urteil zu gewinnen, sondern um dort Wünsche und Begierden wachzurufen, die ihm wohl zur Stütze dienen können gegen die gegenwärtige Reichstagsmajorität, die dann aber auch weitere Strömungen im Gefolge haben können, die sich zur Zeit noch gar nicht übersehen lassen. Wohl ist es das gute Recht des Staatsmannes, von der Stimme des Parlamentes an den Spruch des Volkes zu appellieren. Aber dieses Recht ist doch bisher immer so verstanden worden, daß es erst ausgeübt werden dürfe, nachdem das Parlament über die ihm gemachten Vorschläge zu Gerichte gesessen. Hier aber umgeht der leitende Staatsmann das Parlament. Er versucht, eine Stütze für seine Absichten zu gewinnen nicht bei dem besonnenen Urteil der Gewählten, sondern bei der großen, unklaren Regungen zugänglichen Menge. Auf diese Weise gewinnt man vielleicht Majoritäten, aber man schafft nicht eine Partei, welche zu dauernder fruchtbarer Arbeit für das Vaterland befähigt ist.«

Noch beißender charakterisierte der Abgeordnete ALBERT HÄNEL von der Fortschrittspartei am 10. Juli 1879 vor dem Deutschen Reichstag das, was heutige Historiker als Übernahme bonapartistischer Herrschaftsmethoden durch BISMARCK bezeichnen:

»Es hat sich ergeben, daß der Herr Reichskanzler zu einer Höhe ministerieller Diktatur gelangt ist, neben welcher in der Tat alles parlamentarische Leben Scheinleben wird... Mit diesem Reichskanzler ist eben jede konstitutionelle Versammlung mehr oder weniger ein Ornament, ein Schaustück, es ist weiter nichts als daß der Herr Reichskanzler das konstitutionelle System bemüht, um sich für seine diktatorischen Pläne einigermaßen der Verantwortlichkeit zu entziehen.«

Auf dem rechten Rand des Liberalismus gab es jedoch Beifall für BISMARCKS antiparlamentarische Absichten. TREITSCHKE sprach vielen aus dem Herzen, als er sagte:

»Die Regierung wird wahrscheinlich versuchen, die unmäßig gesteigerte Tätigkeit des deutschen Parlamentarismus, die der Nation zum Ekel zu werden beginnt, und die Häufigkeit der aufregenden Wahlkämpfe etwas zu beschränken... Das Ungeschick des Liberalismus trägt eine schwere Mitschuld an der unerfreulichen Wendung der Reichspolitik: von seiner Besonnenheit wird es wesentlich abhängen, ob der unvermeidliche konservative Zug unserer nächsten Zukunft sich in verständigen Schranken halten kann.«

Aber selbst in der »National-Zeitung«, die eher BISMARCK-kritisch als BISMARCK-hörig war, spiegelt sich die Tendenzwende wider. Ein Attentat auf den italienischen König UMBERTO gab dem liberalen Blatt Anlaß, die Funktion der Monarchie in der modernen Gesellschaft zu würdigen. So heißt es im Leitartikel vom 24. November 1878 über den König als Institution:

»In ihm verkörpert sich das Höchste und Tiefste des Staates, der gesamten bürgerlichen Gesellschaft. Wie immer seine Macht beschaffen sein mag, ob eine unbeschränkte, ob eine durch Gesetz verbundene, erscheint er als das verehrte und geheiligte Haupt der bestehenden Ordnung, als der Schlußstein des ganzen Gebäudes. Wilder und frecher kann der Mörder seinen Gegensatz zur Welt, wie sie ist, seine sozialdemokratische Gesinnung nicht dartun als durch einen Angriff auf diese Persönlichkeit... In der Brandung der sozialdemokratischen Hochflut ist das Königtum unser am weitesten vorgeschobenes, unser stärkstes Bollwerk; über die Formen, in denen es seine Macht zur Geltung zu bringen hat, mag der Streit der Parteien, der die moderne Geschichte ausmacht, gehen; darüber aber werden alle einig sein, daß seine Grundlagen zu untergraben, seine Würde anzutasten den Damm zerreißen heißt, der unseren Frieden und unser Recht, unser Eigentum, unsere Bildung vor der Sündflut der Barbarei schützt.«

Indem die »National-Zeitung« die Verantwortung für den anarchistischen Terror den Sozialdemokraten zuschob, übernahm sie gegen früheres besseres Wissen BISMARCKS Sprachregelung. Die Nutzanwendung für die deutsche Gegenwart folgte auf dem Fuß. Als WILHELM I. Anfang Dezember 1878, vom letzten Attentat genesen, wieder in Berlin einzog, zelebrierte das nationalliberale Blatt eine Kaisermesse:

»Selten hat eine Dynastie so ausschließlich über die Herzen ihrer Untertanen geherrscht wie die der Hohenzollern... Schon umstrahlt etwas von dem Glanz und Schimmer der Mythe das ehrfurchtgebietende Haupt. Karl der Große, Friedrich der Rotbart erscheinen als die einzig würdigen Gestalten der Geschichte, die wir als ebenbürtig mit ihm vergleichen können.«

Ein Nein zur BISMARCKschen Politik war für die Nationalliberalen mit Risiken verbunden. Viele ihrer Anhänger hätten eine Ablehnung des Sozialistengesetzes nicht verstanden; ein konsequentes Festhalten am Freihandel mußte manche Trägerschichten verschrecken. Die Nationalliberalen konnten BISMARCK ihren Willen nicht aufzwingen. Gegen den leitenden Staatsmann war eine Parlamentarisierung Deutschlands 1878/79 sowenig durchzusetzen wie 1866/67. Aber anders als 1866 gab es zwölf Jahre später keine begründete Hoffnung mehr, die Sache des Liberalismus durch eine Zusammenarbeit mit BISMARCK zu fördern. Opposition zum autoritärer werdenden Regime des Reichskanzlers mußte daher für diejenigen, die an ihrem liberalen Credo festhielten, die Forderung des Tages sein. Wenn der Liberalismus sich BISMARCK verweigerte – wie es die »Sezessionisten« um LASKER, BAMBERGER und FORCKENBECK taten –, dann bestand zumindest die Chance, in einer günstigeren wirtschaftlichen und politischen Lage den Kampf um die Liberalisierung Deutschlands mit besseren Aussichten wieder aufnehmen zu können.

Die Krise der späten siebziger Jahre war nicht nur eine wirtschaftliche Konjunkturkrise. Sie war zugleich das, was Politologen eine »Partizipationskrise« nennen: eine Krise des politischen Systems, hervorgerufen durch den Machtanspruch einer neuen sozialen Klasse, des industriellen Proletariats. In einem liberaldemokratischen System wäre dieser Anspruch Schritt für Schritt befriedigt, die Arbeiterschaft durch politische Reformen in die bestehende Gesellschaftsordnung integriert worden. Im vordemokratischen deutschen Obrigkeitsstaat lagen andere Auskunftsmittel näher: die Unterdrückung der Arbeiterbewegung durch den staatlichen Machtapparat, eine in mancher Hinsicht patriarchalische, in anderer Hinsicht durchaus moderne Sozialpolitik, und, nicht zuletzt, der Versuch einer Ersatzintegration durch forcierten Nationalismus.

Seit der sogenannten »inneren Reichsgründung« von 1878/79 ist der Nationalismus immer mehr zu einer rechten Sammlungsideologie geworden. National sein hieß jetzt nicht mehr liberal sein; es hieß in erster Linie antiinternational, im Extremfall auch antisemitisch sein. Gewiß haben auch andere Länder im späten 19. Jahrhundert eine solche Wendung zum rechten Nationalismus erlebt. Aber dort, wo das Bürgertum sich die politische Macht erkämpft hatte, blieben doch starke Gegenkräfte gegen diese Entwicklung lebendig. Der Nationalismus wurde in liberaleren Gesellschaften weniger entliberalisiert als im kaiserlichen Deutschland.

Die deutschen Linksliberalen haben sich wohl dagegen gewehrt, daß ihnen die »nationale Parole« von rechts entwendet wurde. Aber sosehr sie sich mit dem historischen Fortschritt im Bunde fühlten, gegen die ungebrochene Macht der alten Herrschaftsschichten glaubten sie mit rein innenpolitischen Mitteln nicht mehr auszukommen. So wie einst 1865, im preußischen Verfassungskonflikt, der Abgeordnete OTTO MICHAELIS seine liberalen Freunde aufgefordert hatte, »das Banner Preußens und Deutschlands gegen Österreich zu ergreifen«, um dem innerstaatlichen Machtkampf neue Dynamik zu verleihen, so glaubte dreißig Jahre später der Soziologe MAX WEBER, nur auf dem Weg über eine prestigeträchtige deutsche Weltpolitik seien die verkrusteten Strukturen des von den Junkern politisch dominierten Obrigkeitsstaates aufzubrechen. Daher erklärte er 1895 in seiner berühmt gewordenen Freiburger Antrittsvorlesung:

»Wir müssen begreifen, daß die Einigung Deutschlands ein Jugendstreich war, den die Nation auf ihre alten Tage beging und seiner Kostspieligkeit halber besser unterlassen hätte, wenn sie der Abschluß und nicht der Ausgangspunkt einer deutschen Weltpolitik sein sollte.«

So wie MAX WEBER dachten viele Männer der bürgerlichen Linken – darunter auch FRIEDRICH NAUMANN, der uns heute geradezu als Verkörperung des wilhelminischen Liberalismus gilt.

Für die Mehrheit der Nationalliberalen verlor der Nationalismus seit den späten siebziger Jahren vollends seinen ursprünglichen liberalen Inhalt. Er wurde gleichbedeutend mit dem grundsätzlichen Ja zu einer Herrschaftsordnung, die dem Bürgertum die politische Verantwortung vorenthielt. Der Linksliberalismus wollte sich zwar mit den obrigkeitsstaatlichen Strukturen des Kaiserreichs nicht abfinden, suchte aber mit seinem Imperialismus die Rechte mitunter noch zu übertrumpfen. *Ein* Merkmal zumindest hatten die unterschiedlichen Richtungen des bürgerlichen Liberalismus im wilhelminischen Deutschland somit gemeinsam: Der nationale Machtstaat, zu dem sich die Liberalen bekannten, war immer zugleich auch ein Ausdruck ihrer eigenen politischen Machtlosigkeit.

*Gottfried Schramm*
# 1914: Sozialdemokraten am Scheideweg

Am 14. Juli 1914 hatte DR. KURT RIEZLER, Legationsrat und Pressereferent im deutschen Auswärtigen Amt, wie jeden Tag in der internationalen Krise des Sommers 1914 mit dem Reichskanzler THEOBALD VON BETHMANN HOLLWEG gesprochen. Am Abend dieses Tages schreibt RIEZLER in sein Tagebuch:
»Unsere Lage ist schrecklich. Wenn der Krieg kommen sollte und die Schleier dann fallen, wird das ganze Volk folgen, getrieben von Not und Gefahr. Der Sieg ist die Befreiung. Der Kanzler meint, ich wäre zu jung, um nicht dem Reiz des Ungewissen zu unterliegen, des Neuen, der großen Bewegung. Für ihn ist die Aktion ein Sprung ins Dunkle und dieser schwerste Pflicht.«
Dieser »Sprung ins Dunkle«, den die Führer des Deutschen Reiches zwei Wochen später mit der Kriegserklärung an Rußland wagten, soll uns im folgenden beschäftigen. Dabei muß außer acht bleiben, ob das Wagnis des Weltkrieges, das BETHMANN meinte eingehen zu müssen, in der Tat – wie er es glaubte – unvermeidbar war, wenn das Reich in einer Zeit feindseliger und waffenstarrender Mächtebündnisse überleben wollte. Oder ob hier nicht vielmehr nach einer seit langem verfehlten Außenpolitik versucht wurde, gleichsam mit zugekniffenen Augen eine verschlossene Tür einzurennen. Auch das Geschehen an den Fronten ist nicht unser Thema: die ersten blutigen Zusammenstöße in Belgien, Frankreich, Ostpreußen oder die unerwartet lange Fortsetzung des Völkermordens. Uns wird der Ausbruch des Ersten Weltkrieges, der »Sprung ins Dunkle«, allein als ein Ereignis deutscher Innenpolitik beschäftigen. Hauptfigur in unseren Überlegungen ist die Sozialdemokratie. Hätte sie, die bei weitem mitgliederstärkste deutsche Partei und im Reichstag seit 1912 die stärkste Fraktion, 1914 alle ihre Kräfte aufbieten und dem imperialistischen Krieg den Krieg erklären sollen? Oder anders gefragt: Barg der August 1914 die Möglichkeit, durch eine entschiedene, radikale Verweigerung die deutsche Geschichte auf ein anderes, auf ein revolutionäres Gleis zu schieben? Und wenn die Sozialdemokratie statt dessen den entgegengesetzten Weg ging und sich in die patriotische Front einreihte: Ließen sich auf diese Weise die erstarrten und verkeilten Fronten in Deutschland wieder in Bewegung bringen? Gab es die Möglichkeit, statt durch Verweigerung gerade durch Mitmachen

Wandel zu schaffen, Reformen einzuleiten? Verfolgen wir, was sich in den erregten Gemütern der Genossen abspielte.

Am 27. Juli 1914 notierte RIEZLER, von Hohenfinow, dem Gute des Kanzlers, wieder in die Reichshauptstadt Berlin zurückgekehrt, in sein Tagebuch:

»Bewegung auf den Straßen. Unter den Linden Menschenmengen vor den Depeschen des Lokalanzeigers, auf die Antwort Serbiens wartend. Die Menschen aber noch nicht völlig erwacht aus dem Traum des Friedens, der ihnen noch eine Selbstverständlichkeit scheint, noch ungläubig erstaunt und neugierig. Abends und Sonntags Menschen mit Liedern. Der Kanzler meinte zuerst, nur halbwüchsige Burschen, die sich der Gelegenheit zu Radau und Aufregung freuen und ihre Neugierde spazierentragen. Es werden aber mehr und mehr und die Töne werden echter, der Kanzler schließlich tiefbewegt, ergriffen und gefestigt, zumal aus dem ganzen Reich die Nachrichten kommen. Ein ungeheurer, wenn auch wirrer Betätigungsdrang im Volk, eine Gier nach großer Bewegung, aufzustehen für eine große Sache, seine Tüchtigkeit zu zeigen.«

Das nationale Fieber, der Rausch der patriotischen Einmütigkeit war in diesen Tagen keine deutsche Besonderheit. Auf den Straßen von London, Paris und Petersburg ging es ähnlich zu. Aber so deutlich wie wohl sonst nur in Rußland wurde in Deutschland die Chance empfunden, angesichts einer äußeren Gefahr aus Sackgassen im Innern herauszufinden. Der nachdenkliche, im Kern schwermütige Kanzler BETHMANN HOLLWEG hat die eigentümliche Unstimmigkeit der deutschen Vorkriegsjahre besonders deutlich gesehen. Während Wohlstand und Wirtschaft wuchsen, gaben nach seiner Meinung im politischen Parteigetriebe Mißmut und Unzufriedenheit einen deprimierenden Ton an, der aller vorwärtstreibenden Impulse bar war. Deshalb sprach BETHMANN von »Reichsverdrossenheit«.

Junge, von Verantwortung noch nicht gedrückte Leute wie der zweiunddreißigjährige DR. RIEZLER haben die internationale Krise rascher als eine Chance begriffen, aus dem allgemeinen Mißmut herauszufinden, als der siebenundfünfzigjährige Kanzler, ein bedächtiger, skeptischer, schwer an der Bürde seiner Verantwortung tragender Mann. Aber, wie gesagt, noch ehe der Krieg erklärt war, griff die hoffnungsvolle Stimmung auch auf den oft schwarzsehenden BETHMANN über. Rückschauend formulierte er 1919:

> »Der Drang nach Abschüttelung der Fesseln seines äußeren und inneren Lebens war der Geist, in dem das deutsche Volk im August 1914 in den Krieg zog.«

Von dem immer lautstärker, immer kriegsbereiter klingenden Patriotismus, der damals die Zeitungen, die Straßen und Stammtischgespräche füllte, hob sich die Stimme der deutschen Sozialdemokratie durch einen ganz anderen Ton ab. Auch sie verurteilte scharf, daß ein serbischer Nationalist den österreichischen Thronfolger in Sarajevo ermordet hatte. Aber sie wandte sich mit gleicher Schärfe gegen die Kriegstreiber, die daraus einen Anlaß zum Kriege machen wollten.

Am 25. Juli 1914 veröffentlichte die Parteizeitung »Vorwärts« in einer Sondernummer einen Aufruf des Parteivorstandes:

> »Das klassenbewußte Proletariat Deutschlands erhebt im Namen der Menschlichkeit und der Kultur flammenden Protest gegen dies verbrecherische Treiben der Kriegshetzer. Es fordert gebieterisch von der deutschen Regierung, daß sie ihren Einfluß auf die österreichische Regierung zur Aufrechterhaltung des Friedens ausübe, und, falls der schändliche Krieg nicht zu verhindern sein sollte, sich jeder kriegerischen Einmischung enthalte. Kein Tropfen Blut eines deutschen Soldaten darf dem Machtkitzel der österreichischen Gewalthaber, den imperialistischen Profitinteressen geopfert werden. Parteigenossen, wir fordern Euch auf, sofort in Massenversammlungen den unerschütterlichen Friedenswillen des klassenbewußten Proletariats zum Ausdruck zu bringen!... Überall muß den Gewalthabern in die Ohren klingen: Wir wollen keinen Krieg! Nieder mit dem Kriege. Hoch die internationale Völkerverbrüderung!«

Am 28. Juli demonstrierten die Sozialdemokraten im ganzen Reich. 200 000 versammelten sich allein im Treptower Park von Berlin: die größe Kundgebung in der Geschichte der Arbeiterbewegung. Und auf Sozialistentreffen in Brüssel, in Paris gaben die Delegierten der SPD praktische Beispiele für die Völkerverbrüderung. Sie berieten und demonstrierten, gemeinsam mit Vertretern der Arbeiterbewegung aus anderen Ländern, bis zuletzt in kameradschaftlicher Verbundenheit und Friedensliebe.

Am Abend des 1. August wurde HERMANN MÜLLER, Mitglied des Parteivorstandes und von diesem zu Gesprächen mit den französischen Sozialisten nach Paris gesandt, über den Kurs befragt, den die SPD nun, nachdem der Krieg zur traurigen Tatsache geworden war, einschlagen werde. Müller antwortet:

»1870 hätte zu Kriegsbeginn ein Teil der Sozialisten sich enthalten und ein Teil hätte im Reichstag für die Kriegskredite gestimmt. Das würde diesmal sicher nicht eintreten, sondern die Fraktion würde ein einheitliches Votum abgeben. Soweit er persönlich die Stimmung in den Fraktionskreisen kenne, wolle eine starke Strömung in der Fraktion gegen die Kriegskredite stimmen, ein Teil würde bereit sein, in Rücksicht auf die von Rußland drohenden großen Gefahren für die Kriegskredite zu stimmen, und ferner sei intern in Parteikreisen auch die Frage der Stimmenthaltung schon diskutiert worden.«

So wie HERMANN MÜLLER ging es allen deutschen Sozialdemokraten. Keiner konnte voraussagen, wie die SPD-Fraktion stimmen würde, wenn die Bewilligung der Sonderkredite, die der Krieg nötig machte, vor den Reichstag kam. Ablehnung, Befürwortung, Stimmenthaltung – alle drei Möglichkeiten hatten Anhänger und Gegner in der SPD. Für jede dieser Möglichkeiten konnte man Argumente ins Feld führen. Die Partei stand vor der vielleicht wichtigsten Weichenstellung ihrer Geschichte. Spielen wir die drei Möglichkeiten durch.

Ein *Nein* bedeutet: Wir Sozialdemokraten wenden uns aufs schärfste dagegen, wenn die Regierung das deutsche Volk zu einem angeblichen Verteidigungskrieg aufruft. Für uns ist der Krieg nichts als das traurige Ergebnis kapitalistischer Konkurrenz, nichts als Produkt einer falschen Gesellschaftsordnung. Er kann nicht unsere Sache sein. Oder, um es mit Worten LENINS vom September 1914 auszudrücken:

»Der Europa und die ganze Welt erfassende Krieg trägt den klar ausgeprägten Charakter eines bürgerlichen, imperialistischen, dynamischen Krieges. Kampf um die Märkte und Raub fremder Länder, das Bestreben, die revolutionäre Bewegung des Proletariats und der Demokratie im Innern der Länder zu unterbinden, das Bestreben, die Proletarier aller Länder zu übertölpeln, zu entzweien und hinzuschlachten, indem man im Interesse der Bourgeoisie die Lohnsklaven der einen Nation gegen die Lohnsklaven der andern Nation hetzt – das ist der einzige reale Inhalt, die einzige reale Bedeutung des Krieges. Die Losungen der Sozialdemokratie müssen gegenwärtig sein: allseitige, sowohl unter den Truppen als auch auf den Kriegsschauplätzen zu treibende Propaganda für die sozialistische Revolution und für das Gebot, die Waffen nicht gegen die eigenen Brüder, die Lohnsklaven anderer Länder, zu richten, sondern gegen die reaktionären und bürgerlichen Regierungen und Parteien in allen Ländern.«

Eine solche Erklärung, von der Parteiführung der deutschen Sozialdemokratie verkündet, hätte sich in eine stattliche Reihe von Resolutionen eingefügt, mit denen die europäischen Sozialisten auf nationalen und internationalen Treffen angesichts der Kriegsgefahr Stellung bezogen hatten. Während der Gewitterschwüle der Zweiten Marokkokrise von 1911 z. B. hatten die deutschen, spanischen, englischen, holländischen und französischen Delegierten erklärt, sie seien bereit, »sich jeder Kriegserklärung mit allen zu Gebote stehenden Mitteln zu widersetzen«.

Und selbst wenn ein solcher Widerstand nichts fruchten sollte, bleibe die Möglichkeit, den Protest *während* des Krieges fortzusetzen. Das Massensterben, die Entbehrungen, alle Schrecken eines modernen Waffenganges zwischen hochgerüsteten Staaten würden den Massen sozusagen die Einsicht einhämmern, wie unheilvoll der Kapitalismus sei. Der Krieg würde sie reif machen für eine proletarische Revolution. Radikale Sozialisten, die am Vorabend des Krieges unter dem relativ ruhigen Klima, unter der ferner rückenden Revolutionsaussicht gelitten hatten, konnten unter diesem Blickwinkel einen Krieg, so furchtbar er sein würde, als eine welthistorische Hoffnung begrüßen. Der Größte unter diesen Radikalen, der Bolschewik LENIN, hat

im Exil, in der Schweizer Zeitung »Sozial-Demokrat«, am 13. November 1914 die Parole ausgegeben:
> »Die Umwandlung des gegenwärtigen imperialistischen Krieges in den Bürgerkrieg ist die einzig richtige proletarische Lösung.«

Eine Erklärung *gegen* die Kriegskredite hätte aufs beste zu dem Ton gepaßt, den die Parteizeitungen der deutschen Sozialdemokratie in der Julikrise von 1914 anschlugen. Damals hatte man – im krassen Unterschied zur üblichen Presse – die gefährlichen Scharfmacher in Wien gebrandmarkt, die im Begriff standen, über den kleinen Nachbarstaat Serbien herzufallen und damit Serbiens Schutzmacht Rußland zum Kriege zwangen. Ihnen dürfe das verbündete Deutschland keine freie Hand lassen. Es klingt nach allem überzeugend, wenn ein sozialdemokratischer Reichstagsabgeordneter, PAUL LENSCH, im Rückblick auf die erregenden Tage des Kriegsausbruchs meint, alle Welt habe damals erwartet, die Sozialdemokraten würden in allen Parlamenten Europas *gegen* die Kriegskredite stimmen:
> »Daß im besonderen die deutsche Sozialdemokratie so handeln würde, daran hat vor dem Kriege im deutschen Bürgertum wie in der ganzen Welt eigentlich niemand auch nur im geringsten gezweifelt.«

Aber wenn die SPD getan hätte, was ihr so eindeutig vorgeschrieben schien: wäre das der Trompetenstoß gewesen, der eine Revolution eingeleitet hätte? Gewiß nicht. Nicht einmal der linke, radikale Flügel der SPD hat damals gefordert, der Mobilmachung mit der Faust des Generalstreiks und der Verweigerung, sich einziehen zu lassen, in den Arm zu fallen, obwohl diese Mittel auf den Vorkriegskonferenzen der europäischen Sozialisten immer wieder erwogen und von manchen befürwortet worden waren. Aber festgelegt hatte man sich nicht, weil die verhängnisvollen Folgen voraussehbar waren.

Ein Sozialdemokrat vom rechten Flügel, EDUARD DAVID, urteilte 1915:
> »Für einen Menschen mit klarer Vernunft kann kein Zweifel darüber bestehen, was in Wirklichkeit die Folge eines von uns versuchten Generalstreiks zu Beginn des Krieges gewesen wäre. Die Arbeiter, die dem Ruf gefolgt wären – sie hätten nicht nach

Millionen, wohl kaum nach Zehntausenden gezählt – wären von der militärischen Gewalt erbarmungslos niedergeschlagen worden. Und dies wäre geschehen unter wütender Zustimmung der großen Mehrheit der Nation. Mit dem Blutopfer, das die Arbeiterschaft gebracht hätte, wäre der Friede nicht erkauft worden. O nein! Zu diesem Opfer von Tausenden von Arbeiterleben wären da die Hunderttausende von Kriegsopfern doch noch gekommen.«

Ja, sogar ein Vertreter des linken Parteiflügels der SPD, KARL LIEBKNECHT, hatte schon 1907 erkannt:

»Ungünstigere Verhältnisse zur Entfaltung der proletarischen Macht, als sie beim Kriegsausbruch normalerweise vorliegen, gibt es nicht.«

Ein namhafter Historiker der DDR, JÜRGEN KUCZYNSKI, meint in seiner scharfen, kritischen Analyse des Verhaltens der SPD:

[Schon bevor der Krieg erklärt wurde,] »hatte das Proletariat in Deutschland den Kampf gegen den Krieg verloren. Vielleicht hatte es überhaupt keine Chance eines Sieges gehabt... Die herrschende Klasse in Deutschland war in diesen Tagen niemals wirklich ernstlich durch die Aktion des Proletariats behindert. Nicht einmal die Schwankungen innerhalb der herrschenden Klasse konnte die Arbeiterklasse als indirekte Kampfesreserve ausnutzen und jene so in ihren Kriegsvorbereitungen behindern.«

Daß ein Widerstand gegen den Krieg in diesem Moment zum Scheitern verurteilt schien, ist der erste psychologische Faktor, den wir uns vergegenwärtigen müssen, wenn wir das Verhalten der Sozialdemokraten im August 1914 verstehen wollen. Weil es sich voraussehen ließ, daß die Widerstandsmöglichkeiten entmutigend gering sein würden, hat die öffentliche Meinung, die von der Sozialdemokratie ein Nein zu den Kriegskrediten erwartete, gleichzeitig angenommen, daß sich die Sozialdemokraten, gehorsam wie andere Bürger auch, einziehen lassen würden. Dazu wiederum PAUL LENSCH 1916:

»Ebenso wenig freilich zweifelte man daran, daß die sozialdemokratischen Soldaten im Felde auf dem Posten sein würden, wie sie es ja auch im Frieden waren, trotzdem auch im

Frieden die Reichstagsfraktion die Militärkredite abzulehnen pflegte.«

Aber es ist doch ein großer Unterschied, ob man als Sozialdemokrat im Frieden seine Dienstpflicht ableistet, ob man exerziert und Wache schiebt, obwohl man den Militarismus ablehnt, oder ob man – widerwillig und der eigenen Überzeugung zuwider – in einen Krieg zieht, der das Leben kosten kann. Es fällt leichter zu kämpfen, leichter, mit einer schmerzenden Verwundung zu liegen, ja es stirbt sich leichter, wenn man weiß, daß Opfer und Leiden einen Sinn haben. Auch aus diesem Grund waren die ins Feld ziehenden Sozialdemokraten nicht anders als die übrigen Deutschen für den Appell empfänglich, es gelte das Vaterland zu verteidigen. Ja, wenn man allein gegen die demokratischen Staaten Frankreich und England zu den Waffen gegriffen hätte, dann wären vielen Arbeitern wahrscheinlich Zweifel gekommen. Aber die Reichsleitung hatte – nicht zuletzt, um die sozialdemokratische Gefahr zu entschärfen – bereits im Juli 1914, als die Gewitterwolken sich verdichteten, die Emotionen vor allem gegen Rußland geschürt.

Das war ihr, nach den Worten ROSA LUXEMBURGS, nur zu gut gelungen: »Aber der Zarismus! Dieser war es zweifellos, der für die Haltung der Partei, namentlich im ersten Augenblick des Krieges, den Ausschlag gegeben hat.« Gegen das autoritäre, undemokratische, rückständige Zarenreich hatten schon MARX und ENGELS Propaganda gemacht. Die deutschen sozialdemokratischen Arbeiter wollten bis zuletzt den Frieden, auch mit Rußland. Aber Kosakenknuten in Berlin, das war ein Alptraum auch für sie. In ihren Augen war der Zar – wie ein führender sozialdemokratischer Journalist, FRIEDRICH STAMPFER, urteilt – »der Erzfeind«. Kein deutscher Arbeiter hätte es verstanden, wenn die Sozialdemokratie am Tage des Kriegsausbruchs zu diesem Feind übergelaufen wäre.

Wie in der Einstellung gegenüber Rußland das Feindbild des kaiserlichen Deutschlands mit der alten sozialistischen Gegnerschaft gegen die Zarenherrschaft zusammenfloß, hat ROSA LUXEMBURG mit bitterem Hohn karikiert: »Hindenburg wurde zum Vollstrecker des Testamentes von Marx und Engels.«

Das Gefühl unzähliger SPD-Genossen, mit dem ganzen Volk an einem Strang zu ziehen, wurde verstärkt durch gewisse Erfahrungen,

die man in den Vorkriegsjahren angesammelt hatte. Noch kurz zuvor wollte es scheinen, als herrsche in der Partei, in den Gewerkschaften und in den Fabriken die Erbitterung über die Verhältnisse in Deutschland vor. Eine wirtschaftliche Rezession, reaktionäre Gesetzesanträge und Polizeischikanen, mit denen die Gewerkschaften eingeengt werden sollten: All das und manches andere ließ die Linke noch im Juni 1914 einen scharfen Ton anschlagen. Aber es gab – von der Sprache des Tageskampfes oft zugedeckt – doch auch das Gefühl, man habe beträchtliche Erfolge erzielt. Auch der Arbeiter besitze in Deutschland, wo vorerst leider noch die Junker regierten, wichtige Rechte und, so wenig er mit seiner wirtschaftlichen und politischen Position zufrieden sein könne, eine Zukunft. Diese Erfolge gestand man sich im Moment des Kriegsausbruchs offener ein als vorher. EDUARD DAVID, der politisch auf dem rechten Flügel der Sozialdemokratie angesiedelt war, formulierte dies sehr deutlich:
»Mit jedem Schritt zur staatsbürgerlichen Gleichberechtigung, mit jeder Aufstiegsstufe in wirtschaftlicher und kultureller Hinsicht wächst das Solidaritätsgefühl eines Volkes für den Fall einer Bedrohung nach außen. Das ist das ganze Geheimnis des Zusammenbruchs der proletarischen internationalen Solidarität beim Ausbruch des Krieges.«
Der patriotische Eifer brach sich in der deutschen Sozialdemokratie gerade dort am stürmischsten Bahn, wo die Vorkriegserfolge besonders handgreiflich gewesen waren. Das galt einmal für die Gewerkschaften, die – allen Widerständen zum Trotz – die Lage der Arbeiter hatten verbessern können. Es galt auch für Süddeutschland, wo die Sozialdemokratie dank eines liberalen politischen Klimas viel enger mit den übrigen Parteien zusammengespielt hatte als in Preußen und im Reich. Die Gewerkschaften und die Süddeutschen übten in den Tagen vor der Abstimmung im Reichstag über die Kriegskredite einen erheblichen Druck auf die Gesamtpartei aus. Den Gewerkschaften hat einer ihrer linken Kritiker 1919 vorgeworfen, der Beschluß ihrer Vorständekonferenz vom 2. August 1914, alle Lohnkämpfe sofort abzubrechen, habe »...die gesamte deutsche Arbeiterbewegung in ihrer Stellung zum Kriege festgelegt«.
Und von süddeutschen SPD-Genossen wie dem Badener LUDWIG

FRANK stand zu erwarten, daß ihnen jedes Mittel, auch die Drohung mit der Parteispaltung, recht sein würde, um die Partei auf einen patriotischen Kurs zu zwingen. Doch wäre es falsch, wenn man in einer – durch Gewerkschaften und Süddeutsche schon vor dem Kriege angebahnten – Entschärfung der kämpferischen Züge der Sozialdemokratie die Hauptursache für ihr Verhalten im August 1914 sehen wollte. Denn die russischen Arbeiter, die gewiß viel weniger gezähmt waren als die deutschen und sich weit weniger als diese in den Staat, in dem sie lebten, integriert fühlten, haben im August 1914 ähnlich reagiert.

Noch im Juli 1914 gärte es unter den Petersburger Arbeitern. Zum ersten Mal seit der niedergeschlagenen Revolution von 1905 erhoben sich wieder Barrikaden in den Straßen der russischen Hauptstadt. Die Arbeiterbewegung schien erneut Tritt gefaßt zu haben. Als der Krieg ausbrach, blieb die Mehrheit der Sozialdemokratie auf dem scharf ablehnenden Kurs, den sie bislang verfolgt hatte. Im Exil wurde LENIN mit seinen *Thesen über den Krieg* zum wortgewaltigsten Propagandisten gegen die sogenannte Vaterlandsverteidigung, in der er nichts anderes als imperialistischen Schwindel sah. Trotzdem haben die russischen Arbeiter sich erst einmal in die vaterländische Solidarität eingereiht: mit weniger Hurra als in Deutschland, aber vorerst mit demselben Ergebnis.

Aus den speziellen Entwicklungen, die in Deutschland vorausgegangen waren, läßt sich also das Verhalten der deutschen Arbeiter und ihrer Partei nicht überzeugend erklären. Denn dann hätte die Stimmung in Rußland kaum so ähnlich sein können. In Petersburg wie in Berlin, in Moskau wie in München müssen elementare Regungen im Spiel gewesen sein. Ein führender Vertreter der linken SPD, GUSTAV ECKSTEIN, hat das so ausgedrückt:

»Die Beobachtungen fast aller, die die erste Kriegszeit mitgemacht haben, auch derer, die schon damals gegen die patriotische Stimmung anzukämpfen suchten, stimmen darin überein, daß der patriotische Taumel in jenen schrecklichen Tagen auch die weitesten Kreise der Arbeiterschaft ergriffen hatte.«

Er berichtete weiter, daß in Berliner Proletariervierteln reichlicher geflaggt worden sei als in den eleganten Vierteln.

Es ist möglich, daß die gesamtdeutsche, auch die Arbeiter einschließende Verbrüderung vom 1. August 1914 aus einem hocharchaischen Muster menschlichen Verhaltens stammt. Wenn ein Tierrudel, wenn eine Horde von Urmenschen angegriffen wird oder selber angreift, dann sind alle inneren Gegensätze fürs erste ausgelöscht. Der Dichter STEFAN GEORGE hat in Versen, deren Pathos uns fremd anwehen mag, etwas von diesem Archaischen, Animalischen eingefangen:

> Wie das getier der wälder das bisher
> Sich scheute oder fletschend sich zerriß
> Bei jähem brand und wenn die erde bebt
> Sich sucht und nachbarlich zusammendrängt:
> So in zerspaltner heimat schlossen sich
> Beim schrei der Krieg die gegner an... ein hauch
> Des unbekannten eingefühls durchwehte
> Von schicht zu schicht und ein verworrnes ahnen
> Was nun beginnt... Für einen augenblick
> Ergriffen von dem welthaft hohen schauer
> Vergaß der feigen jahre wust und tand
> Das volk und sah sich groß in seiner not.

Der Dichter registrierte das Hochaltertümliche, Primitive, noch Tierische im menschlichen Verhalten, das er bei Kriegsausbruch miterlebte. Aber so klar er durch die hochtönenden Klischees hindurchblickte, mit denen die Stimmung der Leute damals heroisiert zu werden pflegte: im Grundtenor, das Volk habe sich, weil es eine gemeinsame Angst auch gemeinsam durchstehen wollte, zusammengeschlossen, folgt er willfährig der offiziellen These, nicht Deutschland habe angegriffen. Er konstruiert eine Angst- und Fluchtgemeinschaft, wo man wohl lieber von dem Verhalten eines kämpfenden Rudels reden sollte.

Was STEFAN GEORGE mit dem gestelzten Worte »eingefühl« benennt, die Stimmung kämpferischer Solidarität, hat in den Ländern, die in den Krieg eintraten, keineswegs alle Menschen erfaßt. Da gab es etwa religiöse Gruppen in England, die jeden Krieg bedingungslos ablehnten. Und es gab in mehreren Ländern Menschen, die in scharfer nationaler Distanz zu dem Staat standen, in dem sie lebten: Elsaß-

Lothringer, nordschleswigsche Dänen in Deutschland oder Iren in Großbritannien. Für solche Gruppen war es klar, daß der Krieg nicht ihre Sache sein konnte. Die Sozialdemokratie – das machte ihr Verhalten bei Kriegsausbruch überdeutlich – war *keine* Sekte und auch *keine* neue Nation, die sich neben dem deutschen Volke eingerichtet hatte und bereit war, wenn es sein mußte, gegen die anderen Deutschen Front zu beziehen. Die Sozialdemokraten waren vielmehr, über alle politischen Trennwände hinweg, Deutsche wie die anderen auch. Und sie reagierten bei Kriegsausbruch wie die anderen. Nicht weniger empfänglich als die übrige Nation zeigten sie sich für die Worte, die Kaiser WILHELM II. am Mittag des 4. August im Weißen Saal des Königlichen Schlosses von Berlin sprach, als er die neue Reichstagssession feierlich eröffnete: »Ich kenne keine Partei mehr, ich kenne nur noch Deutsche.« Von allen Worten des letzten deutschen Kaisers wurde keines berühmter als dieses.

Bei der Abstimmung über die Kriegskredite, die am Nachmittag des 4. August, also am gleichen Tage stattfand, kam ein Nein der sozialdemokratischen Abgeordneten, wie nunmehr klar zutage lag, kaum in Frage. Denn es hätte nur bei einer Minderheit der Parteigenossen im Lande Rückhalt gefunden. Hätte die Fraktion sich mit Mehrheit für Ablehnung entschieden, wäre der rechte Parteiflügel seinen eigenen Weg gegangen und hätte mit Ja gestimmt, worüber die Partei zerbrochen wäre. Aber da sich in den Fraktionsberatungen ablesen ließ, daß es durchaus einen linken Flügel gab, der *gegen* einen unter dem Druck der Stunde vollzogenen Kurswechsel eingestellt war, war es da nicht das Vernünftigste, wenn man sich der Stimme enthielt? Hätte das nicht die Kluft in der Partei am ehesten überbrückt und den linken Flügel bei der Stange gehalten? Dagegen stand die Überzeugung, daß die größte Reichstagsfraktion sich selber politisch entmündigen und das Parteivolk ohne Orientierung lassen würde, wenn sie, wegen ihrer inneren Spannungen, in einer so wichtigen Sache auf ein klares Votum verzichtete. PHILIPP SCHEIDEMANN schrieb über die Sitzung des SPD-Parteivorstandes am 2. August in sein Tagebuch:
»Eine Einigung ist unmöglich. Daß von einer Enthaltung keine Rede sein kann, bei uns 111 Mann, betonen alle.«

Was in dem Argument, für eine starke politische Partei komme eine Stimmenthaltung nicht in Frage, als eigentlicher Kern steckte, war wohl die Furcht der Reichstagsfraktion, in Deutschland werde eine Enthaltung als fauler Kompromiß, als feige Ausflucht verstanden werden. Alle – der rechte Parteiflügel ebenso wie der linke, ja das ganze deutsche Volk – würden über die Fraktion herfallen. Im August 1914 erwarteten die Zeitgenossen keine klugen, taktischen Mittelwege, sondern eindeutige Bekenntnisse, klare Entscheidungen, entweder Ja oder Nein.

Die Fraktion entschied sich für ein *Ja* zur Landesverteidigung. Gleichzeitig sollte vor dem Reichstag bekundet werden, daß man jede Verantwortung für die verhängnisvollen Folgen einer imperialistischen Politik ablehne. Diejenigen Abgeordneten, die lieber mit Nein gestimmt hätten, unterwarfen sich der Fraktionsdisziplin. Denn an der Tradition einer einheitlichen Stimmabgabe, wie sie in der SPD seit alters geheiligt war, wagte damals noch niemand zu rütteln, auch KARL LIEBKNECHT nicht. Die Erklärung, mit der die SPD-Fraktion ihre Stimmabgabe begründete, wurde vor dem Reichstagsplenum vom Parteivorsitzenden HUGO HAASE verlesen, der in den internen Beratungen zu den Befürwortern einer Ablehnung gehört hatte. Es war ein schweres Opfer für ihn, sich als Sprachrohr für eine Einstellung herzugeben, die ihm selber gegen den Strich ging: »Wir lassen in der Stunde der Gefahr das eigene Vaterland nicht im Stich.«

Stürmisch war der Applaus: im Reichstag, in ganz Deutschland. Die Sozialdemokraten, die ewigen Verneiner und Ankläger, die ewig Argwöhnischen und ewig Beargwöhnten, die Beschimpften und Gefürchteten – sie gehörten jetzt auf einmal ohne Vorbehalte zur großen Familie der Deutschen. Das genoß das Bürgertum, und viele Sozialdemokraten genossen es auch. ERNST GLAESER beschrieb die neue Eintracht in seinem berühmten autobiographischen Roman *Jahrgang 1902*, mit dem er 1928 auf seine Jugendjahre zurückblickte. Schauplatz: eine große Wiese in einer deutschen Stadt, mit einem Festzelt, Musikkapellen, Schützenständen und einem Bierbuffet.

»An einem breiten Tisch in der Nähe der rechten Kapelle saß der Heizer Kremmelbein mit vielen Genossen. Sie trugen alle

schwarz-weiß-rote Schleifchen am Rock, wo früher die roten Nelken saßen. August schob mir einen Stuhl hin und holte mir ein Glas Bier. Als er es aufsetzte, schlug der Heizer auf den Tisch: ›Genossen!‹, rief er, ›Deutschland ist angegriffen worden, das ist klar. Ihr wißt, ich lasse mir nichts vormachen, aber das Vaterland müssen wir verteidigen.‹ ›Jawohl!‹ sagten die Genossen und hoben ihre Biergläser. ›Rein wissenschaftlich ist die Sache so‹, fuhr Kremmelbein fort, ›wenn uns jetzt die herrschenden Klassen brauchen, damit wir – das werktätige Volk – den Angriff der Feinde, der auch uns gilt, abwehren, so werden wir das natürlich nicht umsonst tun.‹ ›Jawohl!‹ sagten die Genossen und hoben die Gläser. ›Ich meine, wir werden, wenn Deutschland gesiegt hat, bestimmte Forderungen stellen, Achtstundentag, freies Wahlrecht und Streikrecht.‹ ›Hurra!‹ riefen die Genossen und hoben zum drittenmal die Gläser. ›Für uns ist der Krieg das beste Geschäft, die Bourgeoisie braucht uns, wir werden eine genaue Rechnung aufstellen.‹ Die Genossen schmunzelten. [...]
Da sprang Kremmelbein auf den Tisch und schrie: ›Jeder deutsche Arbeiter kämpft für die Sicherheit seines Vaterlandes bis zum letzten Blutstropfen. Deutsches Volk, du wirst sehen, daß in der Stunde der Gefahr dein ärmster Sohn auch dein getreuester war!!‹
Das Zelt tobte. Die Kapellen spielten gemeinsam einen Tusch. Von allen Tischen sprangen die Leute. ›Hoch Kremmelbein, hoch!!‹ Und als ihr Hoch in das Deutschlandlied überging, näherte sich Persius, schon in Uniform, unserem Tisch und gab Kremmelbein die Hand. ›Alles sei vergessen. Wir wollen einig sein. In der Stunde der Gefahr kennen wir keine Parteien mehr.‹ Kremmelbein lächelte und nahm die Hand. ›Jeder hat seine Ansichten, Herr Doktor. Ihre Ansicht hatte damals mehr Polizei. Jetzt, wo das Vaterland in Gefahr ist, wollen wir alles vergessen. Wenn Frieden ist, sprechen wir uns wieder.‹ ›Ja‹, sagte Persius und stand unwillkürlich stramm, ›wenn wir gesiegt haben...‹
Sie schüttelten sich die Hände. Die Musik spielte noch einen

Tusch. Kremmelbein und Persius wurden umringt, und während das ganze Zelt jäh und gewaltig in die ›Wacht am Rhein‹ einfiel, schrie Persius der bayrischen Kellnerin zu: ›Alles Bier, das an diesem Tisch getrunken wird, geht auf meine Rechnung!‹«

Wie für den Kanzler BETHMANN HOLLWEG so war auch für die SPD der Kriegsbeginn ein »Sprung ins Dunkle«. Es gab auf dem rechten Flügel der Partei große Hoffnungen. Der Badener LUDWIG FRANK – zur Teilnahme an der Reichstagsabstimmung Anfang August 1914 in Berlin eingetroffen – drückte sie im Gespräch mit FRIEDRICH STAMPFER so aus:

»Wir waren im Frieden vergeblich gegen die Bastionen der preußischen Reaktion angerannt, hatten vergeblich zum Massenstreik für die Demokratie gerufen, jetzt mußte uns der Krieg bringen, was der Frieden versagt hatte: ein freies, demokratisches Deutschland.«

Diese noch ungetrübte Hoffnung trug LUDWIG FRANK im Herzen, als er einen Monat später, mit 46 Jahren, als Kriegsfreiwilliger zu den Fahnen geeilt, in Frankreich fiel. Eine Reihe von Konzessionen, die der Staat den Sozialdemokraten machte, gab solchen Hoffnungen Auftrieb.

Der »Vorwärts«, die Parteizeitung, konnte jetzt erstmals auch in den Kasernen gelesen werden. Wenn man sich beim Staat um Einstellung in einen Staatsbetrieb, etwa die Eisenbahn, bewarb, wurde man keiner hochnotpeinlichen Befragung mehr unterzogen, ob man etwa der SPD angehöre. Verfahren, die gegen Zeitungen wegen Beleidigung der Armee angestrengt worden waren, wurden sang- und klanglos zurückgezogen. Der vermehrte Einfluß der SPD zeigte sich im raschen Beginn der Nahrungsmittelbewirtschaftung, die den städtischen Massen das Hungern ersparen sollte. Das Selbstbewußtsein der Partei wuchs. Dazu PAUL LENSCH, bei Kriegsbeginn vom linken auf den rechten Parteiflügel übergewechselt:

»Wenn am 4. August die deutsche Sozialdemokratie aus Rücksicht auf ihr eigenes Interesse die Notwendigkeit des Staates anerkennen mußte, so wird in Zukunft der Staat aus Rücksicht auf sein Interesse die Notwendigkeit der Sozialdemokratie anerkennen müssen.«

Es gab Genossen, die darauf drangen, die vermehrten Druckmöglichkeiten noch energischer auszuspielen. Ein Reichstagsabgeordneter in einer Sitzung der Reichstagsfraktion im Sommer 1917:
>>Wir haben jetzt eine große Macht in Händen. Die Regierung und die bürgerlichen Parteien müssen den größten Wert darauf legen, nie in einen offenen, unhaltbaren Gegensatz zu uns zu kommen. Von dieser Macht sollten wir jetzt Gebrauch machen.<<
Man könne, meinte er, damit drohen, das nächste Mal gegen die Bewilligung der immer von neuem notwendigen Kredite zu stimmen.

Welcher Bodengewinn gelang der SPD für sich selbst und für das Ziel einer Demokratisierung Deutschlands? Überschaut man die Resultate, die bis zum Kriegsende erzielt wurden, dann erweisen sich die Konzessionen als ziemlich mager. Verschiedenes hat zum Schneckengang des Fortschritts beigetragen. Bei Kriegsbeginn – in der Stimmung patriotischer Einmütigkeit – wollte die SPD ihr Mittun nicht von der sofortigen Erfüllung handfester Forderungen abhängig machen. Selbst der so forsch auftretende Kremmelbein in der Romanszene von ERNST GLAESER vertagt ja – bei Lichte besehen – die Einlösung der Forderungen, die er so lauthals vorträgt, auf die Zeit nach dem Kriege. Und KONRAD HAENISCH, SPD-Abgeordneter im Preußischen Abgeordnetenhaus, beteuerte 1916:
>>Selbstredend ist es eine abgeschmackte Verleumdung, wenn in gewissen Zeitungen des deutschfeindlichen Auslandes im Herbst 1914 zu lesen war, die deutsche Sozialdemokratie habe sich die Zustimmung zu den Kriegskrediten von Herrn Bethmann Hollweg durch allerlei Zugeständnisse auf innerpolitischem Gebiete aufkaufen lassen. Davon ist natürlich keine Rede. Für einfache Pflichterfüllung läßt man sich nicht bezahlen.<<
Als ob es unmoralisch gewesen wäre, mit den Mitteln, über die man gebot, mehr Fortschritt und mehr Gleichberechtigung für die deutschen Arbeiter zu erzwingen! Weil aber die SPD auf keinen Fall in den Geruch von Erpressern kommen wollte, weil die Gewerkschaften auf Streiks und Lohnkämpfe verzichteten, weil es sich im Zeichen des Burgfriedens so bequem leben ließ, sah die andere Seite wenig Veran-

lassung, der SPD weitergehende Konzessionen zu machen. Keine Rede davon, daß in Deutschland jetzt Sozialisten wie in Frankreich und England, wie in der belgischen Exilregierung, auf führende Stellen des Staates berufen wurden. In einem Gutachten, das im Preußischen Innenministerium entstand, wurde noch im Februar 1918 formuliert, es müsse, »so schwierig das auch sein mag, der Weg gefunden werden, um unannehmbaren, den Bestand des Staates wie vornehmlich die Kriegsführung gefährdenden Ansprüchen und Forderungen der Sozialdemokratie Widerstand zu leisten, ohne doch in offenen Konflikt mit ihr zu treiben«.

Und schließlich: Die SPD, die nur ein Drittel der Reichstagssitze füllte, konnte einen breiten Durchbruch nur im Bündnis mit anderen Parteien, in einer Koalition mit den nächsten politischen Nachbarn zur Rechten, erzielen. Solange die Hoffnung verbreitet war, das kampferprobte Deutschland könne einen runden und ganzen Sieg erringen, war der Drang nach einer inneren Reform außerhalb der SPD nur wenig verbreitet und ohne Stoßkraft.

Nimmt man zu der enttäuschenden Erfahrung, daß die SPD zumindest bis Ende 1916 nur sehr geringe politische Erfolge erzielen konnte, noch die wachsende Kriegsmüdigkeit der Massen hinzu, dann läßt sich leicht verstehen, warum die Opposition innerhalb der SPD, die am 4. August 1914 geschwiegen und sich der Mehrheit unterworfen hatte, sich nun Zug um Zug und unter scharfen Anklagen verselbständigte. Ihre Abspaltung war schon in der Fraktionssitzung vom 3. August 1914 angelegt, als es neben 110 Stimmen für eine Bewilligung der Kriegskredite auch 14 Nein-Stimmen gegeben hatte. Die Gegner der Mehrheitslinie begannen nach dem 4. August unverzüglich, ihre Reihen zu formieren.

Am Abend des 4. August berieten in Berlin einige namhafte Vertreter vom linken Flügel der SPD, was sich gegen den verhängnisvollen Kurs unternehmen ließe, den die Partei eingeschlagen hatte. ROSA LUXEMBURG, FRANZ MEHRING und WILHELM PIECK gehörten zu dieser Gesprächsrunde. Am 6. August 1914 sprach die Vollversammlung des SPD-Ortsvereins Stuttgart der Reichstagsfraktion das Mißtrauen aus. Als diese die Abstimmung vom 2. Dezember 1914 vorbereitet, bei der es erneut um Kriegskredite gehen sollte, standen den

82 Befürwortern schon 17 Ablehner gegenüber. Einer von ihnen, KARL LIEBKNECHT, blieb auch im Reichstagsplenum bei seinem Nein und überreichte dem Reichstagspräsidenten folgende Begründung:
> »Dieser Krieg, den keines der beteiligten Völker selbst gewollt hat, ist nicht für die Wohlfahrt des deutschen oder eines anderen Volkes entbrannt. Es handelt sich um einen imperialistischen Krieg, einen Krieg um die kapitalistische Beherrschung wichtiger Siedlungsgebiete für das Industrie- und Bankkapital. Es handelt sich vom Gesichtspunkt des Wettrüstens um einen von der deutschen und österreichischen Kriegspartei gemeinsam im Dunkel des Halbabsolutismus und der Geheimdiplomatie hervorgerufenen Präventivkrieg. Es handelt sich auch um ein bonapartistisches Unternehmen zur Demoralisation und Zertrümmerung der anschwellenden Arbeiterbewegung. Das haben die verflossenen Monate trotz einer rücksichtslosen Verwirrungsregie mit steigender Deutlichkeit gelehrt... Unter Protest gegen den Krieg, seine Verantwortlichen und Regisseure, gegen die kapitalistische Politik, die ihn heraufbeschwor, gegen die kapitalistischen Ziele, die er verfolgt, gegen die Annexionspläne, gegen die Militärdiktatur, gegen die soziale und politische Pflichtvergessenheit, deren sich die Regierung und die herrschenden Klassen auch heute noch schuldig machen, lehne ich die geforderten Kriegskredite ab.«

Diese Erklärung, deren Aufnahme in das Reichstagsprotokoll der Präsident verweigerte, läßt die Argumente der linken Opposition innerhalb der SPD erkennen. In der These, es handle sich nicht um einen deutschen Verteidigungskrieg, wurde nur offen ausgesprochen, was viele Genossen schon im August 1914 gemeint hatten. In LIEBKNECHTS Erklärungen flossen aber auch Erfahrungen ein, die man seit Kriegsbeginn gemacht hatte. Im Zeichen militärischer Erfordernisse und vaterländischer Eintracht war, so sah es zumindest die Opposition in der SPD, die Arbeiterbewegung gezügelt und gezähmt worden. Man glaubte zu erkennen, daß mit einer Raffinesse, die auf BISMARCK – ja noch weiter, bis auf sein Vorbild und seinen Gegenspieler, den dritten NAPOLEON BONAPARTE – zurückging, man ohne

Gewalt mit einer Bedrohung fertig geworden sei, die von den Massen ausging. Und eben darin wollte die SPD-Opposition jetzt einen der Gründe sehen, warum der Kapitalismus sich überhaupt auf einen mörderischen Krieg eingelassen hatte. So verstehen sich die Sätze: »Es handelt sich auch um ein bonapartistisches Unternehmen zur Demoralisation und Zertrümmerung der anschwellenden Arbeiterbewegung. Das haben die verflossenen Monate trotz einer rücksichtslosen Verwirrungsstrategie mit steigender Deutlichkeit gezeigt.«

Die Kritik zielt hier nicht nur gegen die Machthaber, von denen die Arbeiterbewegung zertrümmert worden war, sondern mit gleicher Schärfe gegen die eigene Partei, die sich habe zertrümmern lassen. In den Worten von ROSA LUXEMBURG, der Kampfgefährtin LIEBKNECHTS:

> »Mit der Annahme des Burgfriedens hat die Sozialdemokratie für die Dauer des Krieges den Klassenkampf verleugnet. Aber damit verleugnete sie die Basis der eigenen Existenz, der eigenen Politik. Was ist jeder ihrer Atemzüge sonst als Klassenkampf… Mit der Verleugnung des Klassenkampfes gab sich die Sozialdemokratie für die Dauer des Krieges den Laufpaß als aktive politische Partei, als Vertreterin der Arbeiterpolitik. Sie… begnügte sich damit…, für die Ruhe unter dem Belagerungszustand zu sorgen, d. h., die Rolle des Gendarmen der Arbeiterklasse zu spielen.«

Gegen eine äußere Gefahr, um derentwillen die SPD sich in die vaterländische Front eingereiht hatte, waren auch LIEBKNECHT und seine Gesinnungsgenossen nicht etwa gefühllos. Sie lehnten eine Vaterlandsverteidigung mit der Waffe keineswegs so bedingungslos ab wie etwa die englischen Quäker. Aber sie hielten die deutsche Militärmacht für stärker als das Aufgebot der Gegner. Zugespitzt: Wo die Mehrheit der SPD das Reich in Gefahr sah, da sah die Minderheit vielmehr im Deutschen Reich vor allem eine Gefahr für andere. Auf Eroberungen, auf Annexion und auf Drosselung der wirtschaftlichen Konkurrenz komme es allen imperialistischen Mächten an. Deutschland, das sich auf das Wunderwerk seiner Armee stützen konnte, besaß nach Meinung der Opposition in der SPD die größeren Möglichkeiten, seine Expansionswünsche zu verwirklichen. Die – in

Deutschland gefährlich populär werdenden – Annexionsabsichten gaben der SPD-Opposition Auftrieb. Abgesehen von extremen rechten Flügelmännern teilte die Mehrheits-SPD diese Ziele nicht, sie war aber nach Meinung ihrer Kritiker auf der Linken durch ihre Burgfriedenspolitik viel zu abhängig geworden, um energisch und wirkungsvoll auf einen raschen, für alle kriegführenden Staaten annehmbaren Frieden dringen zu können.

Am 20. August 1915 brachte LIEBKNECHT im deutschen Reichstag eine kleine Anfrage ein, die, um überhaupt beantwortet zu werden, bewußt auf jene polemische Schärfe verzichtete, die ihm sonst eigen war:

»Ist die Regierung bei entsprechender Bereitschaft der anderen Regierungen bereit, auf der Grundlage des Verzichts auf Annexionen aller Art in sofortige Friedensverhandlungen einzutreten?«

Darauf antwortete der Staatssekretär des Auswärtigen Amtes, VON JAGOW:

»›Meine Herren, ich glaube dem Einverständnis der großen Mehrheit des Hauses zu begegnen, wenn ich auf die Anfrage des Abgeordneten Dr. Liebknecht eine Antwort als zur Zeit unzweckmäßig zu erteilen ablehne.‹ *Lebhaftes anhaltendes ›Bravo‹.* –

Darauf Liebknecht: ›Das ist eine Zweideutigkeit.‹ – *Anhaltendes ironisches ›Bravo‹ und Lachen.* –

Liebknecht: › – es ist ein Bekenntnis.‹ – *Erneutes anhaltendes ›Bravo‹ und Lachen. – Glocke des Präsidenten.*«

LIEBKNECHT hatte allen Grund, aus der höhnischen Aufnahme, die seine Worte gefunden hatten, ein Bekenntnis herauszuhören. 1915, in einem Jahr der militärischen Erfolge, lag der Regierung wie der Reichstagsmehrheit der Gedanke noch fern, es sei genug, wenn man am Ende des Krieges nur das Territorium behauptete, das man vorher besessen hatte.

Bei dieser Reichstagssitzung war LIEBKNECHT in Uniform erschienen, denn im Februar 1915 hatte man ihn eingezogen. Urlaub erhielt er nur zu Sitzungen, an denen er als Abgeordneter teilzunehmen hatte – mit dem ausdrücklichen Verbot, Versammlungen zu besuchen,

Propaganda zu treiben und Berlin zu verlassen. Diese Auflage durchbrach er, als er an der Berliner Demonstration zum 1. Mai 1916 teilnahm. Sogleich wurde er verhaftet und vor Gericht gestellt. Das Urteil erster Instanz, das im Berufungsverfahren bestätigt wurde, lautete am 18. Juni 1916:

»In der Untersuchungssache gegen den Landsturmmann Karl Liebknecht vom Armierungs-Ersatz-Kommando Thorn wegen versuchten Kriegsverrats, erschwerten Ungehorsams und Widerstands gegen die Staatsgewalt hat ein auf Befehl des Gerichtsherrn der Kommandantur zu Berlin zusammengetretenes Kriegsgericht für recht erkannt:
Der Angeklagte wird wegen versuchten Kriegsverrats in Tateinheit mit erschwertem Ungehorsam sowie wegen Widerstands gegen die Staatsgewalt mit 2 Jahren 6 Monaten und 3 Tagen Zuchthaus bestraft. Zugleich wird auf Entfernen aus dem Heere sowie auf Unbrauchbarmachung der Exemplare des Flugblattes ›Auf zur Maifeier!‹ und der zur Herstellung benutzten Platten und Formen erkannt.«

In der Urteilsbegründung heißt es:

»Ende April 1916 hielt sich der Angeklagte zur Teilnahme an den parlamentarischen Sitzungen in Berlin auf. Er verbreitete Ende April und am 1. Mai 1916 Flugblätter mit der Überschrift ›Auf zur Maifeier!‹ sowie Handzettel, und zwar, wie er selbst sagt, soweit er dazu Gelegenheit hatte und nach besten Kräften. Das Flugblatt beginnt mit dem Satze: ›Zum zweiten Male steigt der Tag des 1. Mai über dem Blutmeer der Massenmetzelei auf.‹ Es folgt dann der Satz: ›Zum zweiten Male findet der Weltfeiertag der Arbeit die proletarische Internationale in Trümmer geschlagen, während die Kämpferscharen des völkerbefreienden Sozialismus als widerstandsloses Kanonenfutter des Imperialismus einander abschlachten.‹ Der Angeklagte hat in der Hauptverhandlung erklärt, daß er die volle Verantwortung für den Inhalt des Flugblattes trage. Die Handzettel fordern alle diejenigen, die gegen den Krieg sind, zum Erscheinen am 1. Mai, abends 8 Uhr, auf dem Potsdamer Platz auf und geben als Parole aus: ›Brot! Freiheit! Frieden!‹ Am Abend des 1. Mai 1916 nahm der

Angeklagte in Zivilkleidung an einer Demonstration auf dem Potsdamer Platz teil. Eine größere Anzahl meist jugendlicher Personen hatte sich dort zu Demonstrationszwecken eingefunden. Als gerade eine Anzahl Schutzleute, die auf dem Bürgersteig vor dem Hotel Fürstenhof sich stauende Menge zu zerstreuen suchte, rief der Angeklagte aus der ihn umgebenden Menschenmenge heraus mit lauter Stimme: ›Nieder mit dem Krieg! Nieder mit der Regierung!‹«

Im Dezember 1914 verweigerte LIEBKNECHT als erster Sozialdemokrat die Kriegskredite. Seine Tat und der darauffolgende Ausschluß aus der Fraktion wurden zu Marksteinen auf dem Wege der Parteispaltung. Im März 1916 schwenkten 18 SPD-Abgeordnete auf den Weg LIEBKNECHTs ein und lehnten die Etatvorlage ab. Auch sie traf der Parteiausschluß. Darauf gründeten sie unter dem Namen »Sozialdemokratische Arbeitsgemeinschaft« eine selbständige Fraktion.

Mit dem 1. Mai 1916, an dem LIEBKNECHT verhaftet wurde, begannen die bewußten Massenaktionen gegen den Krieg. Und als sein Prozeß mit dem Zuchthausurteil endete, brach Ende Juni 1916 der erste Massenstreik los. Der ehemalige SPD-Vorsitzende HUGO HAASE, der zur oppositionellen Arbeitsgemeinschaft gehörte, notierte:

»Jedenfalls ist eine Unruhe in die Arbeiter gekommen, die sich sicherlich auch anderwärts bemerkbar machen wird.«

Zu einer eigenen Partei, der »Unabhängigen Sozialdemokratischen Partei Deutschlands« (USPD), erklärten sich die abtrünnigen Genossen im April 1917. Damit war ein zweites Mal eine Weiche für die Zukunft gestellt, ein neuer »Sprung ins Dunkle« getan. Während sich die Mehrheit zu Anfang des Krieges nach rechts orientiert hatte, zerbrach nun endgültig die so lange hochgehaltene Parteieinheit. Eine linke Opposition hatte sich verselbständigt.

Revolutionär, wie etwa die russischen Bolschewiki, war auch die USPD nicht. Ihr ging es nach wie vor um eine rasche Beendigung des Krieges, in dem der kühlere und radikalere LENIN eine Chance für die Revolution sah. Die Mittel, zu denen die USPD griff, blieben im Rahmen der Legalität, so daß der Staat seine unbequemen Kritiker nicht verbot. Lediglich auf der äußersten, mit der USPD nur lose verknüpften Linken, beim Spartakus-Bund, begann man kühnere Pläne zu schmieden. Doch die Führer dieser Gruppe, LIEBKNECHT und ROSA LUXEMBURG, saßen im Kerker, abgeschnitten von den meisten Wirkungsmöglichkeiten.

Nur auf der linken Seite hatte sich – mit dem Kurswechsel der SPD und mit der beginnenden Abspaltung der Opposition – bis Ende 1916 das politische Gefüge in Deutschland verschoben. Im übrigen stabilisierte der Burgfriede vom August 1914 überholte wilhelminische Zustände. 1917 aber gerieten die Dinge in Fluß. Der Anstoß kam von außen. Am 31. Januar 1917 kündigte Deutschland an, daß der U-Boot-Krieg von nun an auch die neutralen Zulieferer Englands und Frankreichs mit voller Schärfe treffen sollte. Der Preis dafür: Die Vereinigten Staaten brachen am 3. Februar die Beziehungen zu Deutschland ab und traten am 6. April auf der Seite seiner Gegner in den Krieg ein. Die Hoffnung, die Deutschland selbst diesen schweren Nachteil hatte in Kauf nehmen lassen, erfüllte sich nicht. Mit dem bescheidenen Bestand an U-Booten, über den das Reich verfügte, ließ sich der Atlantische Ozean nicht beherrschen. Diese bittere Erfahrung machte viele Deutsche bedenklich, die vor kurzem noch in verblendeten Erwägungen geschwelgt hatten, wie weit nach Westen und Osten man die deutschen Grenzpfähle vorstecken sollte. Die Ernüchterung wirkte auf die Innenpolitik zurück. In der gleichen Richtung wirkte, daß die Stimmung der kriegsmüden Massen in der russischen Hauptstadt, die Anfang März 1917 den Zaren mit seinem Regime gestürzt hatten und jetzt soviel Macht besaßen wie nie zuvor, nach Deutschland übergriff. Mit forschen Siegesparolen war, so erkannten viele, das Volk nicht mehr bei der Stange zu halten. Liegengebliebene Reformen wurden wieder akut.
Damit wurde das Jahr 1917 auch zu einer neuen Chance für die innere Erneuerung Deutschlands, für die Verwirklichung der sozialdemokratischen Wünsche. Der Kaiser kündigte auf BETHMANN HOLLWEGS Rat zu Ostern 1917 in einem Erlaß, der sich an den Reichskanzler richtete, eine Wahlrechtsreform in Preußen an. Damit wurde endlich die stärkste Bastion politischer Ungleichheit angetastet, die es in Deutschland noch gab. In der kaiserlichen Osterbotschaft hieß es:
»Mir liegt die Umbildung des preußischen Landtags und die Befreiung unseres gesamten innerpolitischen Lebens von dieser

Frage besonders am Herzen. Für die Änderung des Wahlrechts zum Abgeordnetenhaus sind auf meine Weisung schon zu Beginn des Krieges Vorarbeiten gemacht worden. Ich beauftrage Sie nunmehr, mir bestimmte Vorschläge des Staatsministeriums vorzulegen, damit bei der Rückkehr unserer Krieger diese für die innere Gestaltung Preußens grundlegende Arbeit schnell im Wege der Gesetzgebung durchgeführt werde. Nach den gewaltigen Leistungen des ganzen Volkes in diesem furchtbaren Kriege ist nach meiner Überzeugung für das Klassenwahlrecht in Preußen kein Raum mehr.

Ich handele nach den Überlieferungen großer Vorfahren, wenn ich bei Erneuerung wichtiger Teile unseres festgefügten und sturmerprobten Staatswesens einem treuen, tapferen, tüchtigen und hochentwickelten Volk das Vertrauen entgegenbringe, das es verdient.

Großes Hauptquartier, den 7. April 1917.«

Damit war nun selbst dem Kaiser klargeworden, daß man den Soldaten, die eines Tages aus den Schützengräben nach Hause zurückkehren würden, nicht, wie bisher, ein kraß ungleiches Wahlrecht zumuten konnte. Aber ein entschlossener, sofortiger Durchbruch wurde auch in der Osterbotschaft nicht gewagt. Wieder einmal schien es gute Gründe dafür zu geben, daß man die Reform so lange vertagte, bis wieder Friede herrschte. In der Osterbotschaft hieß es dazu:

»Noch stehen Millionen Volksgenossen im Felde, noch muß der Austrag des Meinungsstreites hinter der Front, der bei einer eingreifenden Verfassungsänderung unvermeidlich ist, im höchsten vaterländischen Interesse verschoben werden, bis die Zeit der Heimkehr unserer Krieger gekommen ist und sie selbst am Fortschritt der neuen Zeit mitraten und -taten können. Damit aber sofort beim glücklichen Ende des Krieges, das, wie ich zuversichtlich hoffe, nicht mehr fern ist, das Nötige und Zweckmäßige auch in dieser Beziehung geschehen kann, wünsche ich, daß die Vorbereitungen unverweilt abgeschlossen werden.«

Dieser Vertagungszusatz bleibt ein Wermutstropfen auch für diejenigen Genossen von der Mehrheits-SPD, die in der Osterbotschaft einen

politischen Sieg der Arbeiterschaft sehen. EDUARD DAVID, ein SPD-Mann vom rechten Flügel, notiert am 8. April in sein Tagebuch:
»Nicht ganz befriedigend; der ›preußische Geist‹ bleibt sehr zähflüssig; aber doch großer Fortschritt. Mein innenpolitisches Kriegsziel ist auf dem Marsch und kann nicht mehr verlorengehen; ungeheure Bedeutung für innere und äußere Politik. Auch für innerparteiliche.«

Am 19. Juli 1917 stimmte eine Mehrheit im deutschen Reichstag, die nach rechts bis in die Reihen der Liberalen reichte, für eine Resolution, die gegen eine Eroberungspolitik Front machte:
»Zur Verteidigung seiner Freiheit und Selbständigkeit, für die Unversehrtheit seines territorialen Besitzstandes hat Deutschland die Waffen ergriffen. Der Reichstag erstrebt einen Frieden der Verständigung und der dauernden Versöhnung der Völker. Mit einem solchen Frieden sind erzwungene Gebietserwerbungen und politische, wirtschaftliche und finanzielle Vergewaltigungen unvereinbar. Der Reichstag weist auch alle Pläne ab, die auf eine wirtschaftliche Absperrung und Verfeindung der Völker nach dem Kriege ausgehen. Der Reichstag wird die Schaffung internationaler Rechtsorganisationen tatkräftig fördern.«

Für eine solche Haltung hatte es bislang nur SPD-Unterstützung gegeben. Daß nun auch Liberale und Zentrumsleute dafür stimmten, zeigte, daß sich in der Kriegszielfrage die Vernunft, bislang weitgehend auf die SPD beschränkt, nach rechts hin Bahn brach.

Aus dem momentanen Zusammenhang bei der Friedensresolution vom 19. Juli 1917 entstand ein lockeres Parteienbündnis, das von der Mehrheits-SPD bis in die Reihen der Liberalen und des Zentrums reichte. Dieses Bündnis wandte sich gegen reaktionäre Ziele in der äußeren und inneren Politik, gegen maßlose Eroberungssucht wie gegen das sture Festhalten an Zuständen in Deutschland, die – spätestens seit dem 4. August 1914 – für eine Ablösung reif geworden waren.

Während die Mehrheits-SPD zu einem wichtigen Glied dieses Parteienbündnisses wurde, blieben die abtrünnigen Genossen zur Linken, blieb die USPD draußen. Aber sie war – bei Lichte besehen – mittelbar beteiligt. Denn durch ihre scharfe Kritik an der Regierung und an der

Mehrheits-SPD, durch ihre von keinerlei Koalitionsrücksichten gebremsten Forderungen wirkte sie als das linke Gewissen der SPD, das zu einer forscheren Gangart zwang. Das Ergebnis? Eine tiefgreifende Erneuerung, ein parlamentarisches und demokratisches Deutschland, blieb so lange unerreichbar, wie der Kaiser an der Spitze stand und die Hauptsorge der Deutschen auf den Sieg oder doch einen erträglichen Kriegsausgang konzentriert blieb. Der politische Durchbruch bahnte sich erst mit der Einsicht an, daß die Niederlage unabwendbar geworden war. Und er wurde Wirklichkeit in der Novemberrevolution.

Der neue deutsche Staat, die Weimarer Republik, wurde von jenem Parteienbündnis getragen, das sich während des Weltkrieges angebahnt hatte und erst durch die Entscheidung der SPD-Fraktion am 4. August 1914 möglich geworden war.

*Eberhard Kolb*
# 1918/19: Die steckengebliebene Revolution

Auto mit Maschinengewehren des Arbeiter- und Soldatenrates am Brandenburger Tor.

»Die größte aller Revolutionen hat wie ein plötzlich losbrechender Sturmwind das kaiserliche Regime mit allem, was oben und unten dazu gehörte, gestürzt. Man kann sie die größte aller Revolutionen nennen, weil niemals eine so fest gebaute, mit so soliden Mauern umgebene Bastille so in einem Anlauf genommen worden ist.«

Mit diesen Sätzen beginnt der Leitartikel im »Berliner Tageblatt« vom 10. November 1918. Der diese Sätze schrieb, war kein radikaler Sozialist, sondern ein bürgerlicher Demokrat: THEODOR WOLFF, damals einer der angesehensten deutschen Publizisten, ein sensibler und urteilssicherer Beobachter der politischen Szene. Hatte er recht, wenn er die Ereignisse des 9. November als die »größte aller Revolutionen« bezeichnete?

Wenige Monate nach diesem November 1918 schrieb KURT TUCHOLSKY in zornig-bitterem Rückblick:

»Noch immer werden in den deutschen Schulen Schlachten gelehrt und Kriegsberichte der Ludendorffe aller Zeiten, und es wird den Kindern gesagt, daß *das*: Blutvergießen und Generalsanmaßung das Leben und die Geschichte sei. Noch immer regiert in den Ämterstuben der hochfahrende Ton abgetakelter Militäranwärter, die hier ihre kleine Herrschsucht austoben. Noch immer kollern brave, sonst geduckte Bürger größenwahnsinnig, wenn sie das ›Regieren‹ überkommt... Noch immer herrschen in den kleinen Kommunen die finstersten Patrone, und kein Hauch einer Änderung, geschweige denn einer Revolution dringt bis nach Klein Piepen-Eichen. Es ist alles beim alten... Noch immer ist der Deutsche in allen kleinen Angelegenheiten des äußeren Lebens unfrei, ein harmlos randalierender Tropf, so lange er nicht selbst ein Ämtchen sein eigen nennt, und hat er's: auch er ein Kaiserchen. Was habt ihr gespielt? Revolution? Kinder. Politische Kinder.«

Wie sich die Zeitgenossen uneins waren in der Beurteilung der inneren Umgestaltung, die sich in Deutschland im Winter 1918/19 vollzog, so tun sich auch die Historiker schwer bei dem Versuch, den Charakter der Revolution von 1918 und ihren historischen Ort in der jüngeren deutschen Nationalgeschichte genauer zu bestimmen. Verdienen die Novemberereignisse wirklich den Namen einer Revolution, die dann sogar als eine erfolgreiche Revolution einzustufen wäre, weil an die Stelle des Kaiserreichs eine Republik trat, an die Stelle der Monarchie eine parlamentarische Demokratie? Oder handelte es sich vielmehr um eine gescheiterte Revolution, weil die weitergesteckten politischen und sozialen Zielsetzungen der revolutionären Massenbewegung nicht verwirklicht wurden? Wie stand es überhaupt um die Zielsetzungen und um das Kräftepotential der Umsturzbewegung? Sah sich Deutschland im Winter 1918/19 mit einer drohenden Machtergreifung linksradikaler Gruppen konfrontiert, war Deutschland damals in Gefahr, vom Bolschewismus verschlungen zu werden? Oder bestand im Gegenteil in diesen Monaten die Chance, in Deutschland den Obrigkeitsstaat abzubauen und eine stabile Demokratie zu begründen – eine Chance, die vertan wurde, nicht zuletzt durch Konzeptionslosigkeit, mangelnde Energie und mangelnden politischen Weitblick der neuen Machthaber, der sozialdemokratischen Volksbeauftragten?

Schwieriger, als diese Fragen zu stellen, ist es, Antworten zu finden, Antworten zumal, die auf möglichst breite Zustimmung rechnen können. Denn auch heute, ein Dreivierteljahrhundert nach den Ereignissen, ist die Revolution von 1918 immer noch ein Politikum. Hier handelt es sich »nicht um ein Stück abgelebter Vergangenheit«. Vielmehr stehen Vergangenheit und Gegenwart gerade im Hinblick auf diese Revolution in einem Wechselverhältnis, einem allerdings überwiegend verdeckten und vielfach unbewußten Wechselverhältnis, und deshalb ist die Interpretation der Revolution »in hohem Maße von den politischen Interessen und Kategorien des jeweils Urteilenden abhängig«. Denn warum sollte derjenige, der eine durchgreifende Demokratisierung der staatlichen oder gar gesellschaftlichen Institutionen nicht als – zumindest zum damaligen Zeitpunkt – notwendig und politisch wünschenswert betrachtet, im Ausbleiben einer solchen Demokratisierung nach dem November 1918 ein besonderes Manko erblicken? Weshalb sollte derjenige, der eine gesellschaftliche Kontrolle der Großindustrie grundsätzlich ablehnt, bedauern, daß 1918/19 kein ernsthafter Versuch unternommen wurde, die Schwerindustrie einer demokratischen Mitbestimmung zu unterwerfen? Naturgemäß ist also kaum zu erwarten, daß es jemals zu einem einhelligen Urteil darüber kommen wird, ob diese Revolution von 1918 unter jene »Wendepunkte« der deutschen Geschichte zu rechnen ist, an denen sich vieles hätte wenden können, an denen sich tatsächlich aber nicht genug gewendet hat. Im Klartext: Ob in den Revolutionsmonaten 1918/19 durch Fehlentscheidungen oder Versäumnisse der zur Macht gelangten Sozialdemokraten die einmalige und unwiederbringliche Chance verspielt wurde, in Deutschland eine in den Massen verankerte demokratische Republik aufzubauen. Jeder Versuch, auf diese zentrale Frage eine Antwort zu finden, hat auszugehen von der Erwägung, welches denn die Ursachen dieser Revolution waren, welches die Bedingungen, unter denen sie sich vollzog.

Die Revolution von 1918 wurde nicht gewagt aus dem überschwenglichen Kraftgefühl einer zur Macht drängenden Klasse, die sich ihrer selbst und ihrer Stärke bewußt geworden wäre. Vielmehr ging diese Revolution einher mit der militärischen Niederlage Deutschlands, ja sie war weitgehend das Produkt dieser Niederlage. Nach über vier Jahren bitterer Not und äußerster Anspannung aller seelischen und geistigen Kräfte war das deutsche Volk bei Kriegsende ausgelaugt, erschöpft, entmutigt. Vor allem aber: Im Laufe der Kriegsjahre hatte sich viel zusätzlicher sozialer Zündstoff angehäuft; es bedurfte nur eines Funkens, um ihn zur Explosion zu bringen. Gewiß: Damals, im August 1914, im rauschhaften Erlebnis der »Volksgemeinschaft«, hatte das deutsche Volk ein erstaunliches Maß an Geschlossenheit gezeigt. Auch die vermeintlich »vaterlandslosen Gesellen«, die Sozialdemokraten, reihten sich, ohne einen Augenblick zu zögern, unter der Parole des »Burgfriedens« in die nationale Front ein. Aber die tiefen Risse im sozialen Gefüge wurden durch das Augusterlebnis von 1914 und durch die Erfahrung gemeinsam ertragener Not und gemeinsam gebrachter Opfer nur übertüncht, nicht beseitigt. Je länger der Krieg dauerte, desto stärker fraßen sich die schon seit langem existierenden gesellschaftlichen Spannungen durch den Firnis der patriotischen Stimmungen.
Neue soziale Konfliktherde kamen hinzu. Unter den Soldaten wuchs

die Mißstimmung über die vermeintliche oder tatsächliche Besserstellung der Offiziere. Soziale Mißstände im Heer wurden zunehmend schärfer kritisiert. Das Fehlverhalten einzelner Offiziere löste Empörung aus und wurde von vielen zu einem negativen Urteil über das Offizierskorps als ganzes, über den »Militarismus« schlechthin verallgemeinert. In der Heimat entzündeten sich die meisten sozialen Probleme an der mangelhaften Versorgung der Bevölkerung mit Nahrungsmitteln und anderen lebenswichtigen Gütern, genauer gesagt: an der Unfähigkeit der Behörden, den Mangel gerecht zu verwalten. In einem Volk, das so sehr wie das deutsche gewohnt war, gute Regierung mit funktionierender Verwaltung gleichzusetzen, mußte die Unfähigkeit der amtlichen Stellen, eine gerechte Lebensmittelverteilung zu bewerkstelligen, das Vertrauen in den Staatsapparat und in den Staat ganz allgemein erschüttern. Und dies nicht nur in jenen Kreisen, die schon vor dem Krieg in Opposition zum herrschenden System gestanden hatten – dieser Prozeß des Autoritätsverlustes erstreckte sich auf praktisch alle Schichten der Bevölkerung: die Arbeiterschaft wie die Landbevölkerung, den alten Mittelstand wie die Angestellten. Vor allem bei den Angestellten vollzog sich eine fortschreitende Proletarisierung, ihre Lebenshaltung sank auf das Niveau der Arbeiterschaft, ihr gesellschaftliches Selbstgefühl wurde untergraben. Daß der Mittelstand in kurzer Zeit den Weg von der Staatstreue zur Staatsverneinung ging, war für die Entwicklung der Stimmung von erheblicher Bedeutung. Die zunehmende Unzufriedenheit der Arbeiter äußerte sich in einem Anwachsen der Streikbewegungen, unter denen der Januarstreik 1918 die größten Dimensionen annahm. Allein in Berlin brachte der Januarstreik rund eine halbe Million Arbeiter auf die Straße.

Aus Staatsverdrossenheit und Verwaltungskritik erwuchs so gegen Kriegsende eine Koalition des Protests. Die mit der Überwachung der Volksstimmung beauftragten Dienststellen haben diese Entwicklung recht genau registriert. Einige Sätze aus den amtlichen Berichten: »Das Vertrauen der Bevölkerung zu den amtlichen Maßnahmen und Erklärungen schwindet.« »Gerechtigkeitsliebe, Treu und Glaube sowie Achtung vor dem Gesetz schlafen immer mehr ein. Übertretungen der Kriegsgesetze sind auch in den besseren Kreisen nicht mehr selten.« »Mit Erbitterung sieht der kleine Mann und der Mittelstand, daß die behördlichen Maßnahmen versagen.« Registriert wurde also die zunehmende soziale Gärung von den Regierungsstellen. Deren Ursachen zu beseitigen, vermochte die Regierung jedoch nicht. Und so konnte die aus Kriegsmüdigkeit, wirtschaftlicher Not, verletztem Gerechtigkeitsgefühl und permanenter Überforderung gespeiste sozialrevolutionäre Stimmung allmählich immer größere Teile der Bevölkerung erfassen. Ein kritischer Punkt mußte in dem Augenblick erreicht werden, in dem die militärischen Erfolge ausblieben, die militärische Niederlage sich abzuzeichnen begann. Dann ging es auch um das Schicksal der Monarchie.

Ein deutliches Schwinden der monarchischen Gesinnung bei breiten Bevölkerungsschichten wurde bereits Mitte September 1918 in einem Bericht über die Stimmung in Württemberg konstatiert:

»Ganz heillos sind endlich die antimonarchischen Gerede, die oft in Eisen- und Straßenbahn usw. zu hören waren: ›Der Krieg werde doch nur für die Firma Wilhelm und Söhne geführt. Ehe die nicht fallit mache, gebe es doch keinen Frieden.‹ Oder: ›Ehe nicht der Kronenwirt in Blut versaufe, höre das Blutvergießen nicht auf‹, – und damit in engstem Zusammenhang das Spielen mit der Revolution: ›So kann's nicht weitergehen!‹ – ›Wir werden bald was erleben!‹ Doch sind es nicht zielbewußte Radikale, von denen solche Losung ausgeht, sondern es ist das Nachgeschwätz auswärtiger, feindlicher Losungsworte, durch urteilslose und aufgeregte Leute nicht nur in den Reihen der Arbeiterschaft, sondern bisweilen bis in die Landwirtschaft und den Mittelstand hinein. Ja, bis in die gebildeten Kreise ist ein Nachlassen des monarchischen Gefühls wahrzunehmen.«

Zum gleichen Zeitpunkt notierte in München der katholische Publizist JOSEF HOFMILLER in sein Tagebuch die Sätze:

»Alles ist seelisch erschüttert. Erschüttert ist 1. der Arbeiter, 2. die Bauern, 3. eigentlich hätte ich sagen sollen 1. das Militär, 4. die Frauen, 5. alle Angestellten, 6. alle Beamten, 7. die Presse. Die Demobilisierung hat bei den Gemütern begonnen. Das ist schlimm, sehr schlimm. Die Stimmung ist früher da als die Ereignisse. Keine Hemmungen, keine Dämme, die Stimmung im Land

ist furchtbar. Wer glaubt denn noch an einen guten Ausgang?...«
»Die Stimmung ist früher da als die Ereignisse« – ein ahnungsvolles Wort. Und die Ereignisse folgten in der zweiten Septemberhälfte Schlag auf Schlag. Am 14. September 1918 wandte sich Österreich-Ungarn mit einer Friedensnote an die Alliierten. Am 21. September brach die bulgarische Front zusammen, am 29. September schloß Bulgarien einen Waffenstillstand mit den Staaten der Entente, denen nunmehr der Weg nach Mitteleuropa offenstand. Am 29. September forderte die Oberste Heeresleitung HINDENBURG/LUDENDORFF die Reichsregierung auf, unverzüglich bei den Feindmächten um einen Waffenstillstand nachzusuchen und gleichzeitig im Reich die Parlamentarisierung einzuleiten. Parlamentarisierung – das hieß konkret: Die Parteien der Mitte und der Linken: Zentrum, Fortschrittspartei und Sozialdemokraten, die zwar die Mehrheit im Reichstag besaßen, bisher aber von der Regierungsverantwortung ausgeschlossen waren, sollten jetzt an der Regierung beteiligt werden – jetzt, nachdem die Militärs erkannt hatten, daß ihnen nichts anderes übrigblieb, als die weiße Flagge zu hissen.
Das neue Kabinett, getragen von den Parteien der Reichstagsmehrheit, geführt von Prinz MAX VON BADEN, handelte ohne Verzug: Unter massivem Druck der Obersten Heeresleitung wurde das Waffenstillstandsgesuch an den amerikanischen Präsidenten WILSON gesandt. Die völlig unvorbereitete deutsche Öffentlichkeit traf dieses offene Eingeständnis der Niederlage wie ein Keulenschlag. Jetzt gab es für die kriegsmüden Massen in Deutschland nur noch ein Ziel: Beendigung des Krieges – so schnell wie möglich und um jeden Preis.
Als WILSONs Antwortnote vom 23. Oktober unverblümt die Abdankung des Kaisers als Voraussetzung von Friedensverhandlungen forderte, radikalisierte sich die Massenstimmung vehement. Ende Oktober stand die Zwangsvorstellung in der Öffentlichkeit drohend und unausweichlich: »Wenn der Kaiser abdankt, bekommen wir einen guten Waffenstillstand.« »Man muß den Kaiser opfern, um das Land zu retten.«
Durch die Radikalisierung der Massenstimmung geriet die SPD-Füh-

rung in Gefahr, von den eigenen Anhängern isoliert zu werden, während die Linksradikalen von Tag zu Tag mehr Zulauf hatten. Für die Radikalen war das Ziel der Staatsumsturz mit Hilfe der kriegsmüden Massen. Die SPD hingegen, die diesen Staatsumsturz *nicht* wollte, mußte versuchen, möglichst schnell den Abschluß des Waffenstillstands zuwege zu bringen, um die nach Frieden verlangenden Massen zu beruhigen. Deshalb erhob jetzt auch die SPD-Führung die Forderung nach Abdankung des Kaisers.

Aber der Kaiser wollte nicht abdanken. Der immer lauter und drängender vorgebrachten Forderung nach Abdankung suchte sich WILHELM II. zu entziehen: Am 29. Oktober verließ er die Reichshauptstadt und begab sich ins Große Hauptquartier. War das der Anfang einer Gegenrevolution *vor* der Revolution? Eine Aufzeichnung aus der engsten Umgebung des Kaisers vom 2. November enthüllt die illusionäre Lagebeurteilung Wilhelms II.:

> »Seine Majestät erklärte, Er werde auf seinem Posten bleiben und das deutsche Volk in dieser kritischen Zeit nicht verlassen, das dann ohne Führung sei. Es werde jetzt ein Plan für den Aufmarsch der Truppen in der Heimat ausgearbeitet. Nach Abschluß des Waffenstillstandes könne er der Regierung genügend Truppen zur Verfügung stellen, um die Ordnung wiederherzustellen... Er werde jedenfalls bleiben und Preußen und seine Hauptstadt wieder erobern oder im Kampfe darum fallen.«

Es kam nicht dazu. Die Umsturzbewegung war schneller und im ersten Anlauf siegreich.

Nicht revolutionäre Arbeiter, sondern meuternde Matrosen waren es, die die labile innere Lage und das Erschlaffen der staatlichen Autorität zum Schlag gegen die alten Gewalten als erste ausnutzten. Am 28. Oktober revoltierten in Wilhelmshaven mehrere tausend Matrosen gegen den von der Marineleitung angeordneten Flottenvorstoß in die Nordsee, gegen die beabsichtigte Verzweiflungsschlacht zwecks ehrenvollen Untergangs. Etwa 1000 Matrosen wurden verhaftet. Fünf Linienschiffe beorderte die Marineleitung nach Kiel und ließ auch dort Verhaftungen vornehmen.

Die Sorge um das Schicksal der verhafteten Kameraden brachte in

Kiel die Lawine ins Rollen. In massenhaft besuchten Kundgebungen forderten die Matrosen die Freilassung der Verhafteten, es kam zu Schießereien, Soldatenräte wurden gebildet, Offiziere entwaffnet. Die militärische Führung war nicht mehr Herr der Lage und erklärte sich bereit, den Forderungen der Aufständischen entgegenzukommen. Am Abend des 4. November befand sich Kiel in den Händen der aufständischen Matrosen und Soldaten.

Von Kiel aus griff die Umsturzbewegung wie ein Steppenbrand um sich. Überall, wohin die ausschwärmenden Matrosen kamen, schlossen sich ihnen die Soldaten der Garnisonen, die Arbeiter der Fabriken an, wurden Arbeiter- und Soldatenräte improvisiert, ohne daß sich nennenswerter Widerstand erhob. Die örtlichen Funktionäre der SPD, USPD und Gewerkschaften nahmen nun die Leitung der Dinge in die Hand, ohne die Anweisungen ihrer Parteizentralen abzuwarten. Es gab keine herausragenden Führer und keine Organisation, keinen Generalstab und keinen Organisationsplan. Die Bewegung war das spontane Werk der kriegsmüden Massen. Die Revolte der Matrosen und Soldaten auf der einen Seite, die »Willenslähmung der Ordnungsmacht im Staat« auf der anderen Seite führte innerhalb weniger Tage zum völligen Zusammenbruch des Militär- und Polizeiapparates, zur praktisch kampflosen Kapitulation der alten Gewalten.

Am 6. November wurden in Hamburg, Bremen und Wilhelmshaven Arbeiter- und Soldatenräte gebildet, am 7. November rief KURT EISNER in München die Republik aus, ohne auf Widerstand zu stoßen; am 8. November siegte die Umsturzbewegung in Köln, Braunschweig, Düsseldorf, Magdeburg, Leipzig, Frankfurt; am 9. November erreichte die revolutionäre Welle Berlin, die Reichshauptstadt. Schon am frühen Morgen zogen endlose Demonstrationszüge von den Betrieben in den Außenbezirken ins Stadtinnere. Ein Großteil der Truppen ging, wie in anderen Städten vorher auch, zu den Demonstranten über. Dieser Tag mußte die Entscheidung bringen.

War die Monarchie noch zu retten? WILHELM II. weigerte sich nach wie vor hartnäckig, dem Thron zu entsagen. Aber der Reichskanzler MAX VON BADEN war inzwischen zu der Erkenntnis gelangt, daß die Revolution nicht mehr niedergeworfen, sondern nur noch erstickt werden konnte. Deshalb entschloß er sich, die Abdankung des Kaisers zu publizieren, noch ehe die förmliche Erklärung in der Reichskanzlei eingetroffen war. Eigenmächtig »ernannte« er den Führer der Mehrheitssozialdemokraten, FRIEDRICH EBERT, zum – immer noch – kaiserlichen Reichskanzler. Teils von der Erregung der Stunde mitgerissen, teils um LIEBKNECHT zuvorzukommen, der einem Gerücht zufolge die Sowjetrepublik proklamieren wollte, rief wenig später der SPD-Führer PHILIPP SCHEIDEMANN der vor dem Reichstagsgebäude versammelten Menschenmenge zu:

»Das deutsche Volk hat auf der ganzen Linie gesiegt. Das Alte, Morsche ist zusammengebrochen; der Militarismus ist erledigt! Die Hohenzollern haben abgedankt! Es lebe die deutsche Republik!«

Als SCHEIDEMANN mit dem Gestus des Volkstribunen die Republik ausrief, hatte hinter den Kulissen bereits der Kampf um die Führung der Revolution und die Bildung einer Revolutionsregierung begonnen. Aus turbulenten, komplizierten Verhandlungen und sich überschneidenden Aktionen von Mehrheitssozialdemokraten, Soldatenvertretern und Linkssozialisten ging am Nachmittag des 10. November das neue Reichskabinett hervor, der sechsköpfige »Rat der Volksbeauftragten«. Mehrheitssozialdemokraten und »Unabhängige Sozialdemokraten« stellten je drei Volksbeauftragte. FRIEDRICH EBERT von den Mehrheitssozialdemokraten und HUGO HAASE von den Unabhängigen waren formal gleichberechtigte Vorsitzende dieses Gremiums, tatsächlich aber lag die Führung von Anfang an eindeutig bei EBERT.

Eine Koalitionsregierung aus Mehrheitssozialdemokraten und Unabhängigen – noch einige Tage zuvor hätte das niemand in Deutschland für möglich gehalten, am allerwenigsten die Führer von SPD und USPD selbst. Denn bis zum 9. November erschienen die politischen und persönlichen Gegensätze zwischen Mehrheitssozialdemokraten und Unabhängigen unüberbrückbar; im politischen Tageskampf war man nicht gerade schonend miteinander umgegangen.

In der USPD, die sich in Etappen seit 1915 von der Parteimehrheit abgespalten und 1917 als selbständige Partei konstituiert hatte, sammelten sich die Gegner der »Burgfriedenspolitik«. Erbittert bekämpften sie die Kriegspolitik der Mehrheitssozialdemokratie. Dabei war die USPD in den programmatischen Fragen keineswegs homogen. Es gab einen rechten Flügel, dessen Gegensatz zur Mehrheitssozialdemokratie sich vorwiegend auf die Probleme der Kriegspolitik beschränkte. Der linke Parteiflügel dagegen vertrat sehr viel radikalere Anschauungen; in den letzten Kriegsmonaten arbeitete er aktiv auf einen Staatsumsturz hin und trat für die Diktatur des Proletariats und ein Rätesystem nach russischem Vorbild ein. Welcher der beiden Flügel die politische Richtung der Partei würde bestimmen können, ließ sich im November noch nicht absehen. In den ersten Revolutionswochen organisatorisch noch locker mit der USPD verbunden war die äußerste Linke, die zahlenmäßig schwache Spartakusgruppe, die sich um KARL LIEBKNECHT und ROSA LUXEMBURG gruppierte.

Wenn trotz der tiefen Gräben, welche die Kriegsjahre innerhalb der Sozialdemokratie aufgerissen hatten, am 10. November eine Koalitionsregierung von SPD und USPD zustande kam, so hatte das eine doppelte Ursache. Zum einen war dies das Ergebnis einer Zwangssituation, zum anderen wirkte der Druck von unten, von der Basis. Ehe in Berlin SPD und USPD eine gemeinsame Regierung bildeten, hatten in der Provinz fast überall die Anhänger beider Parteien gemeinsam, oft sogar paritätisch, die Arbeiter- und Soldatenräte besetzt. Und auch in Berlin forderten die Soldaten und Arbeiter, selbst die in der USPD organisierten Arbeiter, stürmisch ein Zusammengehen von SPD und USPD. Wie stark in der Berliner Arbeiterschaft der Wille zur Überwindung der Spaltung, zur Überwindung der durch die Kriegspolitik aufgerissenen Kluft innerhalb der Arbeiterbewegung war, verdeutlicht eine Episode, welche RICHARD MÜLLER berichtet, ein Exponent des linken USPD-Flügels, Führer der sogenannten »Revolutionären Obleute«:

> »Die Arbeiter wollten ein Zusammengehen der beiden Parteien, und sie hielten es für richtig, daß der zu wählende Arbeiterrat paritätisch zusammengesetzt wurde. So kam es in einigen Betrieben [dazu], daß Funktionäre der Sozialdemokratie, die am Tage zuvor aus dem Betrieb geprügelt worden waren, weil sie sich dem Generalstreik nicht anschließen wollten, nunmehr als Mitglieder des Arbeiterrats gewählt wurden.«

Der »Vorwärts«, Zentralorgan der Mehrheitssozialdemokratie, traf haargenau diese Stimmung in den Betrieben und Garnisonen mit der Überschrift des Leitartikels vom 10. November: »Kein Bruderkampf!«
Aber die Einigkeits-Euphorie konnte nicht verhindern, daß das Regierungsbündnis zwischen SPD und USPD von Anfang an den Keim des Zerwürfnisses in sich trug. Zunächst jedoch dominierten Genugtuung und Erleichterung. Der Staatsumsturz war nahezu unblutig verlaufen, und auch das Blutvergießen auf den Schlachtfeldern sollte nun ein Ende haben, denn der Sieg der Umsturzbewegung fiel zeitlich zusammen mit dem Abschluß des Waffenstillstandes. Zwar war es ein Waffenstillstand, der dem Deutschen Reich harte Bedingungen auferlegte, aber für die meisten war die Hauptsache, daß der sinnlos gewordene Kampf nun endlich aufhörte. Eine Haupttriebkraft der Massenbewegung seit Ende Oktober, das Verlangen nach sofortiger Beendigung des Krieges, entfiel daher jetzt; die Erregung der letzten Wochen klang ab, das Interesse der Menschen wandte sich den alten oder neuen Alltagssorgen zu.
Damit war eine Atempause gewonnen. Wie würde sie genutzt werden? Von der Revolutionsregierung, von den die Revolutionsbewegung tragenden Parteien, von den Gegnern der Revolution? Gab es klare Zielvorstellungen und Strategien – bei der neuen Regierung und bei den Parteien? Welches Erwartungspotential bestand in der Massenbewegung? Denn gerade *diese* darf nicht aus dem Blick geraten; immerhin standen die Monate zwischen November 1918 und Frühjahr 1919 im Zeichen einer Massenmobilisierung, wie es sie in diesem Ausmaß in der deutschen Geschichte bis dahin noch nicht gegeben hatte.

Ein Patentrezept, eine bereits langfristig ausgearbeitete, situationsadäquate Strategie zur Bewältigung der seit Ende Oktober akut ausgebrochenen Staats- und Gesellschaftskrise besaß keine der politischen Parteien und Gruppen. Alle waren durch den Verlauf der Ereignisse völlig überrascht worden. Durch den unvorstellbar plötzlichen Zusammenbruch der Ordnungsmacht im Staat entstand in Deutschland binnen Tagen und Stunden eine politische Situation, auf die schlechterdings niemand vorbereitet war. Nicht die politische Rechte, die fassungslos und in den ersten Tagen wie gelähmt den Umsturz hinnahm; nicht die bürgerlichen Parteien, die mit gemischten Gefühlen, aber überwiegend mit Angst reagierten; nicht die Sozialdemokratie, die mit der Oktoberreform ihre vorrangigen Ziele erreicht glaubte und am 9. November nur mit Unlust den Rubikon überschritt; nicht einmal die radikale Linke, die den Umsturz, die Revolution wollte und darauf hinarbeitete, bei der man daher eine klare Revolutionsstrategie am ehesten voraussetzen durfte. Aber selbst die Spartakisten hatten bis in die letzten Oktobertage hinein mit einem so plötzlichen Zusammenbruch des kaiserlichen Regimes nicht gerechnet.

Was die Gruppe um KARL LIEBKNECHT und ROSA LUXEMBURG nach dem 9. November *wollte*, war klar: die Errichtung eines sich mit Sowjetrußland verbündenden Räte-Deutschland. Das bis zum 10. November Erreichte war ihnen deshalb eine unerträgliche Halbheit. »Weitertreiben der Revolution« lautete ihre Parole. Den Rat der Volksbeauftragten bekämpften sie von der Stunde seiner Einsetzung an mit äußerster Schärfe. Vor den am 10. November im Zirkus Busch versammelten 3000 Arbeiter- und Soldatenräten Groß-Berlins, welche die Revolutionsregierung bestätigten, rief LIEBKNECHT aus: »Die Konterrevolution ist mitten unter euch!« Und ROSA LUXEMBURG schrieb wenige Tage später:

> »Das Fazit der ersten Woche der Revolution heißt: Im Staate der Hohenzollern hat sich im wesentlichen nichts verändert, die Arbeiter- und Soldatenregierung fungiert als Stellvertreterin der imperialistischen Regierung, die bankrott geworden ist... Aber die Revolutionen stehen nicht still. Ihr Lebensgesetz ist rasches Vorwärtsschreiten, über sich selbst Hinauswachsen.«

Die Spartakusgruppe verlangte deshalb die Auflösung des Rats der Volksbeauftragten, die sofortige Übernahme der ganzen politischen Macht durch die Arbeiter- und Soldatenräte und den Verzicht auf die Einberufung einer Nationalversammlung. Weitere Forderungen lauteten auf Entwaffnung der Polizei, sämtlicher Offiziere sowie der nichtproletarischen Soldaten, Bewaffnung der gesamten erwachsenen männlichen proletarischen Bevölkerung als Arbeitermiliz, Enteignung des Grund und Bodens aller landwirtschaftlichen Groß- und

Mittelbetriebe, Enteignung aller Bergwerke, Hütten und Großbetriebe in Industrie und Handel.

An revolutionärer Entschlossenheit mangelte es den Anhängern von LIEBKNECHT und LUXEMBURG nicht. Aber sie waren ein kleines Häuflein. Die eifrigsten Verfechter der Parole »Alle Macht den Räten« hatten in kaum einem Arbeiterrat einen Sitz gewonnen. Eben deshalb gingen sie auf die Straße, entfesselten sie in ihrer revolutionären Ungeduld eine wilde Versammlungsagitation, suchten sie auf diese Weise eine Stärke vorzutäuschen, die sie nicht besaßen. »Revolutionäre Gymnastik«, spotteten die Revolutionären Obleute in Berlin, die dem Programm des Spartakusbundes nahestanden, aber die Taktik der Spartakisten ablehnten. Diese Taktik war in den November- und Dezembertagen nicht erfolgreich, aber auch nicht folgenlos. Die Einberufung einer Nationalversammlung – gemeinsames Ziel aller bürgerlichen Kreise, der Sozialdemokratie, fast aller Arbeiter- und Soldatenräte – schien gefährdet, die bolschewistische Anarchie im Anmarsch.

Die Drohung von links rief schärfste Abwehrreaktionen hervor, nicht nur beim Bürgertum, sondern auch bei der Anhängerschaft der Sozialdemokratie, auch bei den meisten Arbeiter- und Soldatenräten. Vor allem aber: Die Drohung von links bestärkte die sozialdemokratischen Volksbeauftragten in ihrer Auffassung, die drängenden Tagesprobleme könnten nur im Zusammenwirken mit Offizierskorps und alter Bürokratie gelöst werden. So kam bereits im November ein verhängnisvoller Teufelskreis in Gang: Die Aktivitäten der äußersten Linken trieben die sozialdemokratischen Volksbeauftragten nach rechts. Eben diese starke Anlehnung an die alten Machtträger wurde aber, je länger, je mehr, zum Stein des Anstoßes gerade auch für die Anhängerschaft der Sozialdemokratie.

Die Unabhängige Sozialdemokratie war innerlich gespalten in die Revolutionsperiode eingetreten. Unter den Parteifunktionären und in der Mitgliedschaft gab es sehr unterschiedliche Auffassungen über entscheidende Grundfragen der Revolutionspolitik. So fand die Partei zu keiner geschlossenen Strategie. Der linke Flügel sympathisierte mit dem radikalsozialistischen Programm von LUXEMBURG und LIEBKNECHT, er war gegen die Einberufung einer Nationalversammlung und für ein Rätesystem, er lehnte jedoch die Taktik des Spartakusbundes ab, durch Straßendemonstrationen und zügellose Versammlungsagitation in unkontrollierbarer Weise die Emotionalisierung und Radikalisierung amorpher, zum Teil politisch labiler Massen voranzutreiben. Dieser linke Flügel setzte auf die disziplinierte Aktion der radikalen Arbeiterschaft in den Betrieben.

Zunächst jedoch konnte noch der rechte Parteiflügel den Kurs der Partei bestimmen. Männer des rechten Flügels saßen im Rat der Volksbeauftragten und in vielen Arbeiterräten. Sie waren für die Einberufung der Nationalversammlung – darin gingen sie mit den Mehrheitssozialdemokraten zusammen. Aber sie wollten keinen allzu frühen Wahltermin, um in der Zeit des Interregnums die Grundlagen für eine soziale Demokratie legen zu können – darin unterschieden sich ihre Vorstellungen vom Konzept der mehrheitssozialdemokratischen Volksbeauftragten.

Führende Männer des rechten Parteiflügels haben dieses Revolutionsprogramm im November sehr klar formuliert, so zum Beispiel RUDOLF BREITSCHEID:

»Solange die infamen Abhängigkeitsverhältnisse bestehen, die die kapitalistische Produktion schafft, solange hilft die formale papierne Demokratie dem Proletariat einen Pappenstiel. Die Grundlagen dieser Abhängigkeit müssen mit Hilfe der uns durch die Revolution in die Hand gegebenen Mittel beseitigt werden. Dann erst können wir darangehen, die Demokratie nach ihrer formalen Seite auszubilden. Dann wird die aus wirklichen, freien Volkswahlen hervorgegangene Nationalversammlung gewählt werden, um auf diesem Boden, den zu verändern ihr schwer sein dürfte, weiter zu bauen.«

Und auch der angesehene Parteitheoretiker und Wirtschaftsfachmann RUDOLF HILFERDING wies mit allem Nachdruck darauf hin, die Regierung müsse handeln, sie gerate sonst in Gefahr, aus allzu ängstlicher Rücksichtnahme auf die Bourgeoisie die Grundlage ihrer Existenz zu erschüttern, die revolutionäre Energie des Proletariats zu verringern. Gerade im Interesse einer demokratischen Entwicklung gelte es, die notwendigen demokratischen und sozialistischen Maßnahmen sofort zu treffen:

»Es gibt keine andere, es gibt keine bessere Sicherung der Einberufung der Nationalversammlung als die Fortführung der Revolution.«

Es war das entscheidende Handikap dieser Konzeption, zu der sich auch der Parteivorsitzende der USPD, HUGO HAASE, bekannte, daß sie nur realisierbar war, wenn die mehrheitssozialdemokratische Führung bereit war, ebenfalls einen solchen Kurs zu steuern. Aber gerade dies war nicht der Fall.

Die Führer der Mehrheitssozialdemokratie hatten sich mit der Oktoberreform am Ziel ihrer Wünsche gesehen, in ihren Augen war der Novemberumsturz ebenso überflüssig wie schädlich, erschwerte er doch die Lösung all der schwierigen Probleme, die durch das Kriegsende und die Niederlage entstanden waren: Rückführung der Armeen innerhalb der kurzen Fristen, die die Waffenstillstandsbedingungen festlegten; Sicherung der Lebensmittelversorgung, Umstellung des Wirtschaftslebens von der Kriegs- auf die Friedenswirtschaft; Wiedereingliederung der aus dem Felde heimkehrenden und aus den Garnisonen entlassenen Soldaten in den Arbeitsprozeß; Festigung der Reichseinheit, Durchführung des Waffenstillstands und Vorbereitung der Friedensverhandlungen. Alle diese Aufgaben mußten in der revolutionär erregten Atmosphäre der Novembertage gleichzeitig angepackt werden.

Deshalb reagierten die sozialdemokratischen Volksbeauftragten allergisch auf jede Störung des geordneten Geschäftsbetriebs, auf jeden Übergriff eines Arbeiter- und Soldatenrats. Obwohl die meisten Räte unentwegt ihre Loyalität gegenüber dem Rat der Volksbeauftragten bekundeten, obwohl die meisten Räte von Sozialdemokraten und Gewerkschaftlern beherrscht wurden, waren den sozialdemokratischen Volksbeauftragten diese Revolutionsorgane suspekt; sie sollten so schnell wie möglich verschwinden. Hauptziel der sozialdemokratischen Führung war es, möglichst rasch die Wahl und Einberufung der Nationalversammlung zu bewerkstelligen. So hieß es in einem Flugblatt von Ende November:

»Wer den Frieden will, muß die Konstituante wollen, die freigewählte Vertretung des ganzen deutschen Volkes. Für Frieden, Freiheit und Brot haben sich die Proletarier in der Bluse und im grauen Rock am 9. November erhoben. Für Frieden, Freiheit und Brot haben sie gesiegt. Wer die Konstituante verhindert oder hinauszögert, bringt sie um Frieden, Freiheit und Brot, raubt ihnen die unmittelbaren Früchte des Revolutionssieges, ist ein Konterrevolutionär... Die Arbeiter- und Soldatenräte waren Notbrücken, die in der Stunde des Kampfes geschlagen werden mußten... Aber sollen wir deswegen die Notbrücken ewig bestehen lassen? Sollen wir deshalb darauf verzichten, einen soliden, dauerhaften Weg über den Strom zu legen?«

Mit der Nationalversammlung würde man also auf sicherem Weg das rettende Ufer erreichen und festen Boden unter die Füße bekommen. Bis dahin galt es, die drängenden Tagesprobleme zu meistern, auf die Einleitung einschneidender Reformmaßnahmen aber zu verzichten. Die Entscheidung über die zukünftige Gestaltung von Staat und Gesellschaft sollte ausschließlich der Nationalversammlung vorbehalten bleiben. Ob dadurch ein historischer Moment zur Durchsetzung jahrzehntealter sozialdemokratischer Programmforderungen versäumt würde, zählte in den Augen der SPD-Führer dagegen wenig.

Die bei der Linken, aber auch bis weit in die eigene Anhängerschaft hinein anzutreffende Sorge vor gegenrevolutionären Aktionen teilten die sozialdemokratischen Volksbeauftragten nicht. Sie stellten nicht genügend in Rechnung, daß beim Staatsumsturz zwar an der Staatsspitze ein Wechsel eingetreten war, daß aber der massive Unterbau der Verwaltungsorganisation und der militärische Apparat nicht angetastet worden waren und deshalb die neue Ordnung gefährdet blieb, solange nicht einschneidende Änderungen im Militär- und Verwaltungsapparat vorgenommen worden waren. Man glaubte alle Positionen der alten Mächte zerschlagen und vertraute auf die unbedingte Loyalität von Offizierskorps und Bürokratie; die Sorge vor einer drohenden gegenrevolutionären Entwicklung hielt man deshalb für unbegründet. Der sozialdemokratische Volksbeauftragte LANDSBERG bekundete am 28. Dezember:

»Es wird immer soviel von der drohenden Gegenrevolution gesprochen... Aber diese Revolution unterscheidet sich von allen früheren ganz wesentlich dadurch, daß jede Herrschaftsorganisation der gestürzten Klasse erschüttert und beseitigt ist... von innen und außen so restlos beseitigt, daß die Gefahr der Gegenrevolution nur akut werden kann, wenn es den Leuten von der äußersten Linken gelingt, die Massen derart zur Verzweiflung zu bringen, daß sie sich dem erstbesten Usurpator an den Hals werfen...«

Trotz aller lautstarken Agitation der Linksradikalen gegen die Wahl einer Nationalversammlung und für die Parole »Alle Macht den Räten«: Eine Rätediktatur stand im November nicht auf der Tagesordnung. Darüber mußte sich jeder klar sein, der seinen Blick nicht ausschließlich auf einige Versammlungen in der Reichshauptstadt fixierte. Für die Einberufung der Nationalversammlung traten alle politisch relevanten Kräfte ein: die bürgerlichen Kreise ebenso geschlossen wie SPD und Gewerkschaften, ferner der größere Teil der USPD, die meisten Arbeiterräte und – in diesen Wochen besonders wichtig – nahezu alle Soldatenräte. Ende November verabschiedete der Rat der Volksbeauftragten das Gesetz über die Wahlen zur verfassunggebenden deutschen Nationalversammlung. Die wohl wichtigste Bestimmung war, daß die Frauen – die im kaiserlichen Deutschland weder wahlberechtigt noch wählbar gewesen waren – jetzt das aktive und passive Wahlrecht erhielten; außerdem wurde ein striktes Verhältniswahlsystem eingeführt. Dieses Wahlgesetz wurde am 30. November im Reichsgesetzblatt publiziert.

Die Formulierung »Nationalversammlung oder Rätesystem« mochte ungemein suggestiv wirken; die wirkliche Alternative jener Wochen bezeichnete sie nicht. Vielmehr wurde durch diesen zur Gretchenfrage der Revolution hochstilisierten Streitpunkt »Nationalversammlung oder Rätesystem« gewollt oder ungewollt eine Scheinalternative aufgebaut, welche die wirkliche Entscheidungsproblematik dieser ersten Revolutionsphase verdeckte. Diese Entscheidungsproblematik bestand im folgenden: *Fraglos* befanden sich die SPD-Führer bei ihrer Entscheidung zugunsten der Nationalversammlung im völligen Einklang mit ihren Anhängern und mit der Massenbewegung insgesamt. *Fraglich* aber war es, ob die SPD-Anhänger auch Verständnis dafür aufbringen würden, daß ihre Führer wesentliche

Reformen vertagen und bis zum Zusammentritt der Nationalversammlung nur eine Art interimistischer Notverwaltung ausüben wollten. Bei vielen – durchaus parteitreuen – Sozialdemokraten brach nach dem 9. November die Überzeugung durch, jetzt sei die langersehnte Stunde gekommen, zentrale Forderungen des Parteiprogramms in die Wirklichkeit umzusetzen. Und diese Stunde sollte genutzt werden. Die *mehrheitssozialdemokratischen* Arbeiter und Soldaten, Teil der Massenbewegung so gut wie die *radikalen* Arbeiter, wollten die Nationalversammlung, sie verlangten aber auch eine Politik entschiedener Reformen, damit die »Errungenschaften der Revolution« dauerhaft gesichert würden.

Das wurde ganz deutlich, als sich in der zweiten Dezemberhälfte die Vertreter aller deutschen Arbeiter- und Soldatenräte in Berlin zum 1. Rätekongreß versammelten, rund 500 Delegierte, von denen fast zwei Drittel in der SPD organisiert waren. Dem Spartakusbund gehörte nicht einmal ein volles Dutzend Delegierte an, LUXEMBURG und LIEBKNECHT hatten kein Mandat erhalten. Dieser Kongreß traf die endgültige Entscheidung über den Termin der Wahl zur Nationalversammlung. Mit überwältigender Mehrheit wurde der 19. Januar 1919 festgesetzt. Klar abgeschmettert wurde der Antrag, am Rätesystem als Grundlage der Verfassung der sozialistischen Republik festzuhalten und den Räten die höchste gesetzgebende und vollziehende Gewalt zuzugestehen. Vergeblich beschwor ERNST DÄUMIG als Sprecher der linken USPD die versammelten Delegierten, sich bewußtzumachen, daß ihre »jubelnde Zustimmung zur Nationalversammlung gleichbedeutend mit einem Todesurteil für das System« sei, dem sie angehörten, dem Rätesystem; er für seinen Teil könne auf die Ehre, einem solchen »politischen Selbstmörderklub« anzugehören, verzichten.

Aber dieser von der SPD beherrschte Kongreß faßte auch Beschlüsse, die zum Konzept der SPD-Führung in eindeutigem Widerspruch standen, Beschlüsse, welche die Richtung signalisierten, in der die sozialdemokratischen Arbeiter und Soldaten ein tatkräftiges Voranschreiten der Regierung wünschten: Der Kongreß beauftragte die Regierung, »mit der Sozialisierung aller hierzu reifen Industrien, insbesondere des Bergbaus, unverzüglich zu beginnen« und »alle Maßnahmen zur Entwaffnung der Konterrevolution zu ergreifen«. Als »Symbol der Zertrümmerung des Militarismus und der Abschaffung des Kadavergehorsams« wurde die Entfernung aller Rangabzeichen und das Verbot des außerdienstlichen Waffentragens gefordert. Die Soldaten sollten ihre Führer selbst wählen, die Abschaffung des stehenden Heeres und die Errichtung einer Volkswehr sollten beschleunigt werden.

Das Programm der demokratischen Massenbewegung gewann seit Dezember klarere Konturen. Es läßt sich mit den Worten des Historikers REINHARD RÜRUP so beschreiben:

»Eine alle gesellschaftlichen Bereiche durchdringende parlamentarisch-demokratische Neuordnung, eine ›Demokratisierung‹ vor allem des Heeres, der Verwaltung und der Wirtschaft – wobei die Sozialisierung der großen Industrie als selbstverständlich, aber angesichts der akuten Demobilisierungs- und Versorgungsprobleme nicht als vordringlich gegenüber anderen Maßnahmen angesehen wurde. Dabei bedeutete die grundsätzliche Entscheidung für die Nationalversammlung und ein parlamentarisches System nicht, daß alle Entscheidungen über den Demokratisierungsprozeß der Nationalversammlung vorbehalten sein sollten. Vielmehr erwartete man von den Regierungen sofortige und entschiedene Initiativen, um die mit dem Umsturz errungenen Machtverhältnisse zu sichern und das Wiedererstarken reaktionärer Kräfte unmöglich zu machen. Der Beginn einer demokratischen Neuordnung kraft revolutionären Rechts.«

Dieses Programm blieb Programm, wurde nicht Wirklichkeit. Die Aussichten für zügige Schritte auf dem Weg entschiedener Reformpolitik, wie sie der demokratischen Massenbewegung der November- und Dezembertage vorschwebte, verschlechterten sich ab Ende Dezember von Tag zu Tag. Ende Dezember zerbrach das Regierungsbündnis von SPD und USPD. Die USPD-Volksbeauftragten traten aus der Regierung aus, vor allem wegen der Militärpolitik der mehrheitssozialdemokratischen Volksbeauftragten. Der linke Parteiflügel gewann nun zunehmend an Einfluß; viele Mitglieder und Anhänger der USPD gelangten zu der Auffassung, die Parteilinke habe recht behal-

ten mit ihrer negativen Einschätzung von Absichten und Methoden der SPD-Führung.
Ab Anfang Januar 1919 kam es so zu einer raschen politischen Eskalation. Einen ersten Höhepunkt erreichte dieser Prozeß bereits anläßlich des Berliner Januaraufstands. Diesen von der äußersten Linken mit verantwortungsloser Leichtfertigkeit eingeleiteten und miserabel geführten Aufstand konnte die Regierung nur durch den Einsatz von Truppen niederwerfen. Die blutige Niederwerfung des Januaraufstands wiederum riß tiefe Gräben innerhalb der Arbeiterschaft auf. Man hat ihn »die Marneschlacht der Revolution« genannt. Während die USPD sich radikalisierte, suchte die SPD-Führung nun immer offener eine enge Kooperation mit Offizierskorps und hoher Bürokratie und intensivierte die nie abgebrochenen Kontakte zu den bürgerlichen Parteien. Die Regierung begann jetzt mit der Formierung von Freikorps, die radikale Arbeiterschaft reagierte darauf mit Haß und Erbitterung.
Als KARL LIEBKNECHT und ROSA LUXEMBURG von Freikorpsleuten ermordet wurden, gaben ihrem Abscheu auch solche Arbeiter offen Ausdruck, die die politischen Ansichten der Ermordeten keineswegs teilten. Mit den Stimmen zahlreicher Mehrheitssozialdemokraten beschloß die Vollversammlung der Arbeiter- und Soldatenräte Groß-Berlins am 17. Januar eine Resulution:

> »Die Versammlung protestiert mit aller Energie dagegen, daß die Regierung nach Niederwerfung ihrer ›spartakistischen‹ Gegner ein militärisches Gewaltregiment, das sich in willkürlichen Erschießungen, Verhaftungen und Verfolgungen betätigt, frei schalten und Recht und Gesetz verletzen läßt. Die Versammlung fordert die Arbeiterschaft auf, mit allen ihr zu Gebote stehenden Mitteln dem Wüten der Militärkaste und dem unverhüllt auftretenden Klassenhaß des kapitalistischen Bürgertums entgegenzutreten und die Regierung zu ihrer Pflicht zu zwingen, die sie den Errungenschaften der Revolution schuldig ist.«

Die Radikalisierung machte nun rasche Fortschritte, nicht nur in Berlin, sondern auch in anderen industriellen Ballungszentren des Reichs. Bei der Wahl zur Nationalversammlung am 19. Januar fand diese Entwicklung allerdings noch keinen zahlenmäßig signifikanten

Niederschlag. Die SPD konnte ihre beherrschende Stellung behaupten, sie erhielt rund 38 % der Stimmen, während die USPD nur 7,5 % verbuchte – die Nationalversammlung hatte somit eine bürgerliche Mehrheit, die Ausgestaltung der Oktoberkoalition von Mehrheitssozialdemokratie, Demokraten und Zentrum zur Weimarer Koalition war nun vorprogrammiert. Demonstrativen Ausdruck fand diese Koalition durch die Wahl FRIEDRICH EBERTS zum Reichspräsidenten. Ein gelernter Sattler erster Präsident der Republik: Dies symbolisierte den Umbruch.

Daß dieser Umbruch jedoch die Kontinuitätslinien nicht gekappt hatte, daß vielmehr die Tradition der bürgerlichen Demokratie die Anfänge von Weimar bestimmte, verdeutlichen EBERTs bekenntnishafte Sätze nach seiner Wahl:

»Ich will und werde als der Beauftragte des ganzen deutschen Volkes handeln, nicht als Vormann einer einzigen Partei. Ich bekenne aber auch, daß ich ein Sohn des Arbeiterstandes bin, aufgewachsen in der Gedankenwelt des Sozialismus, und daß ich weder meinen Ursprung noch meine Überzeugung jemals zu verleugnen gesonnen bin... Freiheit und Recht sind Zwillingsschwestern. Die Freiheit kann sich nur in fester staatlicher Ordnung gestalten. Sie zu schützen und wieder herzustellen, wo sie angetastet wird, das ist das erste Gebot derer, die die Freiheit lieben. Jede Gewaltherrschaft, von wem sie auch komme, werden wir bekämpfen bis zum äußersten.«

Aber die Position der SPD war doch schwächer, als es im Februar 1919 den Anschein haben mochte. Die nächsten Wochen und Monate zeigten dies. Bei Landtags- und Gemeindewahlen erlitt die SPD starke, zum Teil drastische Stimmenverluste, die USPD erzielte beachtliche Gewinne und konnte die SPD in vielen Orten überflügeln. Die Radikalisierung fand nun auch einen zahlenmäßigen Niederschlag. Man darf vermuten, daß seit Frühjahr 1919 der wohl größere Teil der eigentlichen Industriearbeiterschaft im Lager der Unabhängigen stand. Die SPD, ohnehin durch das Bündnis mit den bürgerlichen Parteien in ihren Möglichkeiten stark eingeschränkt, fand nun erst recht nicht mehr die Kraft, der jungen Republik den Stempel prononciert sozialdemokratischer Staats- und Gesellschaftsvorstellungen aufzuprägen. Die Weimarer Republik wurde eine bürgerliche Republik mit sozialem Einschlag. Ihre Verfassung trug unverkennbar die Handschrift der bürgerlichen Demokraten.

Die Monate Januar bis April 1919 verliefen sehr viel unruhiger als die November- und Dezemberwochen 1918: in vielen Teilen des Reiches große Streikaktionen, Besetzungen von Betrieben, Zeitungshäusern und öffentlichen Gebäuden, einige kurzlebige Räterepubliken, vor allem in Bremen und München, vielerorts bewaffnete Auseinandersetzungen. Der Bürgerkrieg in Deutschland, zu dem es im November nicht gekommen war, fand nun wirklich statt. Nun aber ein Bürgerkrieg zwischen der Rechts-Mitte-Ordnungskoalition und der radikalen Linken. Das Blut, das beim Sieg der Umsturzbewegung im November nicht geflossen war, floß in den ersten Monaten des Jahres 1919, und es war überwiegend Arbeiterblut.

Die Massenbewegung dieser Frühjahrsmonate trug ein wesentlich anderes Gepräge als diejenige im November und Dezember. Die neuere Forschung hat klar herausgearbeitet, daß die Massenbewegung der Jahre 1918/19 zwei Phasen durchlief, die voneinander unterschieden werden müssen.

In der ersten, bis zur Jahreswende reichenden Phase dominierten reformistische und radikaldemokratische Zielvorstellungen: Nicht abrupter und radikaler Bruch mit der bisherigen sozialdemokratischen Politik und allen bestehenden Institutionen, sondern entschlossene zwar, aber doch kontinuierliche Weiterentwicklung; nicht die Diktatur des Proletariats, aber Sicherung und energische Ausnutzung der errungenen Machtpositionen; parlamentarische Republik und Frieden, umfassende Reformen im Sinne einer allgemeinen Demokratisierung und Verwirklichung sozialpolitischer Forderungen.

Die zweite Phase, die im Januar 1919 begann und im März/April ihren Höhepunkt erreichte, war gekennzeichnet durch eine Radikalisierung in den politischen Zielvorstellungen und in den Aktionsformen. Hand in Hand damit ging ein schrittweiser Rückzug von Teilen der Arbeiterschaft aus der Massenbewegung. Jetzt gewann auch eine antiparlamentarische Tendenz die Oberhand: Es wurden rätetheoretische Modelle entwickelt, die Ersetzung des Parlaments durch ein gestuftes Rätesystem gefordert.

Die »Formveränderung« der Massenbewegung im Verlauf der Revolutionsmonate läßt sich folgendermaßen charakterisieren:

»Während die Massenbewegung im November und Dezember sich als eine Volksbewegung verstand, die nicht in erster Linie Klasseninteressen wahrnehmen, sondern eine allgemeine Volksrevolution durchführen wollte, trat seit Januar der Klassenkampfgedanke in den Vordergrund der Massenbewegung... Hatte in der ersten Phase der Revolution der Begriff der ›Demokratisierung‹ im Vordergrund gestanden, so wurde nun aus dem Ausbleiben der erwarteten Demokratisierungsmaßnahmen die Notwendigkeit der Sozialisierung als Voraussetzung einer jeden Demokratisierung gefolgert... Während die radikalen Kräfte sich in der Massenbewegung jetzt immer stärker durchsetzen und diese zum Instrument ihrer politischen Zielsetzungen und Aktivitäten machen konnten, zogen sich die Anhänger der Mehrheitssozialdemokratie und viele Gewerkschaftsanhänger mehr und mehr aus der Massenbewegung zurück.«

Erst nachdem die Streikbewegungen, Unruhen und räterepublikanischen Experimente im Frühjahr 1919 durch massiven Truppeneinsatz niedergeworfen waren, war die Revolution von 1918/19 beendet.

Eine derartige Akzentuierung von Verlauf und Ausgang der Revolution, von Triebkräften und Zielvorstellungen der Massenbewegung während der Revolutionsmonate führt zu einigen Einsichten, die für die Gesamtinterpretation dieser deutschen Revolution wichtig sind.

*Erstens:* Es ist problematisch, von der »Novemberrevolution« zu sprechen. Denn dieser Begriff engt das Blickfeld von vornherein ein auf den bloßen Vorgang des Staatsumsturzes im November. Die Revolution erscheint mit der Einsetzung einer neuen Regierung, des Rats der Volksbeauftragten, bereits als vollendet, alles übrige erhält den Charakter eines Nachspiels, ist ein Kampf nur um die Sicherung der »Errungenschaften« der Revolution oder aber schon »Revolte« gegen die neuen Träger der Staatsmacht. Tatsächlich jedoch bildete der Staatsumsturz im November nicht den Abschluß, sondern erst den Beginn des eigentlichen Revolutionsprozesses, der sich über Monate hinzog und mehrere Phasen durchlief. Der Begriff »deutsche Revolution 1918/19« bringt diesen Prozeßcharakter des Revolutionsgeschehens wesentlich deutlicher und angemessener zum Ausdruck als der Begriff »Novemberrevolution«.

*Zweitens:* Mißt man die Ergebnisse der Revolution daran, in welchem Maße die Zielvorstellungen der Revolutionsbewegung realisiert wurden und die politische und gesellschaftliche Verfassung der Weimarer Republik geprägt haben, dann bleibt nur die Feststellung: Die revolutionäre Massenbewegung ist im wesentlichen gescheitert; und zwar sowohl die der ersten, gemäßigten Phase wie die der zweiten, radikalen Phase. Man kann daher von einer steckengebliebenen Revolution sprechen.

Daraus ergibt sich ein *drittes:* Mit dieser steckengebliebenen Revolution mochte – und mag – sich keine der großen politischen Richtungen identifizieren. So, wie sie verlief und endete, hatte kaum jemand in Deutschland diese Revolution gewollt. Die einen hatten überhaupt keine Revolution, die anderen hatten ein anderes Ergebnis der Revolution gewollt. Zum Kernbestand der durch allgemeinen Konsens als positiv eingestuften Traditionen der deutschen Geschichte gehört diese Revolution bislang nicht. Nach wie vor haben die Deutschen ihre Schwierigkeiten, die Revolution von 1918/19 historisch einzuordnen, sie haben ein eigentümlich gebrochenes, bestenfalls zwiespältiges, wenn nicht gar gestörtes Verhältnis zu dieser größten Massenbewegung der deutschen Geschichte.

Zu einem entscheidenden Wendepunkt der deutschen Geschichte ist die Revolution 1918/19 also nicht geworden. Sie ließ im Endergebnis die politischen Strukturen und die gesellschaftlichen Machtverhältnisse weitgehend unangetastet und mobilisierte doch die Anhänger des Alten, die Gegner der Demokratie zu einem gnadenlosen Kampf gegen die Republik, dem diese nur zu bald erliegen sollte. War ein solcher Ausgang von vornherein vorgezeichnet? War er gar ein zwangsläufiges Ergebnis jener Konstellation, wie sie entstand einerseits aus Ursachen und Verlauf des Novemberumsturzes, andererseits aus politischen und wirtschaftlichen Sachzwängen der Übergangszeit?

Damit ist die in diesem Zusammenhang wohl wichtigste Frage aufgeworfen, nämlich die nach dem Handlungsspielraum der Akteure. Die früher dominierende, auch heute noch weitverbreitete Auffassung geht dahin, der sozialdemokratischen Führung sei gar nichts anderes übriggeblieben, als nach der Etablierung der Revolutionsregierung das Bündnis mit den alten Eliten zu schließen, um mit der bolschewistischen Drohung und den akuten Tagesproblemen fertig zu werden. Es habe nur die Wahl zwischen dem Bolschewismus oder einem Bündnis der Sozialdemokratie mit Offizierskorps und Bürokratie bestanden.

Einige Stützpfeiler dieser Auffassung sind indessen durch die neuere Forschung erschüttert worden. Wir wissen heute: Die Linksradikalen waren in der ersten Revolutionsphase zahlenmäßig schwach und organisatorisch noch ungefestigt, sie vermochten der Massenbewegung nicht den Stempel aufzudrücken. Die große Mehrheit der Arbeiter- und Soldatenräte verhielt sich der neuen Regierung gegenüber völlig loyal. Zweifellos spielte die Bolschewismusfurcht in der sozialdemokratischen Führung eine erhebliche Rolle; angesichts der eindeutig sozialdemokratischen Massenstimmung – bei Arbeitern *und* Soldaten – stellte der »Bolschewismus« in diesen Wochen aber keine ernsthafte Gefahr dar. Insofern bestand in diesen Wochen objektiv die Möglichkeit, Maßnahmen zur Demokratisierung von Verwaltung und Wirtschaft einzuleiten, Maßnahmen, mit denen man damals auch in bürgerlichen Kreisen allgemein rechnete. Erst als deutlich wurde, daß die Revolutionsregierung zu aktivem Handeln und entschlossener Reformpolitik nicht fähig oder willens war, setzte die Radikalisierung ein, die nun allerdings rasch die Basis für ein geschlossenes Vorgehen der Arbeiterschaft und der Arbeiterparteien zerstörte. Mit guten Gründen läßt sich daher die Auffassung vertreten, daß 1918/19 ein *Mehr* möglich war, um die Grundsteine einer sozialen Republik zu legen, daß die sozialdemokratische Führung jedoch die ihr gebotene Chance unzureichend nutzte.

»Das Mißlingen der deutschen Revolution«, so formulierte es der amerikanische Historiker RICHARD N. HUNT vor einigen Jahren, »war in erster Linie ein Versagen der Führung. Die Massen erfüllten alle Erwartungen, die man auf sie setzen konnte: Sie erhoben sich und setzten die alten Machthaber, einschließlich der militärischen Führung, ab; zur gleichen Zeit widerstand die große Mehrheit von ihnen der Anziehungskraft des Kommunismus; sie waren bereit, ihre Führer bei der Errichtung einer wirklich demokratischen Regierung zu unterstützen. Aber ihre Führer besaßen nicht das nötige Format, um die gewaltigen Aufgaben erfolgreich anzupacken, die man ihnen aufgebürdet hatte.« Und REINHARD RÜRUP konstatierte ebenso lapidar wie treffend: »Deutschland hatte seine siegreiche Revolution, es hatte die Chance einer wirklichen Demokratisierung – es hat sie nicht zu nützen verstanden.«

*Wolfgang J. Mommsen*
# 1933: Die Flucht in den Führerstaat

Die Machtergreifung des Nationalsozialismus in Deutschland am 30. Januar 1933 liegt nun über sechs Jahrzehnte zurück. Dennoch bestimmen die Folgen dieses schicksalsschweren Ereignisses unser gegenwärtiges Leben und unsere politische Wirklichkeit in unübersehbarem Umfang. Ohne die Herrschaft HITLERs hätte es wohl den Zweiten Weltkrieg, jedenfalls nicht in den Ausmaßen eines totalen Krieges, nicht den Massenmord an den europäischen Juden und nicht die Teilung Deutschlands und Europas gegeben. Die Frage, weshalb es in Deutschland, einem Land von hoher Kultur und einer hochentwickelten Wirtschaft, zur Herrschaft nicht bloß eines Diktators, sondern des Faschismus in seiner schlimmsten Variante hat kommen können, muß uns auch heute noch beschäftigen. Denn nicht nur gilt es, einer Wiederholung dieser Entwicklung ein für allemal den Weg zu verlegen. Darüber hinaus haben die Antworten auf diese Frage weitreichende Konsequenzen für unser aller persönliche Einstellung und für die Grundwerte unseres politischen Lebens.

»Der Nationalsozialismus ist nicht aus dem Gedanken einer allgemeinen Mitleidsmoral heraus geboren, sondern aus dem Bewußtsein für die Notwendigkeit einer deutschen Herrenmoral.«

Dieses Wort diente auf einer nationalsozialistischen »Führertagung« im April 1930 als innerparteiliche Einigungsformel. Die »deutsche Herrenmoral« des Nationalsozialismus sollte an die Stelle der angeblichen »Mitleidsmoral« des demokratischen Parteienstaates gesetzt werden, dem nachgesagt wurde, daß er ein Regiment der Mittelmäßigkeit sei oder, wie sich damals ein konservativer Publizist, der nur wenig später selbst ein Opfer des nationalsozialistischen Gewaltterrors werden sollte, EDGAR JUNG, ausdrückte, die »Herrschaft der Minderwertigen« darstelle. Damals haben viele Deutsche solchen Schlagworten Glauben geschenkt. Sie meinten, daß allein der Nationalsozialismus wieder Ordnung im Lande schaffen und einem jeden wieder einen festen, gesicherten Platz in einer wohlgeordneten »Volksgemeinschaft«, mit einem charismatisch begnadeten »Führer« an der Spitze, verschaffen werde. Und auch manche, die die hemdsärmeligen Methoden der Nationalsozialisten und die hohle Demagogie der HITLER und GOEBBELS durchschauten, glaubten, daß die Machtübernahme des Nationalsozialismus in einer anscheinend ausweglosen Situation noch das geringste Übel darstelle. Statt dessen handelten sie sich die Herrschaft einer Funktionärselite von erbärmlicher Mittelmäßigkeit ein, die ihre Ziele mit ungehemmter Brutalität verfolgte, angetrieben von wildem Haß gegen die überkommene bürgerliche, unter dem Druck der Weltwirtschaftskrise aus den Fugen geratene Ordnung, die ihnen den angestrebten Platz in den vorderen Rängen der Gesellschaft versagt hatte.

Bis zum Jahre 1928 war die Nationalsozialistische Deutsche Arbeiterpartei eine Splitterpartei, die mit bloßen 2,6 % der Stimmen bei der Reichstagswahl vom Mai jenes Jahres eine zwar lautstarke, aber unbedeutende Rolle spielte. Die Erinnerung an den »Hitler-Putsch« vom 9. November 1923, den Versuch einer gewaltsamen Machtübernahme zunächst in Bayern und anschließend im Reich, begann zu verblassen. Im Sommer 1929 setzte dann die Wende ein. Bei den Wahlen für die Landtage einzelner deutscher Länder, namentlich in den Grenzregionen des Reiches und in den Hansestädten, zogen die Nationalsozialisten immer größere Stimmzahlen auf sich. Im Jahr darauf, bei den Reichstagswahlen vom 14. September 1930, gelang ihnen, für viele zeitgenössische Beobachter und vor allem für das Präsidialkabinett BRÜNING überraschend, der Durchbruch auf Reichsebene. Mit 18,3 % der Stimmen stiegen sie zur zweitstärksten Partei im Reichstag auf. Eine parlamentarische Mehrheitsregierung ohne die NSDAP einerseits, die KPD andererseits war jetzt kaum noch denkbar, selbst wenn die halbautoritäre, mit Hilfe des Notverordnungsartikels 48 herrschende Regierung BRÜNING dies gewollt hätte. Und dieser Prozeß setzte sich in den folgenden anderthalb Jahren fort, bis dann die NSDAP in den Reichstagswahlen vom 31. Juli 1932 mit 37,4 % aller Stimmen den größten Wahlerfolg errang, den sie jemals unter Bedingungen freier Wahlen zu erreichen vermocht hat. Wie war es möglich, daß so große Teile des deutschen Volkes dieser extremistischen, offen für die Politik brutaler Unterdrückung aller Andersdenkenden und für die Beseitigung jeglicher demokratischen Selbstbestimmung agitierenden Partei ihre Stimme gaben?

Gemeinhin werden die spektakulären Erfolge des Nationalsozialismus auf die Folgen der Wirtschaftskrise zurückgeführt, die die breiten Schichten des deutschen Volkes, darunter die Bauern, die Beamtenschaft und den kleineren Mittelstand, äußerst hart getroffen hatte. In der Tat muß dieses Argument ernst genommen werden. Das deutsche Volkseinkommen sank auf dem Höhepunkt der Krise auf zwei Drittel des Wertes ab, den es 1928 wieder mühsam erreicht hatte; verglichen mit dem Volkseinkommen des letzten Vorkriegsjahres 1913 war der Wohlstand der Nation auf kaum mehr als die Hälfte abgesunken. Mehr als sechs Millionen Arbeitslose, von denen viele nach 52 Wochen währender Arbeitslosigkeit sogar ihren Anspruch auf staatliche Arbeitslosenunterstützung verloren hatten, sahen eine ausweglose Zukunft vor sich. Schließlich stand auch die traditionell vom Staat gestützte Landwirtschaft vor schier unlösbaren Problemen. Der Verfall der Agrarpreise um 36% gegenüber dem Stand von 1925 hatte katastrophale Auswirkungen auf die oft hochverschuldeten Betriebe; allein 4700 landwirtschaftliche Betriebe mußten zwischen 1930 und 1932 zwangsversteigert werden. Massenunruhen unter den Bauern Norddeutschlands waren ein Symptom unmittelbarer Not. Dies alles gab den Nährboden für ein flächenbrandartiges Wachstum des Nationalsozialismus ab, wenn es auch den Verlauf der Dinge allein nicht zu erklären vermag.

Wir wissen heute genau, welche Bevölkerungsgruppen zuerst und vor allem den Versprechungen des Nationalsozialismus erlagen. Es waren dies allen voran die Bauern, und dann, in ständig steigender Zahl, die Angehörigen der Mittelschichten, in geringerem, wenn auch keineswegs unerheblichen Maß die Arbeiterschaft und am wenigsten der katholische Volksteil. Tatsächlich kam es zum Ausverkauf aller liberalen und gemäßigt nationalkonservativen Parteien zugunsten der Nationalsozialisten, die sich gleichzeitig als die Partei der »antikapitalistischen Sehnsucht« und als die einzig konsequent »antimarxistische« bzw. antikommunistische Partei zu präsentieren wußten, wenn auch nicht ohne erhebliche agitatorische Verrenkungen und schlichten Wählerbetrug. ERICH MATTHIAS hat diesen Prozeß der Erosion der politischen Mitte zugunsten der NSDAP folgendermaßen beschrieben:

»Alle diese Wahlen ließen deutlich erkennen, daß der nationalsozialistische Vormarsch über die Trümmer aller nichtkatholischen und nichtsozialistischen Parteien hinwegging, einerlei, ob sie sich monarchisch oder republikanisch, liberal oder konservativ, Weltanschauungs- oder Interessenparteien nannten, ob sie für oder gegen Brüning waren.«

Am Ende war die gesamte politische Mitte zertrümmert und das parlamentarische System vollends ausgehöhlt.

Zu den Erfolgen des Nationalsozialismus und schließlich zur Machtergreifung ADOLF HITLERS hat die verzweifelte ökonomische Lage breiter Bevölkerungsschichten wesentlich beigetragen. Das von GREGOR STRASSER inspirierte nationalsozialistische Wirtschaftsprogramm vom Jahre 1932 schien vielen Bürgern tatsächlich die einzige Alternative zu der von den bürgerlichen Parteien und den Sozialdemokraten mehr oder minder tolerierten radikalen Deflations- und Sparpolitik zu sein, die die Regierung BRÜNING bewußt betrieb, um die deutsche Wirtschaft »gesundzuhungern« und zugleich die Alliierten zum endgültigen Verzicht auf die Reparationen zu zwingen. Im »Wirtschaftlichen Sofortprogramm der NSDAP« vom Juli 1932 hieß es unter anderem:

»Die beiden großen wirtschaftspolitischen Sünden des Systems, der Diebstahl am deutschen Volksvermögen, begangen durch die Inflation, und der Diebstahl am deutschen Sachvermögen, begangen durch die Politik der Enteignungssteuern in den Jahren nach der Inflation, haben am schärfsten und vernichtendsten den selbständigen Mittelstand getroffen und große Teile dieses Mittelstandes proletarisiert. Ziel der nationalsozialistischen Wirtschafts- und Sozialpolitik ist die Entproletarisierung des deutschen Arbeiters. Um so mehr muß eine aktive Mittelstandspolitik betrieben werden, um die Proletarisierung weiterer Volkskreise zu verhindern. Der Mittelstand wird von oben her angegriffen durch das Finanzkapital, das zwar Riesenkonzernen 100-Millionen-Kredite zu günstigen Bedingungen zur Finanzierung zweifelhafter Transaktionen zur Verfügung stellt, das aber dem mittelständischen Handwerker, Gewerbetreibenden und Einzelhändler Kredite nur in geringem Umfang und zu unerträglichen Zinsen gewährt. Außerdem seitens der Warenhäuser, Filialriesen und Einheitspreisgeschäfte. Von unten her aber wird der Mittelstand angegriffen vom Marxismus.« Vielen Angehörigen der Mittelschichten, insbesondere jenen, die im Zuge der stürmischen Industrialisierung und Modernisierung der deutschen Gesellschaft ihre bisherige ökonomische Position gefährdet sahen, klang ein solches harmonistisches Wirtschaftsprogramm, das die Rückkehr zur guten alten Zeit einer geordneten, stabilen Wirtschaftsordnung kleiner Existenzen und gebremster Konkurrenz versprach, wie Musik in den Ohren. Tatsächlich aber konnten solche widersprüchlichen wirtschaftspolitischen Doktrinen überhaupt nur Anklang finden, weil die Regierung und die demokratischen Parteien jede Orientierung verloren hatten und BRÜNING es für müßig hielt, sich konsequent um Verständnis für seine Politik bei den breiten Schichten des Volkes zu bemühen. Im Gegenteil, der Reichskanzler hielt es sogar für eine Tugend, keine Rücksicht auf die Stimmung der breiten Massen zu nehmen. »Es läßt mich kühl, was sie im Lande über mich verbreiten«, hielt BRÜNING im Reichstag den Angriffen der Nationalsozialisten entgegen, aus der Selbstgerechtigkeit eines autoritären Politikers heraus, der eine rein bürokratische Mentalität mit der Auffassung verband, daß es schon gelingen werde, die darbenden Massen des Volkes mittels einer erfolgreichen nationalistischen Außenpolitik noch rechtzeitig wieder auf den rechten Weg zurückzuführen.

Tatsächlich reichen die Wurzeln des deutschen Desasters vom Jahre 1933 viel weiter zurück. Die Not der breiten Massen, die durch die Wirtschaftspolitik BRÜNINGS noch verschärft worden war, war *nicht* die Ursache der Machtergreifung des Nationalsozialismus. Die wirtschaftliche Misere hat zwar den Boden für den schließlichen Erfolg HITLERS bereitet, ist aber für das Ereignis des 30. Januar 1933 nicht ausschlaggebend gewesen. Der Höhepunkt der Wirtschaftskrise und der Wahlerfolge der NSDAP war schon überschritten, als es HITLER, vor allem dank der Manipulationen einflußreicher Kräfte in der Umgebung des greisen Reichspräsidenten VON HINDENBURG, dann doch noch gelang, die Reichskanzlerschaft zu erlangen. Damit hatte HITLER die ersehnte formale Machtstellung erreicht, die es ihm fortan ermöglichte, schrittweise alle noch bestehenden Fesseln abzu-

schütteln und ein totalitäres Herrschaftssystem zu begründen, das seinen innenpolitischen Gegenspielern keinerlei Chance mehr ließ.
Die Machtergreifung ist zu keinem Zeitpunkt vor dem 30. Januar 1933 unabwendbar gewesen, ja, sie hätte bei entschlossener Gegenwehr auch danach noch gestoppt werden können. Wenn HITLER dennoch an die Macht kam und diese behaupten konnte, so lag dies in erster Linie an den damaligen politischen und wirtschaftlichen Eliten, zugleich aber auch daran, daß sich die deutsche Arbeiterbewegung infolge der Politik der Kommunistischen Internationale in einen erbitterten Bruderkampf verstrickt hatte, der die Kommunisten blind für die wirklichen Gefahren werden ließ und die Sozialdemokraten politisch weitgehend manövrierunfähig machte. Dies gab agrarisch-hochkonservativen und schwerindustriellen Gruppen die Chance zu dem Versuch, das Rad der deutschen Geschichte wieder zurückzudrehen, wobei den einen die Wiedererrichtung eines obrigkeitlichen Beamtenstaats und die Restaurierung der Hohenzollern-Monarchie, anderen die Rückkehr zu einem rein privatkapitalistischen Wirtschaftssystem unter radikaler Beschneidung der sozialpolitischen Errungenschaften des letzten Jahrzehnts als Ziel vorschwebte.
Der seit Ende März 1930 als Reichskanzler regierende Zentrumspolitiker HEINRICH BRÜNING hätte noch durch ein gewisses Entgegenkommen gegenüber der Sozialdemokratie die verhängnisvollen Reichstagswahlen vom September 1930, die den Anfang der endgültigen Lahmlegung des Parlaments brachten, vermeiden und damit den Durchbruch des Nationalsozialismus abfangen können. Er unterließ es, weil er eine autoritäre Politik oberhalb der Parteien nicht bloß als eine Art von Krisenmanagement betrachtete, um die schwierige parlamentarische Situation zu überbrücken, sondern weil er darin den Ansatzpunkt für eine stufenweise autoritäre Umgestaltung des deutschen Staates sah, an dessen Ende nicht nur die weitgehende Entmachtung des Parlaments, sondern auch die Restauration der Monarchie stehen sollte. Angesichts des Ausgangs der Wahlen blieb BRÜNING freilich nur noch die Möglichkeit, auf dem Wege seiner rigiden und unpopulären Politik mittels Notverordnungen voranzuschreiten. Diese Politik hatte sich vorrangig dem Ziel der Befreiung des Deutschen Reiches von den Reparationsverpflichtungen ver-

schrieben. Der Reichskanzler nahm dabei die zeitweise Verelendung immer größerer Gruppen des deutschen Volkes ebenso in Kauf wie die politische Radikalisierung auf der Rechten, die er zuversichtlich sogar noch in sein politisches Kalkül einbauen zu können glaubte.

Seit dem Frühjahr 1932 begann die innenpolitische Basis der Machtstellung BRÜNINGS immer mehr zu schwinden. Zwar gelang es ihm nach langwierigen Verhandlungen mit den Führern aller demokratischen Parteien, im März 1932 die Wiederwahl HINDENBURGS zum Reichspräsidenten durchzusetzen und damit HITLER, der sich als zunächst aussichtsreichster Kandidat ebenfalls zur Wahl gestellt hatte, den Weg ins Reichspräsidentenpalais zu versperren. Aber HITLER war, auch wenn er im zweiten Wahlgang am 10. April 1932 mit 36,8 % aller Stimmen gegenüber 53 %, die vor allem aus dem Lager der vereinten demokratischen Kräfte für den greisen Feldherrn abgegeben worden waren, geschlagen zurückblieb, als Schlüsselfigur der deutschen Politik hinfort nicht mehr zu umgehen.

Die demokratischen Parteien feierten die Wiederwahl HINDENBURGS angesichts der steigenden nationalsozialistischen Flutwelle und der Intransigenz der von Moskau ferngesteuerten Kommunisten mit gewissem Recht als einen großen Abwehrsieg. Doch war dies im Grunde von vornherein eine Fehlrechnung. Der greise Feldherr des Ersten Weltkrieges hatte zwar subjektiv den Willen, dem Buchstaben der Weimarer Verfassung treu zu bleiben, aber er fand es mit seiner Vergangenheit und mit seinen eigenen, dem kaiserlichen Deutschland vor 1914 verhafteten Überzeugungen immer weniger vereinbar, als Kandidat der Linken gegenüber einer beständig an Stärke zunehmenden nationalistischen Rechten zu gelten – einer Rechten, der ja neben der Partei HITLERS auch HUGENBERGS Deutschnationale Volkspartei angehörte.

Schon vor der Reichspräsidentenwahl hatte es erste Versuche gegeben, der NSDAP durch die Einbindung in eine von HUGENBERG geführte Rechtskoalition von Deutschnationalen, Stahlhelm und Nationalsozialisten den Vorteil zu rauben, als extrem oppositionelle Sammelpartei aller Unzufriedenen aufzutreten. Dies war jedoch angesichts der intransigenten Forderungen aller Seiten, vor allem HITLERS selbst, nicht gelungen. Dennoch war HINDENBURG, wie er noch vor den Reichspräsidentenwahlen einem seiner engeren Vertrauensleute mitteilte, auch weiterhin geneigt, BRÜNING bei erstbester Gelegenheit fallenzulassen und statt dessen eine reine Rechtsregierung bilden zu lassen, die allerdings nicht auf »die Errichtung einer rein nationalsozialistischen Parteidiktatur hinausgehen« dürfe, sondern vielmehr eine Koalitionsregierung der nationalkonservativen und der nationalsozialistischen Rechten unter konservativer Führung sein sollte. Am 25. Februar 1932 schrieb HINDENBURG an FRIEDRICH VON BERG, den ehemaligen Generalbevollmächtigten des preußischen Königshauses:

»Trotz aller Nackenschläge werde ich dennoch meine Bemühungen um eine gesunde Entwicklung nach rechts nicht einstellen, in der Hoffnung, daß es möglich sein wird, nach den Preußenwahlen\*, die unbedingt *spätestens* im Mai stattfinden müssen, neue Verhandlungen zur Bildung einer Konzentrationsregierung aufzunehmen.«

Insofern stellte die Wiederwahl HINDENBURGS für BRÜNING einen Scheinsieg dar. Die Verfassungsinstitution, von der er seine ganze Macht ableitete, war innerlich bereits ins Lager der extremen Rechten übergegangen, auch wenn HINDENBURG dem kleinen Gefreiten des Ersten Weltkrieges gründlich mißtraute und von einer Reichskanzlerschaft ADOLF HITLERS nichts wissen wollte.

Nach den Reichspräsidentenwahlen steigerte die NSDAP ihre Agitation gegen BRÜNING und das »System von Weimar« zu größter Lautstärke und ließ zugleich der SA wieder freie Bahn für terroristische Aktionen zwecks Einschüchterung ihrer politischen Gegner, obschon HITLER nicht müde wurde, gleichzeitig – scheinheilig und wahrheitswidrig – immer wieder zu versichern, daß die NSDAP ausschließlich mit legalen Mitteln zur Macht zu kommen gedenke und ihr jeder Gedanke an einen Putsch durchaus fern liege. Überfälle der SA insbesondere auf kommunistische Funktionäre, darüber hinaus aber auch auf Repräsentanten der demokratischen Linken überhaupt, häuften sich, und angesichts der Gegenwehr der KPD begannen sich die Privat-

---

\* Die Wahlen zum preußischen Abgeordnetenhaus, die dann am 24. April 1932 mit einem gewaltigen nationalsozialistischen Erfolg endeten.

armeen der extremen Parteien in den großen Industriestädten regelrechte Straßenschlachten zu liefern. Besonders bedenklich war daran, daß dies auf viele Bürger nicht mehr abschreckend wirkte. Vielmehr verstärkte sich bei ihnen der Eindruck, daß einzig die Nationalsozialisten entschlossen seien, rücksichtslos mit dem »roten Gesindel« aufzuräumen und wieder Ordnung in Deutschland zu schaffen.

Für die Regierung BRÜNING blieb angesichts der radikalen Verschärfung der innenpolitischen Auseinandersetzungen seit dem April 1932 nur die Alternative, entweder die NSDAP und ihre Gliederungen mit allen verfügbaren staatlichen Machtmitteln rückhaltlos zu bekämpfen, oder aber zu versuchen, der NSDAP durch eine Beteiligung an der politischen Verantwortung den Agitationsvorteil rückhaltloser Opposition zu nehmen. BRÜNING und der Reichswehrminister GROENER entschlossen sich, wenn auch eher halbherzig, ersteres zu tun. Aber es zeigte sich sofort, daß, angesichts des Abdriftens breiter bürgerlicher Kreise nach rechts, vor allem aber infolge der Haltung der Reichswehr und nicht zuletzt des Reichspräsidenten selbst, die innenpolitischen Voraussetzungen dafür nicht mehr gegeben waren. Das Gift der nationalistischen Agitation, das BRÜNING als Waffe in den außenpolitischen Verhandlungen über die Reparationen zu verwenden gehofft hatte, hatte sich so tief in die Struktur des Systems eingefressen, daß die von ihm idealisierte Politik der »Sachlichkeit« und »Staatsvernunft« oberhalb der widerstreitenden Parteimeinungen nicht länger durchzuhalten war.

Das Verbot der SA durch den Reichsinnenminister General GROENER am 13. April 1932 löste einen Sturmlauf der Rechten gegen die Regierung aus, der man nun vorwarf, daß sie die Linke einseitig begünstige. Zugleich aber setzte General VON SCHLEICHER, der als Chef des Ministeramtes im Reichswehrministerium die entscheidende Schlüsselposition innerhalb der Reichswehrführung innehatte, seine guten Beziehungen zur Umgebung HINDENBURGS ein, um den Widerruf dieser Entscheidung zu erreichen. SCHLEICHER argumentierte, daß die Reichswehr auf die SA als ein wertvolles Reservoir national gesinnter militärischer Kräfte nicht verzichten könne und daß sie überdies außerstande sei, im Konfliktfalle gegen die äußerste Rechte vorzugehen. Angesichts des starken Anklangs, den die nationalsozialistischen

Ideen gerade bei den jüngeren Angehörigen des Offizierskorps gefunden hatte, war diese Behauptung nicht völlig aus der Luft gegriffen. Im Hintergrund stand bei SCHLEICHER freilich ein viel weiterreichendes Ziel, nämlich die »Zähmung« HITLERS durch Bildung einer rein rechtsgerichteten Präsidialregierung, an der HITLER beteiligt werden sollte, ohne jedoch eine ausschlaggebende Position zu erlangen.

Der Rücktritt GROENERS am 12. Mai 1932 war die erste konkrete Folge dieser Operation hinter den Kulissen. BRÜNINGS Machtstellung war danach endgültig untergraben; er war fortan nur noch Kanzler auf Abruf. Die von seinem Kabinett vorbereitete Vorlage einer Verordnung über die »Zwangsversteigerung nicht mehr entschuldbarer Güter im Osthilfegebiet«, die den ostelbischen Großgrundbesitz und nicht zuletzt den Großgrundbesitzer HINDENBURG auf Gut Neudeck verärgerte, war dann für die hochkonservative Umgebung des Reichspräsidenten der willkommene Anlaß, um den Greis davon zu überzeugen, daß nunmehr der Zeitpunkt gekommen sei, sich von BRÜNING zu trennen – »hundert Meter vor dem Ziel«, wie dieser damals verzweifelt beklagte. Auf Betreiben SCHLEICHERS wurde der konservative Ex-Diplomat und Herrenreiter FRANZ VON PAPEN mit der Bildung einer reinen Rechtsregierung beauftragt. Damit war der letzte Versuch gescheitert, die Krise des Weimarer Staates mit nicht offen antiparlamentarischen Mitteln zu meistern.

Die von PAPEN am 1. Juni 1932 gebildete »Regierung der nationalen Konzentration«, hinter der außer den Deutschnationalen und den hocharistokratischen Gruppen in der Umgebung HINDENBURGS niemand stand, wurde von sämtlichen demokratischen Parteien, insbesondere dem Zentrum, als groteske Herausforderung betrachtet. Das Kabinett PAPEN vermochte sich überhaupt nur mit Hilfe gewaltiger Vorleistungen an die Nationalsozialisten im Amte zu halten. Die wichtigste davon war neben der gewaltsamen Gleichschaltung Preußens die erneute Durchführung von Reichstagswahlen am 31. Juli 1932. Die Nationalsozialisten gingen daraus nach einem mit außerordentlichem Einsatz geführten Wahlkampf mit 37,4 % aller Stimmen als der große Sieger hervor, während die deutschnationalen Parteigänger PAPENS ganze 5,9 % der Stimmen auf sich vereinigen konnten. Schlimmer noch: Die Parteien der bürgerlichen Mitte wurden

nahezu ausradiert, und damit ging jede Möglichkeit verloren, wieder auf demokratische Bahnen der Herrschaft zurückzulenken.
Jetzt war guter Rat teuer geworden. Denn an HITLER und seiner Bewegung, die nach den Juliwahlen mit 230 Abgeordneten in braunen Uniformen in den Reichstag einrückte und mit GÖRING den Präsidenten stellte, war jetzt auch mit autoritären Mitteln nicht mehr vorbeizukommen, zumal die NSDAP zusammen mit den Kommunisten über eine Sperrmajorität verfügte. Selbst mit den größten Gegenleistungen war eine Tolerierung von PAPENS »Kabinett der Barone«, das sich in den Augen der breiten Massen als Ausdruck der extremsten Reaktion darbot, von seiten der NSDAP nun nicht mehr zu erreichen. Drei Möglichkeiten standen allenfalls offen, jede mit schweren Risiken belastet und nur schwer realisierbar, nämlich 1. die »Zähmung« der nationalsozialistischen Bewegung durch Einbeziehung HITLERS in eine breitgefächerte Rechtskoalition, die ihm jedoch die Schlüsselpositionen der Macht vorenthielt, 2. die Bildung einer parlamentarischen Koalition von Zentrum und Nationalsozialisten oder 3. die Etablierung eines auf die Reichswehr gestützten Regimes, verbunden mit dem Versuch der Abspaltung der »positiven« Elemente – sprich: des »Strasser-Flügels« – von HITLER und der nationalsozialistischen Bewegung. Alle diese Strategien sind nacheinander versucht worden – und scheiterten. Die erste wurde schließlich in abgewandelter Form wiederholt mit dem bekannten fatalen Ausgang, der Machtergreifung des Nationalsozialismus.
Der Ausgang der Wahlen zum Reichstage vom 31. Juli 1932 gab indessen nicht nur der konservativen Kamarilla um den Reichspräsidenten und ihrem Geschöpf FRANZ VON PAPEN Anlaß zur Ernüchterung, sondern auch der NSDAP. Denn so glanzvoll das Wahlresultat auch aussah, das die Nationalsozialisten erzielt hatten, es entsprach keinesfalls ihren eigenen, hochgesteckten Erwartungen. Der Wahlkampf war von der NSDAP mit einem bislang beispiellosen Aufwand an Kräften und Material, unter Einsatz auch modernster Kommunikationsmittel geführt worden. Doch hatte der erhoffte Durchbruch nicht erzielt werden können. HITLERS Proklamation an die eigenen Anhänger zum Wahlausgang im »Völkischen Beobachter« war denn auch denkbar nüchtern gehalten:

> »Ein großer Sieg ist errungen. Die Nationalsozialistische Deutsche Arbeiterpartei ist zur weitaus stärksten Partei des Deutschen Reichstages emporgestiegen. Diese in der Geschichte unseres Volkes einzig dastehende Entwicklung ist das Ergebnis einer ungeheuren Arbeit, einer immer gleichbleibenden Beharrlichkeit. Es kann angesichts dieses größten Erfolges unserer Bewegung für niemand einen Dank geben, sondern für uns alle nur die Pflicht, den Kampf nunmehr mit erneuter und erhöhter Kraft aufzunehmen und fortzuführen.«

Innerhalb des nationalsozialistischen Führungskorps war die Meinung weit verbreitet, daß es nun unbedingt notwendig sei, diesen Erfolg in greifbare politische Ergebnisse und nicht zuletzt in Ministerposten und staatliche Pfründen umzumünzen. Gregor Strasser und Joseph Goebbels, die den Wahlkampf organisiert und der Parteimaschinerie das äußerste abgefordert hatten, sahen die Gefahr gegeben, daß sich die nationalsozialistische Bewegung in den Wahlen »totsiegen« könne. Goebbels notierte am 1. August 1932 in sein Tagebuch:

> »Wir müssen jetzt an die Macht. Kurze Atempause zum Ausbau unserer Stellung, aber dann Parole: regieren und zeigen, was wir können!«

Bereits in den ersten Augusttagen kam es zu hektischen Verhandlungen hinter den Kulissen. Am 5. August empfing Schleicher, der Architekt des autokratischen Regiments Papen, und dessen Reichswehrminister Hitler zu einem Gespräch über eine mögliche Regierungsbeteiligung der Nationalsozialisten. Es erwies sich sogleich, daß Hitler nicht bereit war, in ein nationales Kabinett unter konservativer Führung einzutreten, wenn ihm nicht die entscheidenden Positionen, nämlich die Kanzlerschaft und das Innenministerium mit seinen weitreichenden Möglichkeiten, der SA und der SS freie Bahn zu schaffen, zugestanden würden. Auch wenn Schleicher selbst zeitweilig geneigt schien, sich mit einem Kanzler Hitler abzufinden (vorausgesetzt, er selbst blieb Reichswehrminister), so widersprach dies doch dem »Zähmungskonzept« der konservativen Kamarilla, die die Nationalsozialisten nur als Hilfstruppe zwecks weiterer Aufrechterhaltung der Regierung Papen benutzen wollte. Vor allem aber war Hin-

DENBURG nicht bereit, HITLER zum Reichskanzler zu berufen oder ihm gar die »ganze Macht« zu übertragen. Jedoch war an eine Fortführung des »Kabinetts der nationalen Konzentration«, womöglich mit dem Ziel der endgültigen Abkehr vom Parlamentarismus, wie sie PAPEN vorschwebte, nicht zu denken, sofern man nicht eine Beteiligung seitens der Nationalsozialisten erreichen konnte. Demgemäß wurden in den folgenden Tagen erneut zahlreiche vage Avancen an die Adresse führender Nationalsozialisten gerichtet, mit der nicht ganz unbegründeten Hoffnung, HITLER könnte unter dem Druck seines eigenen Funktionärskorps am Ende doch dafür gewonnen werden, als Fußtruppe für ein verlängertes Kabinett PAPEN zu dienen, sofern man HITLER das Amt des Vizekanzlers sowie ein bis zwei weniger wichtige Ministerien anböte.

Der dilettantische Charakter dieses Vabanquespiels ist im nachhinein nur zu einsichtig. Doch scheuten sowohl HINDENBURG wie die konservative Kamarilla vor der Alternative zurück, die allenfalls einzig gangbar gewesen wäre, nämlich das Ruder entschlossen nach links hinüberzuwerfen und die NSDAP und ihre braune Privatarmee, im Bunde mit den demokratischen Kräften, mit allen Mitteln zu bekämpfen. Die einmalig günstige Situation, das parlamentarische System von Weimar in einen autoritären Staat unter nationalkonservativer Führung zu überführen, wollte PAPEN nicht vorübergehen lassen, zumal er sich in dieser Hinsicht der uneingeschränkten Unterstützung der Großagrarier und der Schwerindustrie sicher sein konnte.

Doch aus diesem Spiel wurde einstweilen nichts, weil sich HITLER entschlossen weigerte, mitzumachen. Eine Unterredung HITLERs mit dem Reichspräsidenten am 13. August blieb erfolglos. Mit einem gewissen Geschick gelang es, HITLER vor der Öffentlichkeit als intransigent zu brandmarken und ihm allein das Scheitern der Verhandlungen anzulasten. In der entsprechenden Presseverlautbarung des Reichspräsidenten hieß es unter anderem, daß HITLER es abgelehnt habe, in eine vom Reichskanzler VON PAPEN geleitete Regierung einzutreten, und statt dessen gefordert habe, »ihm die Führung der Reichsregierung und die gesamte Staatsgewalt in vollem Umfang zu übertragen«. Wörtlich hieß es dann weiter:

»Der Reichspräsident lehnte diese Forderung sehr bestimmt mit der Begründung ab, daß er es mit seinem Gewissen und seinen Pflichten gegenüber dem Vaterland nicht vereinbaren könne, die gesamte Regierungsgewalt ausschließlich der nationalsozialistischen Bewegung zu übertragen, die diese einseitig anzuwenden gewillt sei.«

Es war dies der Sache nach eine schwere Niederlage für ADOLF HITLER. Er hatte sich von SCHLEICHER und PAPEN bluffen lassen und war abgeblitzt. Der Öffentlichkeit gegenüber gelang es ihm freilich, daraus das Beste zu machen, indem er sich dem Lande und der eigenen Bewegung gegenüber als Führer einer politischen Bewegung präsentierte, die ihre historischen Ziele ohne Rücksicht auf taktische Winkelzüge und momentane Vorteile verfolge. Ausgerechnet gegenüber einem Journalisten der »Rheinisch-Westfälischen Zeitung«, des Leibblattes der Schwerindustrie, gab er sich als weitsichtiger Staatsmann, der zwar von der korrupten Herrschaftselite des Augenblicks abgelehnt werde, dem aber dank der Gradlinigkeit seiner Politik die Zukunft gehöre:

»Ich werde niemals für ein Linsengericht die Erstgeburt verkaufen... Ich halte es überhaupt in einer verkommenen und charakterlosen Zeit für wichtig, einem Volk zu zeigen, daß eine Bewegung ohne Rücksicht auf augenblickliche Vor- und Nachteile ihrer leitenden Männer unbeirrbar und unwandelbar das gesteckte Ziel verfolgt. Man kann nicht von einer Nation Heroismus verlangen, wenn ihre politischen Leiter zu jedem auch noch so schäbigen Kompromiß bereit sind.«

Mochte HITLER dergestalt noch einigermaßen glimpflich aus der Sache herausgekommen sein, so stellte sich jetzt doch die Frage, ob die bisherige Legalitätstaktik noch Gültigkeit haben konnte. Schon im Jahre 1928 hatte er der nationalsozialistischen Parteipresse verordnet, nichts zu veröffentlichen, was das Bekenntnis des Führers zum »legalen Weg zur Macht« in Zweifel ziehen könnte.

»Es ist... ebenso widersinnig wie unklug, durch Presseveröffentlichungen... den Eindruck zu erwecken, als werde die NSDAP eines Tages ihre Ziele auf illegalem Wege, d.h. durch Gewalt, Barrikadenkämpfe und Blut zu erreichen suchen... Adolf Hitler

ist überzeugt, daß die Verhältnisse in Deutschland zwangsläufig seine Bewegung zum endgültigen Erfolg führen werden, und zwar gerade dann, wenn er den legalen Weg nicht verläßt.«
Jetzt aber schien diese Zuversicht auf eine harte Probe gestellt. Denn welche Alternative gab es noch, wenn die ersehnte Kanzlerschaft wiederum an dem zu erwartenden Widerstand der hochkonservativen Clique in der Umgebung des Reichspräsidenten und insbesondere der Ablehnung des alten Herrn selbst scheitern würde?
HITLER entschloß sich zu einer doppelbödigen Strategie. Zum einen steuerte er die NSDAP auf den Kurs schroffster Bekämpfung des Regimes PAPEN, dessen offenbare Unfähigkeit es zu einer bequemen Zielscheibe nationalistischer Demagogie machte. Zum anderen ließ er jetzt endgültig die Zügel los, an denen die Schlägertrupps der SA bisher geführt worden waren. Noch vor der entscheidenden Unterredung mit HINDENBURG war es in Potempa in Oberschlesien zu einem besonders abscheulichen Mord eines SA-Schlägertrupps an einem polnischen Kommunisten gekommen. Das von einem Sondergericht aufgrund einer eben von PAPEN erlassenen Notverordnung am 22. August verhängte Todesurteil gegen fünf an dem Anschlag beteiligte Nationalsozialisten bestimmte HITLER, sich nunmehr in aller Form mit dem braunen Terror zu solidarisieren, nicht ohne freilich diesen als aufgezwungenen Abwehrkampf gegen den »Roten Terror« auszugeben:

»Während die bürgerlichen Politiker in jammervoller Unterwürfigkeit sich dem neuen Regime verschrieben oder zumindest vor ihm feige zurückwichen, hat unsere nationalsozialistische Bewegung einsam und allein den Kampf für die ewigen Lebensrechte unseres Volkes aufgenommen... Herr v. Papen, Ihre blutige Objektivität kenne ich nicht. Ich wünsche dem nationalen Deutschland den Sieg und seinen marxistischen Zerstörern und Verderben die Vernichtung...«

Nunmehr ging die SA endgültig dazu über, in den Arbeitervierteln der großen Industriestädte systematisch blutige Konflikte mit der extremen Linken, in erster Linie der kommunistischen Arbeiterschaft, zu suchen. Diese systematische Terrorkampagne sollte die Arbeiter einschüchtern, vor allem aber die KPD zu Gegenaktionen provozieren, die dann dem Bürgertum Angst und Schrecken einjagen würden. Denn jetzt bedurfte HITLER mehr denn je des Arguments, daß allein seine Partei dazu imstande sei, die deutsche Gesellschaft vor dem Versinken im Bolschewismus zu bewahren, nicht aber die machtlose nationalkonservative Regierung des Herrn VON PAPEN, hinter der niemand, und schon gar nicht die breiten Massen des Volkes stünden.

Um PAPEN zu Fall zu bringen, war freilich noch etwas anderes notwendig. Gleichsam als Pendant zum Terror mußten die Nationalsozialisten versuchen, sich in den Augen der führenden Eliten, insbesondere aber der Industrie, jenes Maß an Respektabilität zu verschaffen, dessen Fehlen bislang die ablehnende Haltung HINDENBURGS gegenüber dem Gedanken einer Reichskanzlerschaft HITLERS wesentlich bestimmt hatte. Als Ansatzpunkt dazu ergab sich inbesondere die sorgsame Pflege der Kontakte, die HITLER schon seit geraumer Zeit zu einer ganzen Reihe führender Industrieller hatte herstellen können. Insbesondere seit der Übernahme der Kanzlerschaft durch PAPEN hatte die Stimme der Industrie in der allgemeinen Politik wieder an Gewicht gewonnen. Für HITLER mußte viel davon abhängen, ob es gelang, diese gesellschaftliche Gruppe wenn nicht zur aktiven Unterstützung einer nationalsozialistischen Machtübernahme, so doch wenigstens zu deren Tolerierung zu bewegen. Nicht nur die marxistisch-leninistische Forschung, sondern ein nicht geringer Teil der westlichen Historiographie vertritt seit langem die Ansicht, daß die Großindustrie einen entscheidenden Anteil am Aufstieg HITLERS zur Macht gehabt habe. Ja, vielfach wird der Nationalsozialismus als ein direktes Werkzeug des Monopolkapitalismus betrachtet, gemäß der bekannten, für die marxistisch-leninistische Forschung immer noch verbindlichen Formulierung der Kommunistischen Internationale aus dem Jahre 1933:

>»Der Faschismus an der Macht ist die offene, terroristische Diktatur der reaktionärsten, chauvinistischen, am meisten imperialistischen Elemente des Finanzkapitals.«

Doch ist das Verhältnis der Großindustrie zu HITLER zumindest in der Phase der Machtergreifung keineswegs so eindeutig positiv gewesen, wie diese Interpretationen es nahelegen. Zwar gab es in der Unternehmerschaft, insbesondere unter den mittelständischen Unternehmern, seit langem eine größere Zahl von überzeugten Nationalsozialisten. Die Großindustrie, von den Großbanken ganz zu schweigen, stand der nationalsozialistischen Bewegung jedoch ganz überwiegend mit Skepsis und Reserve gegenüber, teilweise schon deshalb, weil sich die NSDAP ein antikapitalistisches, wenn nicht gar pseudosozialistisches Gewand umgeworfen hatte und die »antikapitalistische Sehnsucht« im kleinbürgerlichen Lager nach Kräften auszubeuten suchte.

HITLER hatte zwar schon 1928 durch eine »authentische« Interpretation den vagen Antikapitalismus des Parteiprogramms abgemildert; desgleichen hatte er jede Gelegenheit zur Kontaktaufnahme mit industriellen Kreisen benutzt, um dem Mißverständnis entgegenzutreten, die NSDAP richte sich gegen das kapitalistische Industriesystem als solches. Bereits 1927 hatte er in einem vertraulichen Memorandum an EMIL KIRDORF, einen der angesehensten Industrieführer Deutschlands, die NSDAP als jene Partei empfohlen, welche den Klassenkampf beseitigen und einen starken nationalen Staat schaffen werde, in dem die Industrie wieder in voller Freiheit werde wirken können:

»Die [nationalsozialistische] Bewegung... empfindet eine unabhängige nationale Wirtschaft als eine Notwendigkeit, jedoch sieht sie in ihr nicht das Primäre, nicht die Bildnerin eines starken Staates, sondern umgekehrt: der starke nationalsozialistische Staat allein kann einer solchen Wirtschaft Schutz und die Freiheit des Bestehens und der Entwicklung geben. Die nationalsozialistische Bewegung erkennt weiter als wesentlichste Voraussetzung zur Lösung dieser Aufgabe und für die Bildung eines einheitlichen Nationalkörpers die restlose Eingliederung des sogenannten vierten Standes in die Volksgemeinschaft... Sie wünscht, daß diese Millionenmasse unseres Volksgutes aus den Händen ihrer derzeitigen internationalen, meist undeutschen Verführer und Leiter genommen wird und ihre volle Eingliederung in den Rahmen der Nation und des Staates findet.«

Trotz dieser Selbstempfehlung der NSDAP als nationaler Sammelpartei, die der Unternehmerschaft die Kommunisten und Sozialisten vom Halse schaffen und eine stabile innere Ordnung bringen werde, blieb die Haltung der großen Mehrzahl der Industriellen gegenüber HITLER weiterhin reserviert. Zwar gelang es, FRITZ THYSSEN und HJALMAR SCHACHT als prominente Befürworter des Nationalsozialismus zu gewinnen, aber ein durchschlagender Erfolg blieb aus. Erst mit der berühmten Rede ADOLF HITLERS im Düsseldorfer Industrieklub vom 27. Januar 1932 gelang ein gewisser Durchbruch. Vor einem welthistorischen Hintergrund schilderte er die Ziele der nationalsozialistischen Bewegung in leuchtenden Farben, nicht ohne direkt auf die Mentalität der Unternehmer abzuheben. So versprach er die Wiederherstellung der Herrschaft der Persönlichkeit und des Leistungsprinzips im wirtschaftlichen Leben:

»Ich sehe zwei Prinzipien, die sich schroff gegenüberstehen: das Prinzip der Demokratie, das überall, wo es sich praktisch auswirkt, das Prinzip der Zerstörung ist. Und das Prinzip der Autorität der Persönlichkeit, das ich als Leistungsprinzip bezeichnen möchte, weil alles, was Menschen bisher leisteten, alle menschlichen Kulturen nur aus der Herrschaft dieses Prinzips heraus denkbar sind.«

Desgleichen beschwor HITLER das düstere Bild zukünftigen Niedergangs, wenn nicht der derzeitigen Entwicklung in Wirtschaft, Gesellschaft und Politik unverzüglich durch entschlossene Aktion Einhalt geboten werde:

»Heute stehen wir an der Wende des deutschen Schicksals. Nimmt die derzeitige Entwicklung ihren Fortgang, so wird Deutschland eines Tages zwangsläufig im bolschewistischen Chaos landen, wird diese Entwicklung aber abgebrochen, so muß unser Volk in eine Schule eiserner Disziplin genommen... werden.«

Diese Ausführungen machten Eindruck. Die Beschwörung der bolschewistischen Gefahr war zwar, wie sich im nachhinein mit absoluter Gewißheit sagen läßt, unbegründet. Angesichts der Spaltung der deutschen Arbeiterbewegung in zwei sich erbittert befehdende Richtungen war eine wirklich ernstliche Bedrohung von seiten der extremen Linken realiter gar nicht gegeben. Die Kommunisten betrachteten aus einer grundsätzlichen Fehleinschätzung der Lage heraus die Sozialdemokraten als ihren Hauptgegner. Sie verteufelten letztere als

»Sozialfaschisten« und glaubten im übrigen zuversichtlich, die lachenden Erben einer vorübergehenden Periode faschistischer Herrschaft werden zu können. Erst die maßlose Propaganda der deutschen Rechten hat jene antikommunistische Massenstimmung im Bürgertum erzeugt, die HITLER dann einerseits durch gezielte Agitation, andererseits durch terroristische Provokation der kommunistischen Arbeiterschaft aufzuheizen vermocht hat, was ihn übrigens nicht daran hinderte, von Fall zu Fall mit der KPD taktisch zusammenzugehen. Aber bei vielen Industriellen kam es gut an, wenn HITLER von dem Entschluß der nationalsozialistischen Bewegung sprach, »den Marxismus bis zur letzten Wurzel in Deutschland auszurotten«.

Wenn HITLER sich der Industrie als Vorkämpfer zur Ausrottung des Marxismus andiente, so dürfte dies freilich weit weniger ins Gewicht gefallen sein als die Tatsache, daß es ihm inzwischen gelungen war, eine gewaltige Massenbewegung aufzubauen, an der aller Wahrscheinlichkeit nach in Zukunft nicht mehr vorbeiregiert werden konnte. Demgemäß nahm die Industrie nun auch die NSDAP in den Kreis der Rechtsparteien auf, denen man gewohnheitsmäßig finanzielle Zuwendungen machte, weil man damit der eigenen Sache zu dienen hoffte.

Ein Teil der Industrie, insbesondere der Bergbau, ließ vor allem GREGOR STRASSER, dem Reichsorganisationsleiter der NSDAP, und GÖRING Förderung zukommen, in erster Linie in der Hoffnung, auf diese Weise die vermeintlich besonnenen Kräfte im Nationalsozialismus stärken zu können. Doch ist nicht zu verkennen, daß die überwiegende Mehrheit der Industriellen ein nationalkonservatives Regime PAPEN einer nationalsozialistischen Regierung bei weitem vorzog. Viele Unternehmer waren ohnehin von dem Programm wirtschaftlicher Autarkie, das die NSDAP als Heilmittel in der Krise empfahl, nicht sonderlich angetan, und hinsichtlich der Hemdsärmeligkeit der Methoden HITLERS bestand weiterhin Mißtrauen, ebenso wie bezüglich der revolutionären Elemente der nationalsozialistischen Ideologie. Dies war zumal im Herbst 1932 der Fall, richtete die Agitation der NSDAP doch jetzt ihre Stoßrichtung wieder stärker gegen rechts, unter Mobilisierung der verbreiteten mittelständischen Ressentiments gegen die Hochfinanz und das Großkapital. Über STRASSERS wirtschaftliches Sofortprogramm vom Juli 1932 gab es hinter den Kulissen ernsthafte Auseinandersetzungen mit Industriellen, die der NSDAP nahestanden, und beschwichtigende Erklärungen von nationalsozialistischer Seite.

Dennoch gelang es, einen zwar keinesfalls repräsentativen, aber doch immerhin gewichtigen Teil der Unternehmerschaft im Kreis um WILHELM KEPPLER, Parteimitglied seit 1927 und Leiter eines chemischen Betriebes, zu organisieren und damit unmittelbar in die Dienste des Nationalsozialismus zu nehmen. Immerhin gehörten dazu Männer wie der ehemalige Reichsbankpräsident HJALMAR SCHACHT, AUGUST ROSTERG von Wintershall und FRIEDRICH REINHARD von der Commerzbank. Damit war der NSDAP weniger eine Quelle fester finanzieller Zuwendungen erschlossen – neuere Forschungen haben gezeigt, daß sich die NSDAP im wesentlichen aus eigenen Mitgliederbeiträgen finanziert hat und die Zuwendungen seitens der Wirtschaft niemals wirklich ausschlaggebende Bedeutung gehabt haben. Entscheidend war, daß die NSDAP nunmehr über eine Art »Lobby« im Unternehmerlager verfügte.

Im Verhältnis der NSDAP zum PAPEN-Regime war dies alles freilich fürs erste kaum von Nutzen. Zwar hatten schon im Sommer 1932 einzelne Industrielle dafür plädiert, man solle doch HITLER die Kanzlerschaft übertragen, aber das Gros der Industrie stützte einstweilen PAPENS Politik einer »Erneuerung« des deutschen Staates gemäß traditionellen nationalkonservativen Vorstellungen. Umgekehrt aber wurde es für die NSDAP zunehmend schwieriger, ihre disparate Wählergefolgschaft zusammenzuhalten. Lange würde sich das Doppelspiel der nationalsozialistischen Agitation, die einerseits das utopische Bild der Wiederherstellung der heilen Welt eines kleinbürgerlichen Frühkapitalismus ausmalte, andererseits sich der Großindustrie als Partner zur Herstellung geordneter gesellschaftlicher Verhältnisse empfahl, nicht mehr spielen lassen. Die Teilnahme der Nationalsozialisten am Streik der Berliner Verkehrsbetriebe zusammen mit den Kommunisten und die Aktivität der NS-Betriebszellen vertrugen sich mit solcher Taktik nicht gut. GOEBBELS notierte rechtfertigend in seinem Tagebuch:

»Wenn wir uns diesem Streik... entzogen hätten, dann wäre damit unsere feste Position im arbeitenden Volk ins Wanken gekommen.«

Auch der von nationalsozialistischer Seite nur halbherzig unternommene Versuch, die Regierung PAPEN durch Verhandlungen mit dem Zentrum, also über die – angesichts der Mehrheitsverhältnisse einzig technisch mögliche – schwarz-braune Koalition in Preußen und im Reich unter politischen Druck zu setzen, war ohne Ergebnis geblieben. An sich waren angesichts der Rechtsentwicklung, die das Zentrum und seine bayerische Schwesterpartei in den vergangenen Jahren durchgemacht hatten, die Voraussetzungen für ein solches Zweckbündnis nicht einmal so ungünstig. Auch im Zentrum war der Gedanke verbreitet, daß man HITLER an der Verantwortung beteiligen müsse, um ihn sich abnutzen zu lassen. So meinte GRAF GALEN:

»Wenn es uns gelingt, die Nationalsozialisten zu positiver Arbeit heranzuziehen, so wird die revolutionäre Bewegung des Nationalsozialismus alsbald zerbröckeln.«

Aber angesichts der maßlosen Forderungen der NSDAP und der Zweifel in den Kreisen der Zentrumsführung, ob ein solches Zweckbündnis auf Zeit überhaupt durchführbar sei, gedieh diese Kombination nicht über bescheidene Ansätze hinaus. Die Zentrumsführung betrachtete dennoch weiterhin PAPEN – und nicht HITLER – als das größere Übel. Denn PAPEN machte offene Anstalten, sowohl den Reichsföderalismus zu zerschlagen als auch den Parlamentarismus vollständig auszuhöhlen, und beides empfanden die Parteien des politischen Katholizismus als existentielle Bedrohung.

Trotz der Mißachtung, die man in allen Volksschichten dem Regime PAPEN entgegenbrachte, verbesserten sich die Aussichten der Nationalsozialisten zunächst keineswegs. Vielmehr ging die Partei in die Reichstagswahlen vom 6. November 1932 mit erheblichem Pessimismus hinein; die Finanzlage war nicht gut, und der alte Enthusiasmus wollte sich diesmal nicht recht einstellen. Die Wahlen brachten vor dem Hintergrund einer sich abschwächenden Wirtschaftskrise einen ernsthaften Rückschlag für die Nationalsozialisten; ihr Stimmenanteil sank von 37,4% auf 33,1%. Der bisher unaufhaltsam scheinende Aufstieg der Partei war also gebremst worden; das nationalsozialistische Wählerpotential erschien nun nicht mehr als unerschöpflich. Im hohen Funktionärskorps der NSDAP breitete sich Panik aus. Besonders GREGOR STRASSER, der als Reichsorganisationsleiter schon länger damit beschäftigt gewesen war, die personellen Vorbereitungen für eine nationalsozialistische Machtübernahme zu treffen, drängte auf unverzügliche Teilnahme an der Regierung, und sei es auch um den Preis bedeutender Konzessionen. »Jetzt oder nie«, so schien sich die Situation in den Köpfen vieler Funktionäre darzustellen.

Gleichwohl war die Lage auch für die Regierung PAPEN, trotz mäßiger Stimmengewinne der Deutschnationalen, keineswegs günstig. Angesichts des erheblichen Stimmenzuwachses der Kommunisten verstärkte sich im bürgerlichen Lager – und nicht zuletzt auch in Kreisen der Unternehmerschaft, die bislang PAPEN gegen die NSDAP tatkräftig unterstützt hatten – die Sorge, daß dieses hochkonservative Regime ohne Massenbasis eine fortschreitende Radikalisierung mit potentiell revolutionären Konsequenzen hervorrufen könne. Demgemäß wuchs der Druck auf HINDENBURG, nunmehr seine Bedenken gegen HITLER aufzugeben. Der Freundeskreis KEPPLER richtete im November 1932 die folgende Eingabe an den Reichspräsidenten:

»Die Übertragung der verantwortlichen Leitung eines mit den besten sachlichen und persönlichen Kräften ausgestatteten Präsidialkabinetts an den Führer der größten nationalen Gruppe würde die Schwächen und Fehler, die jeder Massenbewegung notgedrungen anhaften, ausmerzen und viele Menschen, die heute abseits stehen, zu bejahender Kraft mitreißen.«

Doch scheiterten solche Bemühungen erneut an der Weigerung HINDENBURGS, HITLER die Kanzlerschaft in einem mit präsidialen Rechten ausgestatteten Kabinett zu übertragen, worauf dieser trotz aller Unkenrufe im eigenen Lager unnachgiebig bestand. Am 24. November 1932 schrieb HINDENBURGS Staatssekretär DR. MEISSNER an HITLER:

»Der Herr Reichspräsident muß unter diesen Umständen befürchten, daß ein von Ihnen geführtes Präsidialkabinett sich zwangsläufig zu einer Parteidiktatur mit allen ihren Folgen für eine außerordentliche Verschärfung der Gegensätze im deutschen Volke entwickeln würde, die herbeigeführt zu haben er vor seinem Eide und seinem Gewissen nicht verantworten könnte.«

Wieder war HITLER die Tür vor der Nase zugeschlagen worden. Den NSDAP-Funktionären stellte sich die ernstliche Frage, wie es denn nun weitergehen solle. GOEBBELS beispielsweise war tief niedergeschlagen:

»Die Lage im Reich ist katastrophal. In Thüringen haben wir seit dem 31. Juli nahezu 40 Prozent Verluste erlitten.«

Und wenige Tage später gab er seiner persönlichen Enttäuschung unverhohlen Ausdruck:

»Wir sind alle sehr deprimiert, vor allem im Hinblick darauf, daß nun die Gefahr besteht, daß die ganze Partei auseinanderfällt, und alle unsere Arbeit umsonst getan ist... Es wird höchste Zeit, daß wir an die Macht kommen. Vorläufig allerdings bietet sich nicht die geringste Aussicht.«

Freilich befand sich auch PAPEN nun in der größten Verlegenheit. Er selbst hätte wohl schon damals einen konservativ »eingerahmten« Kanzler HITLER akzeptiert. Aber HINDENBURG wollte PAPEN um jeden Preis im Amt halten und war sogar, wie schon Ende August 1932, bereit, den Staatsnotstand zu proklamieren, den Reichstag erneut aufzulösen und Neuwahlen über die verfassungsmäßige Frist von sechzig Tagen hinaus aufzuschieben. Dieser Plan stieß jedoch auf den energischen Widerstand SCHLEICHERS, der zur Ultima ratio des Staatsnotstandes erst dann greifen wollte, wenn die Regierung sich einen gewissen Rückhalt im Volk verschafft hatte. Da sich die Mehrheit des Kabinetts auf die Seite des Reichswehrministers und damit gegen den Kanzler stellte, sah sich PAPEN schließlich genötigt, seinen Hut zu nehmen.

Zu seinem Nachfolger ernannte HINDENBURG am 3. Dezember 1932 innerlich widerstrebend KURT VON SCHLEICHER. Der neue Kanzler, der das Amt des Reichswehrministers beibehielt, wollte seine Regierung zunächst einmal vom Geruch eines Vollzugsorgans der »Reaktion« befreien. Deshalb war er bereit, einige Maßnahmen PAPENS aufzuheben, die die Arbeitnehmer besonders verbittert hatten, und bekannte sich, anders als sein Vorgänger, zu einem Programm der Arbeitsbeschaffung durch die öffentliche Hand. SCHLEICHERS großes Ziel war es, unter diesem Banner eine neue politische Koalition quer zu den bestehenden politischen Fronten unter Heranziehung insbesondere der Gewerkschaften zu schmieden; vor allem aber hoffte SCHLEICHER, den vermeintlich gemäßigten »Strasser-Flügel« der NSDAP in sein Lager hinüberzuziehen und die nationalsozialistische Bewegung auf diese Weise spalten zu können.

Die Idee, die, wie SCHLEICHER sich ausdrückte, »staatspositiven nationalsozialistischen Elemente« unter seiner Flagge zu sammeln und ADOLF HITLER an den Rand zu drängen, war damals nicht ganz so abenteuerlich, wie es im nachhinein erscheinen mag. GREGOR STRASSER war als Reichsorganisationsleiter der nach HITLER mächtigste Mann in der NSDAP. Auch wenn er HITLER bislang niemals ernstlich widersprochen hatte, trat er doch mit großem Nachdruck dafür ein, daß die Nationalsozialisten sich nunmehr unbedingt an der Regierung beteiligen müßten, um den Zerfall ihres mühsam aufgebauten politischen Potentials zu verhindern. STRASSER wußte vermutlich besser als jeder andere, daß der NSDAP ein großer Teil ihrer Wählerschaft nur dank der unpopulären Politik BRÜNINGS und insbesondere PAPENS zugetrieben worden war und die tatsächliche Machtstellung der Nationalsozialisten alles andere als konsolidiert war. Außerdem gab es zwischen STRASSER und den Freien Gewerkschaften eine sachliche Berührung insofern, als beide Seiten durch Staatsausgaben großen Stils die Kaufkraft der Konsumenten heben und auf diese Weise die Wirtschaft wiederbeleben wollten.

Im Grunde war SCHLEICHERS Projekt wirtschaftspolitisch von bemerkenswerter Kühnheit und Weitsicht, auch wenn er die Schwierigkeiten unterschätzte, die seinem Versuch im Wege standen. Die Freien Gewerkschaften und die Sozialdemokratie für die Unterstützung eines Generals zu gewinnen, der eben noch als Architekt der hochkonservativen Präsidialregierung PAPEN aufgetreten war, das erforderte jedenfalls mehr Überzeugungskraft, als sie SCHLEICHER zur Verfügung stand.

Entscheidend war jedoch, daß GREGOR STRASSER selbst das Spiel vorzeitig aufgab. Nach erbitterten internen Auseinandersetzungen innerhalb der Führungsgruppe der Nationalsozialisten legte er am 8. Dezember 1932 alle seine Parteiämter nieder, zur großen Überraschung der Masse der NSDAP-Mitglieder, denen die wirklichen Vorgänge mühsam verschleiert werden mußten. In falsch verstandener persönlicher Loyalität gegenüber HITLER warf STRASSER das Handtuch und verzichtete darauf, seine beträchtliche Macht als Leiter der inzwischen gut funktionierenden Parteiorganisation dafür auszunutzen, um seiner Strategie eines Kompromisses mit SCHLEICHER zum Durchbruch zu verhelfen. STRASSERS mangelnde Entschlußkraft erleichterte es HITLER, die Situation rasch wieder unter Kontrolle zu bringen. Er übernahm das Amt des Reichsorganisationsleiters unverzüglich selbst und verpflichtete sämtliche Funktionäre auf seinen politischen Kurs:

> »Die Bewegung hat das Recht zur Macht, und diesen Anspruch werde ich niemals verkaufen. Man wird keinen in unserer Bewegung finden, der es billiger macht.«

Dennoch war der Rücktritt STRASSERS für die NSDAP ein schwerer Rückschlag. Denn sein persönlicher Anteil an der Gestaltung der nationalsozialistischen Krisenstrategie war groß gewesen. Auch wenn STRASSER davon Abstand nahm, in aller Öffentlichkeit für seine Linie zu fechten, und nur erwog, als Person in eine Regierung SCHLEICHER einzutreten, war doch künftigen Wahlen mit einiger Sorge entgegenzusehen. GOEBBELS jedenfalls beschloß seine Tagebucheintragungen für das Jahr 1932 tief pessimistisch:

> »Das Jahr 1932 war eine ewige Pechsträhne. Man muß es in Scherben schlagen.«

SCHLEICHERS Konzept scheiterte aber nicht nur an der Fehleinschätzung des Faktors »Strasser«. Auch andere politische Kräfte versagten sich ihm. Die SPD, die die Agitation der Kommunisten mehr fürchtete als den Nationalsozialismus und die SCHLEICHER nach wie vor tief mißtraute, konnte sich zur Unterstützung des Generals nicht bereit finden und kritisierte daher die Freien Gewerkschaften, die sich SCHLEICHER gegenüber auffallend freundlich verhielten.

In Unternehmerkreisen riefen SCHLEICHERS wirtschaftliche Pläne erhebliche Nervosität hervor. Das Gerücht, er habe gar eine Verstaatlichung der wirtschaftlich darniederliegenden Kohle- und Stahlindustrie ins Auge gefaßt, wirkte besonders alarmierend. Auch in der Umgebung HINDENBURGS wuchs die Beunruhigung über den linksradikalen Kurs, den SCHLEICHER angeblich steuerte. Lief seine Politik nicht darauf hinaus, daß die Ansätze zur Schaffung eines autoritären Präsidialsystems und damit zur Neutralisierung der sozialistischen Parteien wieder zerstört wurden? Der im Reichslandbund organisierte ostelbische Großgrundbesitz sah darüber hinaus das protektionistische System zur Stützung der Landwirtschaft in Gefahr und drängte beim Reichspräsidenten auf schleunige Abhilfe. Im Hintergrund spielte auch der sogenannte »Osthilfeskandal« – die Veruntreuung öffentlicher Mittel zugunsten hochverschuldeter preußischer Rittergüter, die gerade zum Gegenstand der Untersuchungen eines Reichstagsausschusses gemacht worden war – eine gewisse Rolle. Die volle Enthüllung dieser Vorgänge hätte zahlreiche Großgrundbesitzer und möglicherweise auch Vater und Sohn HINDENBURG kompromittieren können.

Hinter den Kulissen begann daher ein Kesseltreiben gegen SCHLEICHER, und PAPEN setzte sich nur zu gern an die Spitze dieser Strömungen. Er gab sich der eitlen Hoffnung hin, daß er erneut zur Macht kommen und seine hochfliegenden Pläne eines »Neuen Staates« unter autoritärer Führung dann doch noch verwirklichen könne. Aber auch im Zentrum, das sich übergangen fühlte, wuchs der Unmut über SCHLEICHER. BRÜNING berichtet in seinen Memoiren über ein Gespräch mit dem ehemaligen deutschnationalen Reichsinnenminister VON KEUDELL am 19. Januar 1933, das die damalige Situation höchst aufschlußreich beleuchtet:

> »Er zeigte mir einen Brief, den er an Oskar Hindenburg geschrieben hatte, in dem er ihn ersuchte, sofort ein Kabinett unter Hitler zu bilden. Mit Schleicher gehe es nicht weiter, er spiele alle Parteien gegeneinander aus. Ich sagte, wenn Hitler unter normalen Bedingungen Kanzler würde, so könne man die Lage noch einigermaßen ruhig betrachten. Ich stimmte ihm zu, daß, wenn Schleicher so unentschlossen fortführe, er alle wirklich konservativen Elemente ruiniere und selber in eine hoffnungslose Lage hineinkäme.«

Brüning, und mit ihm einflußreiche Kreise des Zentrums, betrachteten also eine parlamentarische Regierung Hitlers *ohne* präsidiale Vollmachten, d. h. gebunden an die Mehrheitsverhältnisse im Reichstag, als ein weit geringeres Übel als den verfassungswidrigen Aufschub von Neuwahlen, für den sich das Kabinett Schleicher am 16. Januar 1933 entschieden hatte.

Die Unternehmerschaft blieb politisch gespalten. Die Spitzenverbände, der Reichsverband der Deutschen Industrie und der Deutsche Industrie- und Handelstag, stützten bis zuletzt Schleicher. Auf dem rechten Flügel der Schwerindustrie setzten jedoch viele auf ein Arrangement zwischen Papen und Hitler und den Sturz Schleichers. Sich mit Hitler gegen Schleicher zu verständigen, war in der Tat das Ziel Papens, als er sich am 4.1.1933 im Haus des Kölner Bankiers Kurt von Schroeder mit Hitler traf und dort, wie das wenig später herausgegebene Kommuniqué mit dürren Worten andeutete, die Bildung »einer großen nationalen Einheitsfront« erörterte. Die Kölner Unterredung bildete das Startsignal für systematische Bemühungen Papens und der konservativen Kamarilla, das augenscheinlich für einen Teil der traditionellen Eliten zunehmend unerträgliche Regime Schleicher, koste es, was es wolle, loszuwerden. Papen glaubte zuversichtlich, daß es gelingen könnte, Hitler für eine Regierungsbildung zu gewinnen, bei der dieser als Reichskanzler von einer Majorität konservativer Politiker so »eingerahmt« sein würde, daß von den Nationalsozialisten nichts Ernstliches zu befürchten sei. Die schwierigste Hürde war freilich auch jetzt noch Hindenburg, der noch am 26. Januar gegenüber den Generälen von Hammerstein und von dem Bussche-Ippenburg erklärte:

»Sie werden mir doch nicht zutrauen, meine Herren, daß ich diesen österreichischen Gefreiten zum Reichskanzler mache.«

Auf der anderen Seite war der greise Reichspräsident aber auch nicht bereit, Schleichers Forderung nach Auflösung des Reichstags und Aufschub von Neuwahlen bis zum Herbst 1933 zu erfüllen. Infolgedessen trat Schleicher am 28. Januar zurück. In der Öffentlichkeit wurde jetzt über zwei Krisenlösungen diskutiert: ein antiparlamentarisches Kampfkabinett Papen–Hugenberg und ein wie immer geartetes Arrangement zwischen HITLER und PAPEN mit einem gewissen, wenn auch schwerlich ausreichenden Rückhalt im Reichstag. Die erste Lösung galt allgemein als die bei weitem reaktionärere und gefährlichere. Vor allem das Zentrum und die Bayerische Volkspartei, aber auch die Gewerkschaften aller Richtungen warnten HINDENBURG massiv vor einem Konfliktkurs, wie er mit einer neuen Kanzlerschaft PAPENS unzweifelhaft verbunden gewesen wäre. Ein Kanzler HITLER, der vielleicht doch noch eine parlamentarische Mehrheit finden konnte, erschien demgegenüber als das kleinere Übel. Zuletzt schloß sich auch HINDENBURG, gedrängt von PAPEN, seinem Sohn Oskar und seinem Staatssekretär MEISSNER, dieser Meinung an. Er gab seine Bedenken gegenüber dem »österreichischen Gefreiten« auf und ernannte HITLER am 30. Januar 1933 zum Reichskanzler.

Die Nationalsozialisten und die extreme Rechte begrüßten diesen endlich doch noch erreichten Durchbruch zur Macht als Aufbruch in eine neue Ära der deutschen Geschichte. Eine junge Hamburger Lehrerin schrieb damals in ihr Tagebuch:

»Hitler ist Reichskanzler! Und was für ein Kabinett!!! Wie wir es im Juli nicht zu erträumen wagten. Hitler, Hugenberg, Seldte, Papen!!! An jedem hängt ein großes Stück meiner deutschen Hoffnung. Nationalsozialistischer Schwung, deutschnationale Vernunft, der unpolitische Stahlhelm und der von uns unvergessene Papen. Es ist unausdenkbar schön...«

Am Abend des 30. Januar fand in der Wilhelmstraße in Berlin ein riesiger Fackelzug von SA, SS und Stahlhelmformationen statt. GOEBBELS kommentierte dieses Ereignis vom Balkon der Reichskanzlei aus im Rundfunk:

»Wir sind alle maßlos glücklich! Glücklich darüber, daß nun eine vierzehnjährige Arbeit durch Sieg und Erfolg gekrönt worden ist. Wenn ich den heutigen Tag auf den einfachsten Nenner bringen soll, dann möchte ich sagen: es ist ein Triumph der Zähigkeit. Die Zähigkeit der nationalsozialistischen Führung hat diesen Sieg errungen. Und es ist für mich nun ergreifend zu sehen, wie in dieser Stadt, in der wir vor sechs Jahren mit einer Handvoll Menschen begonnen haben – wie in dieser Stadt wirklich das ganze Volk aufsteht, wie unten die Menschen vorbeimarschieren, Arbeiter und Bürger und Bauern und Studenten und Soldaten – *eine* große Volksgemeinschaft... Das, was wir unten erleben, diese Tausende und Tausende und Zehntausende und Zehntausende von Menschen, die in einem sinnlosen Taumel von Jubel und Begeisterung der neuen Staatsführung entgegenrufen – das ist wirklich die Erfüllung unseres geheimsten Wunsches, das ist die Krönung unserer Arbeit...«

Noch war HITLER freilich nicht Alleinherrscher in Deutschland, sondern formell an die Mitwirkung konservativer Minister und der Deutschnationalen gebunden. So gab er sich in seinem ersten »Aufruf an das deutsche Volk« gemäßigt und staatsmännisch; während er das Zentrum mit Schalmeientönen umgarnte, richtete er seine Polemik ausschließlich gegen die sozialistische Linke. Dieser schrieb er, in grotesker Verzeichnung der historischen Wahrheit, die alleinige Schuld am Niedergang des Weimarer Staates zu:

»Wir Männer dieser Regierung fühlen uns vor der deutschen Geschichte verantwortlich für die Wiederherstellung eines geordneten Volkskörpers und damit für die endgültige Überwindung des Klassenwahnsinns und Klassenkampfes... Die Parteien des Marxismus und seiner Mitläufer haben vierzehn Jahre Zeit gehabt, ihr Können zu beweisen. Das Ergebnis ist ein Trümmerfeld. Nun, deutsches Volk, gib uns die Zeit von vier Jahren, und dann urteile und richte uns...«

Tatsächlich dachte HITLER keinesfalls daran, sich und seine Bewegung jemals wieder dem demokratischen Votum eines deutschen Parlaments oder einer freien, unbeeinflußbaren Volksabstimmung zu stellen. Vielmehr hatte er PAPEN und HINDENBURG in zähen Verhandlungen – darin hatte GOEBBELS nur zu recht – die Ausgangsposition für die stufenweise Ausschaltung nicht nur jeglicher demokratischer Opposition, sondern auch seiner konservativen Partner abgehandelt. Im Trubel des nationalistischen Aufbruchs der ersten Februartage achtete man im deutschnationalen Lager kaum auf diese Gefahr, traf es doch einstweilen nur die verhaßten Marxisten.

Vergebens regte der sozialdemokratische Gewerkschaftsführer THEODOR LEIPART in einem Schreiben an den Vorsitzenden der Gesellschaft für soziale Reform, VON NOSTITZ, einen öffentlichen Protest gegen die Verleumdung der historischen Rolle der Arbeiterschaft in der Antrittsrede des neuen Kanzlers an:

»Sie werden den ›Aufruf‹ der neuen Reichsregierung gestern abend im Rundfunk aus dem Munde Adolf Hitlers auch gehört haben. Mein Innerstes ist davon noch aufs Tiefste erschüttert. Mein deutsches Nationalgefühl, mein Gefühl für die Ehre und das Ansehen des deutschen Volkes ist tief verletzt. Soviel Unehrlichkeit und Ungerechtigkeit, soviel demagogische Falschheit, soviel Unlogik und Schimpferei gegen das eigene Volk aus dem Munde eines deutschen Reichskanzlers, öffentlich vor den Ohren der ganzen Welt – ich schäme mich als Deutscher vor diesem Geschehnis. Sind Sie nicht auch der Meinung, daß hiergegen Männer aus den gebildeten Schichten des Volkes aufstehen und in einem offenen Brief an den Reichspräsidenten Verwahrung einlegen müssen gegen die ungeheure parteiische Schmähung und Verunglimpfung der deutschen Arbeiterschaft und aller anderen Volkskreise, die mit so großem Opfermut und Liebe zum Volk nach dem Zusammenbruch vom Jahre 1918 die Einheit des Reiches gerettet, das Ansehen Deutschlands im Ausland wiederhergestellt, alle Wirrnisse und Kämpfe im Innern immer wieder überwunden und auf gesetzgeberischem Wege trotz allem Großes zustande gebracht haben?«

Nichts dergleichen geschah. Die bürgerlichen Parteien waren teils gelähmt, teils geblendet vom nationalistischen Taumel jener Wochen. Die Intellektuellen liefen, statt ihrer kritischen Funktionen in der Gesellschaft gerecht zu werden, in Scharen zu HITLER über. Die Arbeiterschaft aber war auf diese Situation gänzlich unvorbereitet. Sie verhielt sich zunächst einmal passiv, in der vagen Hoffnung, daß man den nationalsozialistischen Spuk ebenso überstehen werde wie seinerzeit die Verfolgungen unter dem Sozialistengesetz von 1878.

Die breiten Massen des nichtproletarischen Deutschland aber begrüßten großenteils die neuen Entwicklungen, weil sie ein Ende des innenpolitischen Kampfes und neuen wirtschaftlichen Aufschwung zu versprechen schienen. Wesentlich infolge der leichtfertigen Politik der großagrarischen und industriellen Führungseliten stellte sich für sie die Berufung HITLERS zum Reichskanzler als einziger realer Ausweg aus der Krise von Staat und Gesellschaft dar. Nur wenige machten sich damals klar, daß dies für die Deutschen und die ganze Welt einer Katastrophe gleichkam. Vielmehr ließ man sich, soweit man die Herrschaft des Nationalsozialismus nicht ohnehin herbeigesehnt hatte, von den Parolen einer nationalsozialistischen »Volksgemeinschaft« beeindrucken und neigte dazu, den Terror zu übersehen, weil dieser sich einstweilen nur gegen Kommunisten und Sozialdemokraten richtete. So gelang es den Nationalsozialisten bald, die Regierung der »nationalen Erhebung« zu einem extrem repressiven Herrschaftssystem auszubauen, das GOEBBELS' Wort vom August 1932 schließlich zur grausamen Wahrheit werden ließ:

»Haben wir die Macht, dann werden wir sie nie wieder aufgeben, es sei denn, man trägt uns als Leichen aus unseren Ämtern heraus.«

*Jürgen Kocka*
## 1945: Neubeginn oder Restauration?

*Zwischen dem Zeitpunkt der ersten Niederschrift des folgenden Artikels (1977) und dem Zeitpunkt seiner ausführlichen Überarbeitung (1993) liegt der jüngste Wendepunkt deutscher Geschichte, die Wiedervereinigung. Im Lichte solcher Wendepunkte verändern sich die Perspektiven, aus denen heraus Zeitgeschichte gedeutet wird. Darauf wird weiter unten eingegangen. Es liegt auf der Hand, daß der folgende Aufsatz aus der Perspektive eines Bürgers der alten Bundesrepublik geschrieben ist. Ein gelernter DDR-Bürger hätte ihn vermutlich anders konzipiert.*

Als sich 1990 abzuzeichnen begann, daß mit der anstehenden Wiedervereinigung Deutschlands auch die alte Bundesrepublik zu Ende gehen würde, zeigte sich, wieviel Zustimmung sie nach mehr als vierzig Jahren in den verschiedensten Bevölkerungsgruppen gefunden hatte. Der Zusammenbruch der DDR stärkte – zumindest vorübergehend – das Selbstbewußtsein der Bundesrepublik ungemein. In fast allen Teilen des politischen Spektrums herrschte nun die Überzeugung vor, daß die Geschichte der Bundesrepublik, gemessen an früheren Perioden deutscher Geschichte und im Vergleich zur scheiternden DDR, insgesamt eine Erfolgsgeschichte gewesen sei – trotz aller Schwächen, Unvollkommenheiten und Widersprüche.

Dabei geriet in Vergessenheit, daß die Bundesrepublik Deutschland während des allergrößten Teils ihrer Lebenszeit ungemein kontrovers beurteilt worden ist. Dabei meine ich nicht so sehr die Kontroverse über den Verlust und die Wiederherstellung der nationalen Einheit. Diese Debatte bewegte die fünfziger Jahre und begleitete die Entscheidung für die Westbindung der Bundesrepublik, die von KONRAD ADENAUERS Regierung durchgesetzt und lange von den nationaleren Sozialdemokraten unter KURT SCHUMACHER bekämpft worden war. Aber seit den sechziger Jahren trat diese Kontroverse rasch in den Hintergrund, und zwar so sehr, daß die Deutschen von der Möglichkeit ihrer Wiedervereinigung 1989/90 gründlich überrascht wurden. Vielmehr denke ich an die große Kontroverse über den Stellenwert der »Gründerjahre« 1945–49 im Rahmen der langfristigen Geschichte von Gesellschaft und Demokratie in Deutschland. Von der Beurteilung dieser Jahre hing sehr lange die grundsätzliche Stellung ab, die jemand gegenüber Gegenwart und Zukunft der Bundesrepublik einnahm – bis weit in die achtziger Jahre. Zwei gegensätzliche Hauptpositionen ließen sich unterscheiden.

Da war zum einen die Restaurationsthese. Sie war älter als die Bundesrepublik selbst. Schon im Herbst 1946 bedauerte der Schriftsteller HANS WERNER RICHTER in der neuen Zeitschrift »Der Ruf«, daß die mögliche und notwendige Neuordnung der gesellschaftlichen Verhältnisse in Deutschland nach dem Zusammenbruch versäumt worden sei.

»Deutschland ist ein Land der halben und niemals beendeten Revolutionen...« [Nach Kriegsende] »ist nicht etwa, wie es doch zu erwarten war, eine Revolution über dieses Land hingegangen, sondern hat lediglich eine behördlich genehmigte Restauration stattgefunden.«

Seitdem begleitete der Restaurationsvorwurf die Entwicklung der Bundesrepublik. Er wurde zu einem Kernstück so mancher Kritik an der bundesdeutschen Gesellschaft, vor allem aus einer marxistischen Perspektive. So las man in dem weit verbreiteten Taschenbuch *Determinanten der westdeutschen Restauration 1945–1949*:

»In die Zeit von 1928 bis 1949 fallen zwei entscheidende Niederlagen der deutschen Arbeiterklasse. Der Sieg des Faschismus 1933 führte große Teile ihrer Organisationen SPD und KPD in die Konzentrationslager, das Proletariat selbst auf die Schlachtbank des Zweiten Weltkriegs... Die zweite... Niederlage war mit der Proklamation der BRD als bürgerlich-parlamentarisch verfaßtem deutschen Teilstaat angezeigt: Untätig und zersplittert, nahm die Arbeiterklasse die Ratifikation der von den Westalliierten betriebenen Restauration eines spätkapitalistischen Systems hin, das dem von Weimar gar nicht so unähnlich war.«

In der Konsequenz dieses Arguments lag dann häufig die Behauptung, daß die wirtschaftliche und gesellschaftliche Konstellation, die den Nationalsozialismus hervorgebracht habe, in der Bundesrepublik im Grundsatz weiterbestehe. Faschismusanalyse, Beurteilung der »Gründerjahre« und Gegenwartsverständnis verschränkten sich.

Dasselbe galt für die wichtigste Gegenposition, jedoch mit anderem Inhalt und anderem Ergebnis. Sie wurde am klarsten um 1960 von dem liberalen Soziologen RALF DAHRENDORF formuliert. Er meinte, daß Hitler-Diktatur, Krieg und Zusammenbruch wie eine teils gewollte, teils ungewollte Revolution gewirkt hätten. Feudale, obrigkeitsstaatliche und illiberale Traditionen in Gesellschaft, Staat und Kultur seien durch jene »Revolution« vernichtet oder doch sehr geschwächt worden. Damit seien gerade jene gesellschaftlichen Bedingungen, die den Faschismus in Deutschland im Unterschied zu anderen kapitalistisch-bürgerlichen Systemen ermöglicht hatten, durch Sieg und Niederlage eben dieses Faschismus zerstört worden. Der sozialdemokratische Theoretiker RICHARD LÖWENTHAL schloß sich im Grundsatz an und schrieb in seinem Rückblick nach 25 Jahren Bundesrepublik:

»In Wirklichkeit waren Staat und Gesellschaft der Bundesrepublik etwas völlig Neues nicht nur gegenüber der untergegangenen Hitlerdiktatur, sondern auch gegenüber der Weimarer Republik und dem Kaiserreich... Zum ersten Mal entstand auf deutschem Boden, auf dem Hintergrund einer liberalen Staats- und Wirtschaftsordnung, eine im westlichen Sinne bürgerliche Lebensform, gleich weit entfernt vom hierarchischen Untertanengeist der Wilhelminischen Ära und von der formlosen Gärung der Weimarer Zeit.«

Was spricht für die Restaurations-, was für die Neubeginn-These? Welche Kontinuität verbindet die Nachkriegszeit mit den Jahren und Jahrzehnten davor? Welche Brüche und Diskontinuitäten traten auf und wodurch? Hielt die Zeit radikalere Wandlungen als Möglichkeiten bereit, die nur nicht wahrgenommen wurden? Welche Chancen wurden verpaßt, welche Gefahren vermieden? Was war bedeutsamer: Kontinuität oder Diskontinuität, Restauration oder Neubeginn?

»Ich war entschlossen, keine halben Dinge zu machen, sondern ich war entschlossen, diesmal alles auf eine Karte zu setzen. – Nicht um ein System handelt es sich, sondern es handelt sich darum, ob diese 85 Millionen Menschen in ihrer nationalen Geschlossenheit ihren Lebensanspruch durchsetzen können oder nicht. Wenn ja, dann gehört diesem Volk die Zukunft Europas. Wenn nein, dann wird dieses Volk vergehen, dann wird es zurücksinken, und es wird nicht mehr lohnend sein, in diesem Volk dann zu leben!«

Was HITLER in dieser Sportpalast-Rede am 16. Dezember 1940 als zweite ungeheuerliche Möglichkeit ankündigte, schien im Mai 1945 Wirklichkeit zu werden. Bedingungslose Übergabe setzten die Alliierten durch, nicht nur in militärischer, sondern auch in staatlich-politischer Hinsicht. Der totale Krieg zog die totale Niederlage nach sich. Die Besiegten hatten die Souveränität über Territorium und Bevölkerung an die Sieger abzugeben. Das war ein historisches und völkerrechtliches Novum. »Tabula rasa« sollte gemacht werden. Ausrottung des Nazismus, Entschädigung der Sieger, langfristige Kontrolle und Vorbereitung einer demokratischen Neuordnung – das waren die alliierten Ziele. Mit dem Verlust seiner Handlungsfähigkeit war das 1871 gegründete Deutsche Reich, historisch-politisch gesehen, am Ende, was immer spätere völker- und staatsrechtliche Konstruktionen auch behaupten würden. Was an Behörden auf lokaler Ebene weiterarbeitete, tat dies im Auftrag und unter den Anordnungen der Besatzungsmacht.

Die zeitgenössische Formel von der »Stunde Null« meinte aber mehr als das staatliche und militärische Ende. Sie signalisierte nämlich auch das Ende oder doch die tiefe Infragestellung einer Vielzahl von sozialen Beziehungen, Verhaltensweisen, Einstellungen und Werten. Viele der Überlebenden hatten Gewalt und massenhaften Tod kennengelernt, an der Front, in den Konzentrationslagern, im Bombenkrieg der Städte, bei den Vertreibungen. Dies bedeutete viel für Mitglieder einer Zivilisation, die den Tod in der Regel ganz an den Rand ihres Erfahrungsbereichs abgedrängt hatte. 1946 standen für 14 Millionen Haushaltungen nur acht Millionen Wohnungen zur Verfügung, von diesen viele beschädigt. In den Großstädten war mehr als die Hälfte des Wohnraumbestandes zerstört. Obdachlosigkeit wurde zum Massenphänomen. 1946 zählte man in den vier Besatzungszonen fast zehn Millionen Vertriebene; jeder achte Einwohner der Westzonen hatte dieses Schicksal hinter sich. Vertreibung und Flucht warfen viele aus ihrer Bahn, führten zu sozialem Abstieg, manchmal aber auch zum Aufstieg in einem Ausmaß, das ansonsten unwahrscheinlich gewesen wäre. Zwei Millionen waren in Gefangenschaft, 1,6 Millionen vermißt. Im Oktober 1946 lagen beim Roten Kreuz und bei ähnlichen Stellen fast zehn Millionen Suchanträge.

Individuen wurden aus sozialen Bezügen gelöst, aus Betrieben, Gemeinden, Vereinen, Verwandtschaften; am ehesten hielt die Familie, obwohl auch sie oft zerriß. Die Sozialbeziehungen wurden kleinräumiger, Naturaltausch ersetzte zum Teil die Geldwirtschaft, Informationen waren knapp; man plante nur noch über kurze Zeiträume voraus. Man lebte in einer Art Ausnahmesituation.

Die Not war groß, besonders in den Städten. In Köln besaßen Ende 1945 nur 12 % der Kinder das altersmäßige Normalgewicht. Das Durchschnittsgewicht von männlichen Erwachsenen lag Mitte 1946 in der amerikanischen Zone bei ca. 51 Kilo. In Hamburg litten Ende 1946 über 100 000 Personen an Hungerödemen. Von dort berichtete der Schriftsteller HANS-ERICH NOSSACK Ende 1945:

»Vor allem ist da aber die Kälte, die Gedanken verwirren sich darüber... Die meisten Menschen laufen mit geschwollenen Fingern und offenen Wunden umher, und es lähmt alle Tätigkeit... Von 8 bis 3 Uhr halte ich im Geschäft aus, – erst ab 3 Uhr gehn die Verkehrsmittel wieder, – bin dann aber auch so erfroren, zumal ich nur zwei Scheiben trockenes Brot mitnehmen kann. Und dann beginnt ein harter Kampf um die U-Bahn. Inzwischen hat meine Frau morgens Stunden gegeben, eilt mittags eine Stunde weit, um das Essen aus der Volksküche zu holen, worauf wir mangels Gas, Elektrizität und Kochgelegenheit angewiesen sind, obwohl die meisten Lebensmittelmarken dabei drauf gehn... Zwischen 5 und 6 Uhr versuche ich zu schlafen, um einen Vorhang vor den bisherigen Tag zu ziehen und die fehlenden Kalorien gleichzeitig zu ersetzen. Später nehmen wir noch etwas Teeartiges und einen kleinen Imbiß zu uns, und sitzen dann, wenn nicht gerade Besuch verabredet ist, arbeitend bei einer 15 Watt-Kerze gegenüber. Um 10 Uhr heult die Sirene dreimal, um 10¼ zweimal und 10½ einmal; dann ist, wie es hier heißt ›curfew‹, also Ausgehverbot. Ich selber sitze meist in Dekken gehüllt noch bis 1 Uhr auf, um dann erfroren ins Bett zu kriechen.«

Die Entstehung öffentlicher Tugenden wurde durch diese Erfahrungen kaum gefördert. Man war froh, im Alltag und im kleinsten Kreis durchzukommen. Der Zusammenbruch war, ähnlich wie die Machtergreifung zwölf Jahre zuvor, keine gute Gelegenheit, sein politisch-moralisches Rückgrat zu beweisen, Identität zu stärken und Grundsätze zu verteidigen. Die einziehenden Alliierten wie auch die Deutschen, die jetzt aus den Gefängnissen, den Lagern oder aus der Emigration zurückkehrten, vermerkten verwundert oder auch bitter, wie eifrig alle beteuerten, eigentlich von nichts gewußt zu haben. »Wenn man sie so reden hört, muß man glauben, daß der einzige Nazi in Deutschland Adolf Hitler gewesen sei«, meinte der langjährige KZ-Häftling Kurt Schumacher im Sommer 1945.

Sicher war das System durch seinen so sichtbaren Mißerfolg, seine jetzt voll bekannt werdenden Verbrechen und die erbärmlichen Reaktionen seiner Führer zutiefst diskreditiert, und die Abwendung vieler geschah aus Überzeugung. Schließlich hatte der Spuk ja auch nicht 1000, sondern nur zwölf Jahre gewährt; auch damit hing es zusammen, daß entgegen den Erwartungen der Sieger keine nazistische »résistance«, keine braune Guerilla entstand. Doch viele wandten sich vom Nationalsozialismus nur aus Opportunismus ab, oder dem Zwang der Verhältnisse folgend. Viele tarnten sich und verleugneten ihre Vergangenheit, reagierten mit Zynismus, mit Verachtung gegen sich selbst und die andern. Würdelose Anbiederung an die neuen Machthaber war nicht selten. Andere erkannten wie der Historiker Friedrich Meinecke:

> »Es ist demütigend genug für uns, daß es erst eines verlorenen Krieges bedurfte, um den Bann der Partei zu brechen.«

Sicher verspürten auch viele die Erleichterung, noch einmal davongekommen, vom Krieg und vom gefährlichen Druck der Diktatur befreit zu sein; es gab neue Erfahrungen der Solidarität und Gemeinsamkeit über traditionelle Barrieren hinweg; viele Regeln, Konventionen und zivilisatorische Zwänge waren von der Not außer Kraft gesetzt – das hatte auch seine Reize. Doch wichtiger war, was Kurt Schumacher im Sommer 1945 so formulierte:

»Größer noch als das Trümmerfeld der Wirtschaft, als das Elend und die Trauer um die sinnlos Gestorbenen, ist das geistige und moralische Trümmerfeld, das die Nazis hinterlassen haben.«
Vor materiellen und geistigen Trümmern meinten viele, an einem Nullpunkt zu stehen, den Zwängen der Geschichte entgehen zu können und mehr als normale Gestaltungsfreiheit zu haben. Die bereits erwähnte, von jungen Intellektuellen publizierte Zeitschrift »Der Ruf« drückte diese Aufbruchsstimmung noch am 1. Oktober 1946 so aus:

»Die Staatsschiffe der Gegenwart gleichen den Kauffahrteifahrern des 16. Jahrhunderts. Sie sind mit dem ganzen Ballast der Vergangenheit belastet. Sie navigieren nur schwerfällig, und jede Kursänderung bereitet unendliche Schwierigkeiten. In Deutschland ist das alles zerschlagen. Es hat weder einen Staat noch eine Wirtschaftsordnung. Die junge Generation kann ganz von vorn... beginnen... Sie braucht nicht umzubauen... Sie kann neu bauen.«

Dies war ein Irrtum, eine Illusion. Denn von der Vergangenheit überlebte mehr in den Wirren der Gegenwart, um die Zukunft zu prägen, als es in den Trümmern zunächst schien. Das galt vor allem für die Wirtschaftskraft und die Wirtschaftsordnung in den westlichen Besatzungszonen. Zwar lagen die größeren Städte in Trümmern. Auch das Verkehrssystem war zerbombt worden. Aber der Zerstörungsgrad der wichtigsten Industrien lag nur zwischen 10 und 20%; das war ungefähr soviel, wie im Krieg an Anlagen hinzugekommen war. Die Demontagen wirkten sich zwar voll auf die Ostzone aus; die im Krieg besonders stark zerstörte Sowjetunion entnahm hier bis 1954 Anlagen und laufende Produktion in Höhe von 60 Milliarden Mark. Der Gesamtwert der im Westen demontierten Anlagen hat aber nur vier Milliarden Mark erreicht – die bald nachlassenden Zwangsexporte (vor allem an Rohstoffen) nicht gerechnet. Zwar hatten sich die Sieger auch und gerade für die Westzonen auf eine radikale Reduktion der deutschen Industriekapazität geeinigt. Man setzte Obergrenzen fest: Noch 1946 wurde eine Begrenzung auf nur 50–55% des Vorkriegsstandes dekretiert. Das wirkte bedrohlich. Doch zunächst wurden diese Obergrenzen von der gelähmten Wirtschaftsproduktion ohnehin nicht erreicht. Bevor sie hinderlich wurden, revidierte man sie im Zuge der sich schon Ende 1945 ankündigenden und bis 1947 voll durchgesetzten, von Amerika initiierten neuen Politik, die auf schnellen Wirtschaftsaufbau im Westen Deutschlands und Europas abzielte.

Eine hochqualifizierte Arbeiterschaft stand ja ohnehin bereit, die sich durch den Flüchtlingsstrom weiter vermehrte. Nachdem die Lähmung der unmittelbaren Nachkriegszeit überwunden war, bedurfte es nur kräftiger Kapitalzufuhr, um den Nachteil der begrenzten Zerstörung zu einem das Wachstum antreibenden Vorteil werden zu lassen – zumal gleichzeitig politische Wandlungen die Außenhandelsbeziehungen mit dem Westen normalisierten. Amerikanische Kredite, zum Teil im Rahmen des Marshallplans von 1947, die kapitalfreundliche Währungsreform vom Juni 1948, die nur bescheidenen Forderungen der Arbeiter, die Schlimmeres gewohnt waren, und die staatlich geförderte unternehmerische Dynamik eines politisch wieder einmal enttäuschten Bürgertums – all das kam schließlich zusammen, um jenen Kapitalbedarf zu befriedigen. Das Wirtschaftswachstum, das schon vor der Währungsreform begann und den verschiedenen sozialen Gruppen sehr ungleich zugute kam, erschien den allermeisten so sehr als freudige Überraschung, daß sie vor der Bezeichnung »Wirtschaftswunder« nicht zurückschreckten, obwohl die Ökonomen – jedenfalls im nachhinein – nichts Wunderliches daran finden können.

Gegen das Wachstum der Wirtschaft an sich erhob sich natürlich keine Opposition. Umstritten war die Organisationsform: die kapitalistische Unternehmerwirtschaft. Deren Grundprinzipien – private, aus dem Eigentum folgende Verfügungsmacht über Kapital, dezentralisierte Entscheidungen mit Profitorientierung, Marktbeziehungen und Lohnarbeit – hatten die deutsche Industrialisierung seit dem 19. Jahrhundert geprägt. Sowohl in Weimar-Deutschland wie auch im »Dritten Reich« hatte das kapitalistische System Bestand gehabt, obgleich seit 1936 und vor allem in der zweiten Phase des Kriegs sehr weitgehende Staatseingriffe die Dispositionsfreiheit der Unternehmer eingeengt hatten. Aber die Grundelemente der kapitalistischen Ord-

nung überlebten auch den Zusammenbruch und prägen das Wirtschaftssystem der Bundesrepublik Deutschland bis heute.
Kurz nach dem Zusammenbruch hätte kaum jemand eine Wette auf den Fortbestand des kapitalistischen Wirtschaftssystems abgeschlossen. Antikapitalistische Bestrebungen und Stimmungen waren weit verbreitet, wenn auch vage und wenig entschieden. Intellektuelle und Politiker plädierten für irgendeine Form des Sozialismus oder der Gemeinwirtschaft, von den Kommunisten über die SPD und den starken linken Flügel der entstehenden CDU bis zu den christlichen und humanistischen Intellektuellen, die Zeitschriften wie »Der Ruf«, »Die Wandlung« oder »Frankfurter Hefte« herausgaben. Die Zielsetzungen variierten im einzelnen. Vielen schwebte – wenn auch meist nur sehr vage – vor, in einem wieder erstehenden deutschen Nationalstaat Demokratie und Sozialismus zu verschmelzen und damit einen Brückenschlag zwischen Ost und West zu bewerkstelligen. Mit Ausnahme der Kommunisten gingen die Befürworter von Sozialismus, Sozialisierung und Gemeinwirtschaft davon aus, daß Reformen in dieser Richtung die zu schaffende freiheitlich-demokratische Verfassungsordnung nicht in Frage stellen, sondern erst wirklich ausfüllen würden.
Der kleinste gemeinsame Nenner all dieser Gruppen war die sofortige Sozialisierung der Grundstoffindustrien. In der Regierungserklärung des ersten nordrhein-westfälischen Ministerpräsidenten KARL ARNOLD hieß es noch am 17. Juni 1947:

> »Das deutsche Volk und insbesondere die Menschen an Rhein und Ruhr sind entschlossen, eine öffentliche Ordnung aufzubauen, die der Wohlfahrt des Volkes und dem Frieden dient. Das gilt insbesondere für die Neuordnung unserer Wirtschaft. Das kapitalistische Wirtschaftssystem hat sich an seinen eigenen Gesetzen totgelaufen. Der natürliche Zweck der Wirtschaft, nämlich die Bedarfsdeckung des Volkes, wurde in sein Gegenteil verkehrt... Die bisherigen einseitigen Machtgebilde in der Großwirtschaft werden beseitigt und Neubildungen in der Zukunft werden dadurch verhindert, daß die deutsche Grundstoffindustrie (Kohlenwirtschaft, die stahl- und eisenerzeugende Industrie, sowie die den Markt monopolistisch beherrschende Groß-

chemie) in Gemeinwirtschaft überführt wird. Eine Beteiligung des privaten Großkapitals in den vorgenannten Betriebs- und Industriezweigen wird ausgeschlossen. Soweit im Zuge der Überführung der vorgenannten Industriezweige in Gemeinwirtschaft und im Interesse des Allgemeinwohles Enteignungen erforderlich werden, erfolgt eine Entschädigung nach Maßgabe der künftigen Gesetzgebung und nach den Grundsätzen der Gerechtigkeit. Kriegs- und Naziverbrecher werden entschädigungslos enteignet.«

ARNOLD gehörte der CDU an und sprach für eine Allparteienregierung.

Neben alten, in Deutschland immer lebendigen und in den Jahren von 1933 bis 1945 keineswegs geschwächten antikapitalistischen Traditionen in den verschiedensten politischen Lagern stand hinter den vielfältigen und verbreiteten Sozialisierungswünschen vor allem zweierlei: Zum einen glaubten viele, daß der Kapitalismus eine entscheidende wirtschaftliche Verbesserung für die Bevölkerung nicht zuwege bringen würde und daß man sich schon deshalb in diesem zerrütteten und verarmten Land keine private Unternehmerschaft mehr leisten könne. Dieses mächtige antikapitalistische Motiv wurde schnell schwächer, als der Kapitalismus nach der Währungsreform 1948 zu zeigen begann, was er immer noch konnte, wenn es darum ging, Fleischtöpfe zu füllen. Zum anderen gab es grundsätzlichere Argumente für die Sozialisierung. Zitieren wir noch einmal KURT SCHUMACHER, den ersten Vorsitzenden der SPD nach dem Kriege. Im Sommer 1945 sagte er:

»Das Monopolkapital hat Hitler zur Macht verholfen, und in seinem Auftrag hat er den großen Raubkrieg gegen Europa vorbereitet und geführt. Solange es in Deutschland möglich ist, daß sich große Vermögen in der Hand verantwortungsloser Privater sammeln können, ist die Demokratie nicht gesichert. Die ungeheure Wirtschaftskraft der Konzerne muß in die Hand der Allgemeinheit gelegt werden, sonst wirkt sie sich als politische Macht gegen den neuen Staat aus.«

Daß HITLER seine Raubkriege im Auftrag der großen Kapitalisten führte, wie SCHUMACHER hier sagt, hat die historische Forschung nicht bestätigt. Daß der Faschismus und seine Erfolge in Deutschland mannigfaltige Ursachen hatten, wußte auch SCHUMACHER. Doch daß die tiefe Krise des privatkapitalistischen Systems und die antidemokratische, antiparlamentarische und antisozialistische Politik der meisten Unternehmer großen Anteil am Sieg des Nationalsozialismus hatten, das ist nicht zu bezweifeln. Unbestreitbar ist auch, daß die großen Unternehmer unter der nationalsozialistischen Herrschaft weniger Einbußen an Einfluß und Lebenschancen erlitten als andere Klassen, etwa die Lohnarbeiterschaft. Bei vielen Menschen bestand ein Gespür für diese Zusammenhänge. Die »Antifaschistischen Ausschüsse« und Betriebskomitees – räteartige Spontangruppen im kurzen Machtvakuum des unmittelbaren Zusammenbruchs – dachten kaum an die Wiedererrichtung der diskreditierten Unternehmerwirtschaft. Ende 1946 stimmten in Hessen 72% der Wähler für einen Verfassungsartikel, der die sofortige Sozialisierung der Grundstoffindustrien, Banken und Versicherungen, der Energiewirtschaft und des Versicherungsgewerbes vorsah. Das waren sehr viel mehr Stimmen, als SPD und KPD zusammen bei Wahlen in Hessen und anderswo erhielten.

1946–1948 waren also Mehrheiten für die Teilsozialisierung der deutschen Wirtschaft vorhanden. Zweifellos wäre dies auch mit den liberal-demokratischen Grundsätzen des 1948/49 entstehenden Grundgesetzes vereinbar gewesen. Ob dann ein ähnlich erfolgreiches Wirtschaftswachstum stattgefunden hätte, mag zumindest bezweifelt werden. Was im Gefolge der Verstaatlichung wichtiger Teile der westdeutschen Wirtschaft anders gelaufen wäre, kann niemand sagen.

Die Sozialisierungsversuche scheiterten vor allem an der amerikanischen Besatzungsmacht. Sie untersagte entsprechende Schritte, weil sie jenen von SCHUMACHER und anderen betonten Zusammenhang zwischen Kapitalismus und Demokratiegefährdung aufgrund von Erfahrungen im eigenen Land nicht sah; weil sie bald alles zu vermeiden versuchte, was die Effizienz der deutschen Wirtschaft beeinträchtigen und damit dem amerikanischen Steuerzahler neue Lasten aufbürden würde – und eine Beschneidung privatwirtschaftlicher Initiativen, so fürchtete man, würde genau diese Auswirkungen haben;

selbst Unternehmer mit prononcierter NS-Vergangenheit profitierten von dieser Befürchtung der Besatzungsmacht und ihrer insofern besonders inkonsequenten Entnazifizierungspolitik. Sozial und ideologisch bestanden viele Übereinstimmungen zwischen einflußreichen Teilen der amerikanischen Militärregierung und der deutschen Geschäftswelt, und diese nutzte das aus. Auch alliiertes Mißtrauen, ökonomische Macht in den Händen des eben noch bekämpften deutschen Staats zusammengeballt zu sehen, spielte eine Rolle.

Vor allem jedoch paßten Verwaltungswirtschaften – und die Teilsozialisierung erschien als Schritt auf diesem Weg – schlecht in die amerikanische Politik, je mehr sich diese in Konfrontation mit der Sowjetunion darauf einstellte, ein weltweites System möglichst liberalkapitalistischer Wirtschaftsbeziehungen und möglichst liberaldemokratischer Verfassungsverhältnisse abzustützen, um so den eigenen Interessen am besten zu entsprechen und eine weitere Ausdehnung des sowjetischen Einflusses zu verhindern. Aufgrund überragender ökonomischer Macht setzten die USA diese Politik allmählich bei den anderen westlichen Besatzungsmächten durch. Der amerikanische Militärgouverneur LUCIUS D. CLAY, der Sozialisierungsgesetze ebenso wie einige ihm zu weitgehende Mitbestimmungsregelungen mit formalen Einwänden verhinderte oder, besser, hinausschob, machte seine Taktik ganz klar:

»Die Zeit ist auf unserer Seite... Wenn wir daher die Angelegenheit hinauszögern können, während die freie Unternehmerwirtschaft fortfährt zu arbeiten und wirtschaftliche Verbesserungen sich einstellen, dann wird sich die Frage dem deutschen Volk vielleicht gar nicht mehr stellen.«

Er sollte recht behalten. Doch ebenso entscheidend für das Scheitern der Sozialisierungspolitik war, daß man deutscherseits nicht wirklich darauf bestand. Als die Amerikaner den Parlamentarischen Rat, der vom September 1948 bis zum Mai 1949 in Bonn das Grundgesetz ausarbeitete, zu einem stärker dezentralisierten und föderalistischen Verfassungssystem drängten, als dieser für richtig hielt, zeigte sich, daß sich entschlossene deutsche Mehrheiten gegen amerikanische Ansinnen *ein Stück weit* auch in wichtigen Punkten durchsetzen konnten. Amerikanische Interessenpolitik in Deutschland setzte nämlich langfristig die prinzipielle Zustimmung seitens deutscher Mehrheiten voraus, wenn sie erfolgreich sein wollte; dadurch unterschied sie sich sehr von der sowjetischen Deutschland-Politik. Deshalb ist es wahrscheinlich, daß einschneidende Wirtschaftsreformen – wenn auch sicher nicht ein ausgewachsenes sozialistisches System – auch gegen eine widerstrebende amerikanische Besatzungsmacht hätten durchgesetzt werden können, ohne eine prinzipielle Änderung der amerikanischen Politik auszulösen. Voraussetzung wäre gewesen, daß Mehrheiten auf deutscher Seite leidenschaftlich und lange genug darauf bestanden hätten. Zweifellos hätten die USA auch dann mit der Bundesrepublik ihren Handel treiben und in ihr auch dann ein Bollwerk ihres antisowjetischen Bündnissystems finden können, wenn dieser Staat einige sozialisierte Wirtschaftssektoren mehr gehabt hätte. Nur linke und rechte Dogmatiker sehen liberaldemokratische Institutionen und kapitalistische Wirtschaftsverhältnisse in so enger Verknüpfung, daß die einen nur zusammen mit den andern zu verteidigen, zu reformieren oder – zu beseitigen sind. In Wahrheit bestanden und bestehen Chancen zu verschiedenen Kombinationen.

Doch die Forderung nach einer deutlichen Modifikation des Kapitalismus wurde eben auch von deutscher Seite nur halbherzig betrieben. Für die meisten hatte das keine große Priorität. Überleben war wichtiger, Not bedeutete nicht Radikalisierung, und von Politik hatte man ohnehin genug. Soweit die noch nicht wieder organisierten Unternehmerinteressen vor allem in der CDU zum Zuge kamen, wirkten sie natürlich gegen solche grundlegenden Veränderungen. Und viele bezweifelten, daß primär das kapitalistische Wirtschaftssystem den Faschismus hervorgebracht habe; dessen Ursachen sahen sie eher in besonderen Gegebenheiten der deutschen Geschichte, zum Beispiel, wie KONRAD ADENAUER, in der Tradition der preußisch-deutschen Staatsvergötzung und des Militarismus. In der Tat hatten ja kapitalistische Wirtschaftsverhältnisse in den westlichen Demokratien nicht zum Faschismus geführt. In der damaligen Situation konnte aus solchen Überlegungen die Konsequenz gezogen werden, daß die Sozialisierung vielleicht doch nicht jene zentrale Vorbedingung einer freiheitlich-demokratischen Entwicklung sein würde, als die sie so häufig hingestellt wurde. Umgekehrt war die Erfahrung mit der stalinistischen Sowjetunion und ihrer Besatzungspolitik in der Sowjetischen Besatzungszone (SBZ) hautnah genug, um den Zeitgenossen ganz klarzumachen, daß die Verstaatlichung der Produktionsmittel *an sich* keineswegs demokratisierende Folgen haben muß, sondern Freiheit bedrohen und Wohlstand erschweren kann.

All das erklärt mit, warum es einerseits in West-Deutschland nach 1945 zu einer grundsätzlichen Änderung der Wirtschaftsstruktur nicht gekommen ist und warum andererseits diese kapitalistische Kontinuität *so* wichtig auch wieder nicht ist, wenn man nach den Chancen der Demokratie in Deutschland fragt.

Was die Situation an Sozialisierungschancen dennoch bereitgehalten haben mag, ging zum einen verloren durch das relativ schwache Abschneiden der SPD in den Wahlen 1946/47. Starke antimarxistische Ressentiments wirkten sich dabei aus, die im »Dritten Reich« verstärkt worden waren und jetzt von der neuen bürgerlichen Sammelpartei, der CDU, geschickt ausgenützt wurden. Zum andern begab sich die SPD durch ihre Entscheidung, im Wirtschaftrat der Bizone (Zusammenschluß der amerikanischen und der englischen Besatzungszone) Mitte 1947 in die Opposition zu gehen, aller weiterbestehenden Chancen zur wirtschaftspolitischen Einflußnahme. In diesem Gremium wurde unter Leitung des Wirtschafts-Direktors LUDWIG ERHARD und mit Unterstützung der Amerikaner 1947/48 eine gemäßigt-neoliberale marktwirtschaftliche Politik vorbereitet und eingeleitet, die, weil erfolgreich, die wirtschafts- und ordnungspolitischen Weichen schon gestellt hatte, als der erste Deutsche Bundestag im September 1949 zusammentrat.

Lediglich die britische Enteignungs- und Entflechtungspolitik in der Ruhr-Montan-Industrie hatte zu tiefergreifenden Strukturreformen geführt: Gewerkschaftliche Mitbestimmung entwickelte sich dort ab 1947 in den »entflochtenen«, d. h. aus ihren früheren Konzernbindungen gelösten, Unternehmen. Sie wurde 1950/51 bei der Reprivatisierung dieser Unternehmen von den Gewerkschaften erfolgreich verteidigt, und dieser gewerkschaftliche Erfolg dürfte eine wichtige Voraussetzung dafür gewesen sein, daß ein Vierteljahrhundert später ähnliche Mitbestimmungsregelungen für alle Großunternehmen durchgesetzt werden konnten. Mindestens so wichtig wie die *kapitalistische* Kontinuität war die *bürokratische*. In Deutschland ging die Ausbildung öffentlicher Bürokratien der Industrialisierung, der Parlamentarisierung und der Demokratisierung voraus. Darin unterscheidet sich die deutsche Geschichte fundamental von Ländern wie England und den USA. Revolutionen waren in Deutschland nicht zuletzt deshalb so schwach und erfolglos, weil bürokratische Reformen »von oben« einen Teil ihrer Ziele immer schon erfüllt hatten, wenn auch in obrigkeitsstaatlicher Weise. Die Tradition des deutschen Berufsbeamtentums hat – jedenfalls westlich der Elbe – alle großen Einschnitte der neueren deutschen Geschichte relativ unerschüttert überstanden; und seit 1990 wird sie – mit einigem Zögern – auch in den neuen Bundesländern wiederhergestellt. In ihrer rechtlichen Grundstruktur, in ihren Verfahrensweisen und – nach kurzer Unterbrechung – auch in ihrer Zusammensetzung überstand die deutsche Bürokratie in Westdeutschland auch den Einschnitt von 1945, obwohl auch hier starke Kräfte auf eine radikale Reform drängten.

Die amerikanischen und britischen Besatzer kamen aus Ländern ohne festgefügtes Berufsbeamtentum. Besonders die Amerikaner tendierten dazu, die obrigkeitsstaatlich-bürokratische Tradition Deutschlands für dessen illiberalen und undemokratischen Weg verantwortlich zu machen. Ein Zeitgenosse berichtet:

»Den deutschen Beamten wurden u. a. Kommandopraxis und Kastengeist, blinder Gehorsam und unbesehene Gleichsetzung von Gesetz und Recht, fehlende Gleichberechtigung der Geschlechter im öffentlichen Dienst und mangelnde Trennung von Beamten- und Abgeordnetenstellen zum Vorwurf gemacht.«

Etwas Unterstützung fanden die Alliierten mit ihrer Bürokratiekritik bei der deutschen Linken. Sie kehrte hervor, daß die Beamten trotz ihres Anspruchs auf Überparteilichkeit letztlich die Sache des Bürgertums, des Konservatismus oder der Reaktion betrieben, schon aufgrund ihrer sozialen Herkunft und ihrer Privilegien.

Die Entnazifizierung traf insbesondere das mittlere und höhere Beamtentum zunächst hart. So wurden z. B. in Hessen von den Personen, die im Mai 1945 im Dienst des Landes standen, aus politischen

Gründen bis zum 1. Mai 1946 75% der Beamten, 34% der Angestellten und 15% der Arbeiter entlassen. Doch spätestens 1947 kehrte sich der Trend um. Die wieder steigenden Anforderungen der Verwaltung, der Mangel an unbelasteten qualifizierten Beamten, die innere Unsicherheit der Entnazifizierungspolitik, die zunehmende Entscheidungsmacht der deutschen Stellen und die auf raschen Wiederaufbau gerichtete Besatzungspolitik führten zur Wiedereinstellung der meisten entlassenen Laufbahnbeamten. Diese personelle Restauration wurde auf der Grundlage des Artikels 131 des Grundgesetzes in den frühen fünfziger Jahren gründlich fortgesetzt. Anders in der SBZ: Dort war man bereit, lieber administrative Ineffizienz auf einige Jahre in Kauf zu nehmen, als ehemalige Nazis und Mitläufer wieder einzustellen.

Ähnlich erfolglos blieben alliierte Versuche, das Recht des Berufsbeamtentums zu reformieren. Die Engländer und Amerikaner wollten die rechtlichen Unterschiede zwischen Beamten und Angestellten des öffentlichen Dienstes aufheben, die Anstellungs- und Beförderungspraxis entbürokratisieren und das Recht der Beamten zur politischen Betätigung einschränken. Die Bürokratie war stark und unersetzbar genug, um diesen Angriff auf ihre »wohlerworbenen Rechte« abzuwehren. Die damals verpaßte Reform des öffentlichen Dienstes konnte später erst recht nicht nachgeholt werden.

Der Schul- und Hochschulbereich machte den doppelten Restaurationsprozeß voll mit: Institutionell wurde vorwiegend auf die Weimarer Situation zurückgegriffen, personell wurde auf eine klare Absetzung von der nationalsozialistischen Zeit nach kurzem verzichtet.

Sicher hatten Prestige und Selbstbewußtsein des Beamtentums im »Dritten Reich« gelitten; manche obrigkeitsstaatliche Fixierung mag in diesen Jahren geschwächt worden sein; der Korpsgeist des Beamtentums wurde gelockert; dem Durchbruch des demokratischen Parlamentarismus nach 1945 hat die Bürokratie keine Steine in den Weg gelegt; vor allem nach 1960 hat sie sich in Geist, Zusammensetzung und Funktion stark geändert und diesen Veränderungen keinen vehementen inneren Widerstand entgegengestellt.

Dennoch bedeutete diese bemerkenswerte Kontinuität des Beamtenapparats über den Einbruch von 1945 hinweg eine deutliche Anbindung der neuen Bundesrepublik an die Jahrzehnte davor, ganz im Unterschied zur DDR. Sozialkonservativer Geist und Stil drangen von hier aus in die Politik, Gesellschaft und Kultur der jungen Republik ein; vordemokratische Autoritätsmuster und illiberale Traditionen wurden auf diese Weise weitergereicht, allerdings auch Kompetenz und Leistungsfähigkeit der Verwaltung, die für das neue, labile Staatswesen unbezahlbar waren. All dies prägte den Stil und den Inhalt der jungen Republik sehr stark mit, denn es gibt gerade in Deutschland wenig Lebensbereiche, die von staatlich-bürokratischen Eingriffen und Beeinflussungen ganz frei sind.

Zweifellos bedeutete dieser Verzicht auf klare Grenzziehungen gegenüber der nationalsozialistischen Vergangenheit eine böse Belastung und schwere Bürde für das Selbstverständnis, die politische Moral, die Autorität und die Glaubwürdigkeit dieses neuen Staates – für viele Jahrzehnte. Auf der anderen Seite ersparte sich die Bundesrepublik so die Entstehung eines belastenden Protestpotentials von degradierten Bürgern zweiter Klasse, mit denen sie als liberaler Rechtsstaat sehr viel weniger leicht fertig geworden wäre als die DDR, die ihre Grenzen nach Westen zudem erst dann abriegelte, als die meisten ihrer ausgebooteten NS-Funktionäre mit dem großen Flüchtlingsstrom in die auch in dieser Hinsicht großzügigere Bundesrepublik ausgewichen waren.

Daß der westdeutsche Verzicht auf eine gründlichere »Bewältigung der Vergangenheit« nicht schädlichere Auswirkungen hatte, lag vor allem daran, daß der Bundesrepublik in anderer Hinsicht wichtige Neuansätze glückten – zum Teil allerdings ohne ihr Zutun –, die den Einschnitt nach 1945 schließlich doch tiefer erscheinen lassen als den von 1918 oder den von 1848 – trotz der bisher besprochenen Kontinuitäten.

1. Was die herrschenden Klassen in Deutschland von den herrschenden Klassen einer voll entwickelten bürgerlichen Gesellschaft vor allem unterschied, war bis 1933 die großteils adlige bevorrechtigte Großgrundbesitzerklasse (»Junker«) Ostelbiens gewesen, die der Demokratisierung von Gesellschaft und Staat seit dem 19. Jahrhundert vehementen Widerstand entgegensetzte und einen großen Beitrag

zum Sieg des Nationalsozialismus geleistet hat. Diese Klasse hat 1945 aufgehört zu existieren.
Nicht nur die Sieger legten sich 1945 in Potsdam auf eine Bodenreform fest, die den Großgrundbesitz aufteilen sollte. In allen deutschen Parteien wurde sie vorübergehend gefordert. Sie unterblieb im Westen aus ähnlichen Gründen wie die Sozialisierung. Aber sie geschah dort, wo sich die ökonomische Basis der Junker befand: in der Ostzone und in den von Polen und Rußland annektierten deutschen Ostgebieten. Der Historiker GOLO MANN schreibt dazu:

»Der stärkste Träger der alten Autorität, der preußische Adel, ist damals dreimal ruiniert worden: Durch den Krieg, in dem Tausende seiner Mitglieder fielen; durch seinen Widerstand gegen Hitler, die Kette von Verschwörungen, in deren Folge er zu Hunderten ausgerottet wurde, endlich durch Polen und Russen. Da wurden die Junker von ihren Gütern gejagt – wieviel umkamen, hat niemand gezählt –, ihre Schlösser abgetragen, ihr Besitz verteilt. Die Überlebenden verschwanden in der Masse der Flüchtlinge aus dem Osten... Eine Tragödie, um so grausamer, weil sie so sehr spät kam, und die man in dem abgestumpften Wirrsal der ersten Nachkriegsjahre kaum auch nur bemerkte.«

Dies trifft zu – doch zutreffend ist auch, daß seit 1945 diese Belastung der Demokratie in Deutschland nicht mehr besteht.

2. Eine zweite große Belastung der Demokratie in Deutschland stellte der Militarismus spätestens seit den Reichsgründungskriegen von 1866 und 1870/71 dar. Bis zum Ende der Weimarer Republik gelang es nicht, die Armee der zivilen Gewalt voll unterzuordnen. Der Eigenständigkeitsanspruch der militärischen Spitzen begrenzte die Parlamentarisierung in Deutschland. Unheilvolle Entwicklungen gingen von diesem »Staat im Staate« vor allem 1914–1918 und in der Endphase der Weimarer Republik aus.

Was die Autonomiebestrebung des Militärs in der deutschen Verfassungsgeschichte, war das Überborden militärischer Wertvorstellungen, Stilelemente und Verhaltensformen in der deutschen Sozialgeschichte. Mehr als in den westlichen Ländern prägte das Leitbild des

Offiziers große Teile des Bürgertums. Befehl und Gehorsam, Dienst, Pflicht und Treue rangierten höher auf der Wertskala als Gelassenheit und Toleranz, Kritik und Diskussion. Traditionsverbände, Burschenschaften und Korps vermittelten diese Tradition auch in der Weimarer Republik. Liberal-demokratische Tugenden entwickelten sich nur mühsam.

Die nationalsozialistische Diktatur trieb diese militaristische Tradition auf die Spitze und dann in den Ruin. Was den zivilen Regierungen in Kaiserreich und Republik nicht gelungen war, HITLER gelang es: die Unterordnung des Generalstabs, seine Instrumentalisierung und personelle Umbildung in einem auch militärisch wahnwitzigen Krieg. Zum Blutzoll, den diese traditionale Führungsgruppe im Krieg und schließlich im späten Widerstand des 20. Juli 1944 zahlte, kam die ihren Nimbus kräftig zerstörende Niederlage. Zu Recht meinte später – im März 1959 – THEODOR HEUSS in einer Rede vor Leutnants und Fähnrichen der Bundeswehr:

»Ich will ganz nüchtern im historischen Aspekt dieses sagen: Eine eigenständige, eine autonome preußisch-deutsche Militärgeschichte ist zu Ende; sie gibt es nicht mehr.«

Dieser erste Bundespräsident, wie auch alle seine Nachfolger, symbolisierte, daß die Hypertrophie militärischer Werte, Umgangsformen und Verhaltensweisen in der bürgerlichen Gesellschaft des westlichen Deutschlands weitgehend ausgerottet ist. In der DDR blieben militärische Traditionen stärker erhalten. Das wiedervereinigte Deutschland setzt, so ist zu hoffen, das zivile Erbe der alten Bundesrepublik fort.

Auch aus den Hochschulen ist dieser unbürgerliche und antizivilistische Geist verschwunden. Trotz des kalten Kriegs und der Wiederaufrüstung gehört der Militarismus – als Verfassungsproblem und als Belastung des sozialen Lebens – der Vergangenheit an. Ein teuer erkaufter, nicht zu unterschätzender Fortschritt, der Deutschland den westlichen Demokratien ähnlicher gemacht hat.

3. Die Spitzenpositionen in Politik, Verwaltung, Wirtschaft, Verbänden und Kultur wurden, insgesamt gesehen, 1945–1949 gründlicher umbesetzt bzw. neubesetzt als 1933 oder 1918/19, und zwar

auch im Westen Deutschlands, von dem hier die Rede ist. Am wenigstens galt das für die Kirchenleitungen und führenden Positionen an den Hochschulen; am deutlichsten wurde es in Regierung, Parlament und Parteien. In den Spitzenpositionen der privaten Wirtschaft war der Wechsel weder besonders stark noch besonders gering.
Die Nazi-Elite wurde entmachtet. Rückgriffe auf das Führungspersonal von vor 1933 waren häufig, vor allem in den Kirchen, im diplomatischen Dienst, in den neu entstehenden Gewerkschaften, in der SPD und den Verwaltungen. NS-Verfolgte und Emigranten rückten in bemerkenswertem Ausmaß in die neuen Führungspositionen ein, vor allem in der SPD, jedoch auch in den protestantischen Kirchen und im kulturellen Bereich.
Die tiefgreifende Schwächung, ja Zerstörung der so lange wirksamen feudalen und militärischen Traditionen spiegelte sich im Erscheinungsbild und im Verhalten der neuen Oberschichten. Die Zurückdrängung traditioneller Führungsgruppen – mit Ausnahme der leitenden Beamten – bedeutete einen Bodengewinn für Manager, Unternehmer und Financiers. Die Bourgeoisie gewann an Boden. Sie hatte in Deutschland zuvor nie jene überragende Rolle gespielt, die ihr die Theorie – und die Kritik – der kapitalistisch-bürgerlichen Gesellschaft zuschreiben. Mehr als je zählte jetzt individueller, vor allem wirtschaftlicher Erfolg, um Status und Einfluß zu gewinnen. Der so häufige Vorwurf des Materialismus trifft einen Teil dieses Sachverhalts; man muß aber zugleich sehen, daß dies auch eine Befreiung von alten Zwängen darstellte, einen Durchbruch an Bürgerlichkeit, der wahrscheinlich in einer anderen Wirtschaftsordnung nicht möglich gewesen wäre.
Dieser verspätete Durchbruch kapitalistisch-bürgerlicher Elemente in Wirtschaft, Gesellschaft, Staat und Kultur geschah allerdings unter Bedingungen, die sich von denen des 19. Jahrhunderts scharf unterscheiden: Staatlich-bürokratische Lenkung von wirtschaftlichen und sozialen Prozessen ist in vielen Bereichen absolut notwendig und überdies selbstverständlich. Kollektive, organisierte Interessenwahrnehmung hat die Konkurrenz der Individuen stark überlagert. Die Bedeutung der Interessenorganisationen ist so groß, daß die Bundesrepublik manchmal als »Verbändestaat« bezeichnet worden ist. In

den großen privatwirtschaftlichen Unternehmen entscheiden nicht Einzelunternehmer vom Typus des alleinherrschenden Fabrikgründers der industriellen Revolution, sondern angestellte Unternehmer (Manager) an der Spitze bürokratischer Apparate. Vielfältig ist die organisatorische Verflechtung zwischen den großen Unternehmen sowie zwischen Unternehmen, Verbänden und Staat. All dies unterscheidet sich sehr vom Modell eines möglichst staatsfreien Industriekapitalismus der individuellen Konkurrenz, das zwar nie und nirgends voll in die Wirklichkeit umgesetzt worden ist, aber dem doch die Realität vor hundert Jahren ähnlicher war als die heutige.

Solche Tendenzen zur zunehmenden Organisation und Bürokratisierung beobachten wir in allen fortgeschrittenen Industriestaaten westlicher Prägung. (Erst recht galt dies für die Diktaturen des »realsozialistischen« Lagers, und zwar ungleich durchdringender, in vielem ganz anders und langfristig ohne Erfolg – wie man heute weiß.) Aber in Deutschland konnten sich diese Tendenzen besonders leicht und erfolgreich durchsetzen, denn hier konnten sie ja auf einer alten und starken bürokratischen Tradition aufbauen, die bei uns Wirtschaft und Gesellschaft immer schon stärker geprägt haben als in der angelsächsischen Welt.

Kapitalistisch-bürgerliche Prinzipien setzten sich deshalb nur gezähmt und gehemmt, im Rahmen politisch-bürokratischer Gegengewichte und Begrenzungen durch. Das zeigt sich nicht nur an der großen Rolle des Staates bei der Gewährleistung wirtschaftlichen Wachstums und an der weit ausgedehnten Sozialpolitik. Es zeigt sich vielmehr auch an der Verteilung der Macht innerhalb der neuen herrschenden Klassen und am kapitalistisch-bürgerlich-bürokratischen Stil der Bundesrepublik Deutschland, der von einer hochkapitalistisch-darwinistischen Wildbahnatmosphäre ähnlich weit entfernt ist wie von der Eingezwängtheit durchorganisierter Obrigkeitsstaaten des 19. und 20. Jahrhunderts.

Ein ganz entscheidender soziopolitischer Neuansatz in der Bundesrepublik hing mit dieser teuer erkauften Emanzipation von älteren halbfeudalen und militaristisch-obrigkeitsstaatlichen Traditionen zusammen. Um noch einmal RICHARD LÖWENTHAL zu zitieren:

»Zum ersten Mal in der deutschen Geschichte akzeptieren die besitzenden Oberschichten und die beamteten Träger der staatlichen Exekutive, die in der Mehrheit der ersten deutschen Republik von Beginn an als Feinde gegenübergestanden hatten, die demokratischen Regeln mit gleicher Selbstverständlichkeit, wie dies in den alten angelsächsischen Demokratien der Fall ist.«
Ohne die blutige Lehre durch NS-Diktatur, Krieg und Zusammenbruch wäre das wahrscheinlich nicht der Fall, allerdings vielleicht auch dann nicht, wenn die Strukturreformen nach 1945 radikaler ausgefallen wären. Hier liegt eine wichtige Erklärung für die Lebensfähigkeit der zweiten deutschen Demokratie, nachdem die erste nicht zuletzt an dem Haß und der Feindschaft von deutschen Oberschichten zugrunde gegangen ist.

4. Entsprechende, die Chancen der Demokratie erhöhende Veränderungen sind im Kleinbürgertum der Bundesrepublik vor sich gegangen. Kleine Handwerker und Händler, kleine und mittlere Angestellte, kleine und mittlere Bauern waren vor 1933 unter den Anhängern des aufsteigenden Nationalsozialismus überproportional vertreten. Unter den wirtschaftlichen Krisen der Weimarer Republik hatten sie viel zu leiden. Doch das erklärt nicht alles. Ebenso wichtig waren die im deutschen »Mittelstand« lebendig gebliebenen Anschauungen und Ansprüche, die sich zum Teil an älteren, vorindustriellen Leitbildern orientierten und leicht in Konflikt mit der modernen Wirklichkeit gerieten, so daß kollektive Unzufriedenheiten die Folge waren.
An zünftig-ständischen Idealvorstellungen orientierten sich große Teile des Handwerks; sie forderten von der Obrigkeit Schutz gegen den scharfen Wind der modernen Konkurrenzwirtschaft, aber auch gegen die parlamentarischen Entscheidungsprozesse, in denen sie leicht unterlagen. Nach standesgemäßen, beamtenähnlichen Lebensformen strebten viele Angestellte, die Handlungsgehilfen und Privatbeamten, wie sie lange genannt wurden. Sie strebten nach rechtlichen und sozialen Privilegien, durch die sie sich vom Proletariat, auf das sie mühsam herabzuschauen versuchten, möglichst klar absetzen wollten. – In diesen kleinbürgerlichen und angestellten Mittelschichten verband sich die Erinnerung an eine angeblich »gute alte Zeit« mit

antikapitalistischen Ressentiments, antisozialistischem Haß und illiberaler Demokratieskepsis zu einem oft explosiven Gemisch. Daraus – unter anderem – entstand die braune Protestbewegung HITLERS, die ja ebenfalls Antikapitalismus und Antisozialismus in demagogischer Mischung verband.
Sieg und Niederlage des Nationalsozialismus und die unmittelbare Nachkriegszeit haben manche unzeitgemäße Wunschvorstellung, manche pseudo-ständische Barriere, manchen Dünkel und manche Frontstellung abgebaut. Das schnelle Wachstum der folgenden Zeit und der Klimawechsel der sechziger Jahre wirkten in dieselbe Richtung. Natürlich gibt es weiter Unterschiede zwischen Arbeitern und Angestellten. Doch anders als vor 1933 sind heute Angestellte zum großen Teil in Gewerkschaften organisiert, in denen auch Arbeiter Mitglieder sind und sogar die Mehrheit stellen. Die Lebensformen und das Wahlverhalten von Arbeitern und Angestellten sind ähnlicher geworden. Die einst zentrale Unterscheidung zwischen Arbeitern und Angestellten hat etwas an sozialer Bedeutung verloren. Bei den wenigen Versuchen, eine rechtsradikale Bewegung wiederzubeleben, so in der NPD der sechziger Jahre, waren Angestellte unterrepräsentiert. Es sieht so aus, als ob dieser zahlenmäßig so wichtige »neue Mittelstand« aufgehört hätte, ein herausgehobenes Potential für rechtsgerichtete Proteste zu sein, und diese Veränderung geht zum Teil auf den tiefen Umbruch zurück, den Diktatur, Krieg und Zusammenbruch darstellten.

5. Auch andere traditionell wirksame Spannungslinien und Konfliktfronten wurden durch die Erfahrung der Jahre 1933–1949 abgeschliffen oder geschwächt. Der konfessionelle Gegensatz verlor an Bedeutung, zumal ja auch durch die Teilung Deutschlands die Katholiken im Westen aus ihrer Minderheitsposition herauskamen und im Osten den Kirchen wenig Spielraum und Anlaß blieb, ihre traditionellen Konflikte fortzusetzen.
Die ehemals so harte, steife Unterscheidungslinie zwischen Arbeiterschaft und bürgerlicher Gesellschaft ist unschärfer geworden. Zwar war auch die alte Bundesrepublik weit von der lange beschworenen »nivellierten Mittelstandsgesellschaft« und der Aufhebung des Klas-

sengegensatzes entfernt. Doch die Zerstörung traditioneller Wohnsiedlungen, die erzwungenen Wanderungen, die gemeinsamen Erfahrungen von Unterdrückung und Not, die Unterbrechung des politischen Einflusses der Arbeiterbewegung in den Jahren 1933 bis 1945, die Sozialpolitik und zuletzt auch die Bildungs- und Schulreform haben bestimmte Entwicklungstendenzen verstärkt und beschleunigt, die ohnehin im schnellen Wandel moderner Industriegesellschaften angelegt sind: In der alten wie in der neuen Bundesrepublik findet sich nur noch wenig von jener diskriminierten und sich selbst abschottenden proletarischen Subkultur, die die deutsche Gesellschaft seit der zweiten Hälfte des 19. Jahrhunderts so stark kennzeichnete.

All diese Unterschiede sind nicht vollkommen verschwunden; an ihre Stelle traten oft neue soziale Ungleichheiten, so etwa das miserable Ghetto der ausländischen Arbeiter anstelle des allgemein-proletarischen. Von bestimmten Gesichtspunkten her wird man jene Abschleifungen überdies als Verluste bedauern. Doch vor allem gilt, daß traditionelle Erstarrungen der deutschen Sozialstruktur gewaltsam aufgelockert und abgebaut worden sind, die die Chancen der Demokratie in Deutschland bis 1933 so beeinträchtigten. Erst diese Auflockerung der deutschen Sozialstruktur bildete die Voraussetzung für das neue Parteiensystem der Bundesrepublik, das in den Gründerjahren nach 1945 entstand und sich bis heute als lebensfähig erweist, auch nach seiner Ausdehnung auf den östlichen Teil Deutschlands.

Die Vertreter der Restaurationsthese übersahen zumeist, daß das so stabile viergliedrige deutsche Parteiensystem aus dem 19. Jahrhundert (Sozialdemokraten/katholisches Zentrum/Liberale/Konservative), das im Prinzip auch die Revolution von 1918/19 noch gut überstand, nach 1945 nicht wieder erstand und nicht wieder erstehen konnte. Die primär bürgerlichen Sammelparteien CDU/CSU stellten in dieser Hinsicht eine wichtige Neuheit dar, trotz der alten Traditionen des Antisozialismus, die sie rücksichtslos und lange erfolgreich fortgesetzt und benutzt haben.

Und auch die traditionsreiche Sozialdemokratie löste sich nach 1945 allmählich aus den Einschnürungen ihrer Vergangenheit: Sie überwand ihre tendenzielle Begrenzung auf die quantitativ stagnierende

Lohnarbeiterschaft und öffnete sich den Mittelschichten, vor allem den Angestellten und Beamten. Entsprechende Wandlungen vollzogen sich auf ideologischem Gebiet. Schon 1945 formulierte KURT SCHUMACHER:

»Es ist gleichgültig, ob jemand durch die Methoden marxistischer Wirtschaftsanalyse, ob er aus philosophischen oder ethischen Gründen oder ob er aus dem Geist der Bergpredigt Sozialdemokrat geworden ist.«

Trotz der unterschiedlichen Zusammensetzung der beiden großen Parteigruppen haben sie eine politische und soziale Integrationskraft entwickelt, und zwar über die Neugründungsphase hinaus, die in der deutschen Parteigeschichte vor 1933 nicht ihresgleichen hat und den Erfolg der zweiten deutschen Demokratie miterklärt. Es ist nur zu hoffen, daß dieses Parteiensystem die starken Belastungen besteht, in die es nach Ausdehnung auf die neuen Länder und angesichts altneuer Parteienverdrossenheit im wiedervereinigten Deutschland geraten ist.

Auch die traditionelle politisch-ideologische Dreigliederung der deutschen Gewerkschaftsbewegung wurde nach 1945 nicht restauriert. Die gemeinsame Erfahrung der nationalsozialistischen Diktatur, die eine selbständige Arbeiterbewegung unterdrückt und Arbeiterführer der verschiedensten politischen Ausrichtung verfolgt hatte; die Not der Nachkriegszeit; die gemeinsame Frontstellung gegenüber den Besatzungsmächten, die den gewerkschaftlichen Wiederaufbau streng kontrollierten und oftmals verzögerten – all dies erleichterte die Gründung einer »Einheitsgewerkschaft« statt der politischen »Richtungsgewerkschaften«, die bis 1933 bestanden hatten.

6. Unrichtig ist es auch, das im Grundgesetz festgeschriebene Verfassungssystem als Ausdruck der Restauration zu begreifen. Nicht um die Wiedererrichtung, sondern um die Neuerrichtung eines funktionierenden parlamentarisch-demokratischen Verfassungssystems ging es, denn ein solches hatte es in der deutschen Geschichte noch nicht gegeben. Dies gelang auf der Grundlage einer schnell erreichten Übereinstimmung zwischen den westlichen Alliierten und fast allen politischen Kräften im westlichen Deutschland. Diese Übereinstim-

mung erklärt sich zum einen aus der Tiefe der Niederlage und der radikalen Diskreditierung des vorangehenden Systems; zum andern aus dem beginnenden kalten Krieg. Entsprechend entstand die Verfassung der Bundesrepublik mit einer doppelten Frontstellung: in Absetzung von der nationalsozialistischen Vergangenheit *und* von der entstehenden Diktatur östlich der Elbe. Leider drängte die zweite Frontstellung die erste bald sehr deutlich in den Hintergrund. Gleich zu Beginn der ersten Regierungserklärung Bundeskanzler ADENAUERS wurde (1949) jene doppelte Absetzung ausgesprochen, die einen breiten Konsens der Parteien ausdrückte:

»Der Fortschritt gegenüber den Verhältnissen, die seit 1945 bei uns bestanden, auch gegenüber den Zuständen des nationalsozialistischen Reichs, ist groß... Wir haben vor allem aber wieder den Schutz der Persönlichkeitsrechte. Niemand kann bei uns, wie das im nationalsozialistischen Reich der Fall war und wie es jetzt noch in weiten Teilen Deutschlands, in der Ostzone, zu unserem Bedauern der Fall ist, durch Geheime Staatspolizei oder ähnliche Einrichtungen der Freiheit und des Lebens beraubt werden. Diese Güter: Rechtsschutz, Schutz der persönlichen Freiheit, die wir lange Jahre nicht besaßen, sind so kostbar, daß wir trotz allem, was uns noch fehlt, uns darüber freuen müssen...«

Ziemlich unumstritten waren die meisten Grundprinzipien der Verfassung: Festschreibung und Sicherung gerichtlich einklagbarer Menschen- und Bürgerrechte, Rechtsstaatlichkeit, das Bundesverfassungsgericht, die konsequente Verwirklichung des parlamentarischen Repräsentativsystems, Parteienkonkurrenz und Rechte der parlamentarischen Opposition, allgemeines, gleiches und direktes Wahlrecht, die starke Exekutive. Autoritäre Alternativen wurden ebensowenig ernsthaft verfochten wie radikaldemokratische. Umstritten waren Elternrecht und Bekenntnisschule sowie das Föderalismusproblem. Vor allem auf dieses bezogen sich die alliierten Einflußnahmen. Ein Streit um die Grundsätze der Sozialverfassung wäre unvermeidbar gewesen, hätte man sie nicht aus den Verfassungsverhandlungen weitgehend ausgeklammert. Man verzichtete auf ihre verfassungsrechtliche Fixierung. Das Grundgesetz war ja als

Provisorium gemeint. Diese Auseinandersetzung würde man später führen. So dachte die Linke.

Die Politik der westlichen Alliierten, die sich an den Verhältnissen in ihren eigenen Ländern orientierten, wirkte flankierend: Zum Beispiel setzten die Angelsachsen die Neugründung einer einheitlichen Gewerkschaftsbewegung in Form von *Industrieverbänden* durch. Sie verhinderten damit eine von starken Kräften gewünschte allgemeine, nur regional gegliederte Gewerkschaftsbewegung, die vermutlich weniger gut in das System des entstehenden parlamentarischen Parteienstaates gepaßt hätte.

Das Grundgesetz markierte einen bedeutsamen Neuanfang in der deutschen Geschichte. Es erwies sich als flexibel genug, um schnellen sozialen Wandel zu erlauben und im verfassungsmäßigen Rahmen zu halten. Selbst den nächsten und bisher letzten Wendepunkt deutscher Geschichte – den von 1989/90 – hat es überstanden, jedenfalls zunächst.

7. Einen tiefen Bruch mit der historischen Kontinuität stellte schließlich die Teilung Deutschlands im Zusammenhang grundsätzlich veränderter internationaler Beziehungen dar. Aus der Gemeinsamkeit des Kriegs gegen HITLERS Deutschland entwickelte sich bald zwischen den Siegern ein fundamentales Spannungsverhältnis, das sich aus der Gegensätzlichkeit ihrer gesellschaftlich-ideologischen Systeme und ihrer machtpolitischen Interessen mit gewisser Notwendigkeit ergab und sich allmählich zum kalten Krieg steigerte. Deutschland war nur *ein* Schauplatz und *ein* Faktor in diesem sich weltweit entwickelnden Ost-West-Gegensatz.

Die Einheitlichkeit Rest-Deutschlands war zwar im Potsdamer Abkommen vom August 1945 noch vorgesehen; doch zunehmend wurde sie zur Fiktion. Zunächst sperrten sich die Franzosen aus national- und sicherheitspolitischen Gründen gegen die Errichtung zentraler Verwaltungen für ganz Deutschland. Bald wirkten sich die unterschiedlichen Interessen der Mächte an deutschen Reparationen zentrifugal aus, verschiedenartige Interessen, die aus der unterschiedlichen Wirtschaftsstruktur der einzelnen Siegerländer und ihrer Besatzungszonen folgten. Von Anfang an verstanden die Alliierten Unterschiedliches unter den Begriffen »Demokratisierung« und »Entnazifizierung«, und sie verwirklichten diese gemeinsam erklärten Ziele auf ganz verschiedene Weise.

Die in der Ostzone 1946 unter sowjetischem Einfluß zustande gekommene Zwangsverschmelzung von SPD und KPD und die Weigerung der SPD unter SCHUMACHER, diese Politik mitzumachen, spiegelten im Frühjahr 1946 bereits den sich entwickelnden prinzipiellen Ost-West-Gegensatz, und sie trugen erheblich zu der verschiedenartigen Partei- und Verfassungsentwicklung in West- und Ostdeutschland bei. 1947 hatten sich die weltpolitischen Strategien der beiden Weltmächte schon so verfestigt, daß wohl keine Chance mehr bestand, den deutschen Nationalstaat wieder zu errichten. Ob eine solche Chance überhaupt nach Kriegsende vorhanden war, bleibt umstritten.

Daß die internationale Konstellation und die Strategien der Großmächte die gesellschaftspolitischen Grundentscheidungen in den Besatzungszonen zutiefst beeinflußten, wurde am Beispiel des amerikanischen Einflusses auf die Sozialisierungspolitik bereits erwähnt. Die Integration Westdeutschlands in das sich entwickelnde westliche Bündnissystem reduzierte die Chancen antikapitalistischer Strukturreformen, welcher Art auch immer, in den Westzonen außerordentlich. Die auf solche Strukturreformen drängenden westdeutschen Politiker, vor allem in der SPD, hielten denn auch energischer und länger als ihre gesellschaftspolitischen Gegner am Ziel eines vereinigten Gesamtdeutschlands zwischen den Machtblöcken fest. Je unerreichbarer dieses Ziel im sich ständig verengenden Spielraum des kalten Krieges wurde, desto deutlicher votierte jedoch auch die SPD für einen freiheitlich-demokratischen Teilstaat mit Westbindung, wenn auch unter Betonung seines provisorischen Charakters und mit weiterreichenden gesellschaftspolitischen Veränderungsabsichten.

Auch die nichtkommunistische Linke im westlichen Deutschland wäre, selbst wenn ihr die Politik der Besatzungsmächte mehr Spielraum gelassen hätte, nicht im geringsten von ihrem grundsätzlichen Ja zur liberalen parlamentarischen Mehr-Parteien-Demokratie abgerückt, selbst wenn sie damit ihre national- und gesellschaftspolitischen Zielvorstellungen hätte retten können. Nationale Einheit und Sozialismus mit liberal-demokratischen Grundsätzen zu bezahlen, kam im

Westen für keine Partei (ausgenommen die KPD) in Frage. Die Prioritäten waren und blieben da klar. Gerade die SPD hatte unter ihrem Sprecher und Vorsitzenden KURT SCHUMACHER seit 1945 keinen Zweifel an ihrer Abgrenzung vom diktatorischen Kommunismus sowjetischen Typs gelassen. Die noch lebendige Erinnerung an den alten Konflikt zwischen SPD und KPD vor 1933, das Wissen vom stalinistischen Terror, positive Erfahrungen im westlichen Exil und sehr bald die Betroffenheit durch kommunistische Zwangspolitik in der SBZ kamen zusammen und erleichterten es der SPD, an ihrem ohnehin starken freiheitlich-demokratischen Erbe festzuhalten. Die Gründung der Bundesrepublik fußte also auf einem sehr breiten Konsens, obwohl sie den schon eingetretenen Verlust der nationalen Einheit erst einmal festschrieb.

Auf den Verlust der nationalen Einheit hat man in Deutschland nicht mit nationalistischem Protest reagiert. Zu sehr wirkte der historische Anschauungsunterricht des »Dritten Reiches« nach, zu tief war die Diskreditierung nationalistischer Anschauungen. Sehr kurz war überdies die Zeit gewesen, während der die Deutschen in einem Nationalstaat gelebt hatten. Keine fünfundsiebzig Jahre war es 1945 her, daß ein kleindeutsches Reich durch das nun endgültig aufgelöste Preußen mit Gewalt zusammengefügt worden war. Die Alten des Jahres 1945 waren noch als Bürger Preußens oder Sachsens oder Württembergs geboren worden; sie hatten das Reich überlebt.

Durch den Krieg HITLERS, den Verlust deutschen Territoriums im Osten und die staatliche Teilung wurden die entstehenden beiden Teilstaaten aus der Spitzengruppe der Großmächte herauskatapultiert. Dies bedeutete vor allem Entlastung für eine Nation, die sich mit ihrer Großmachtrolle seit der BISMARCKschen Reichsgründung sehr schwergetan hat und gerade durch Großmachtpolitik ihrer inneren Liberalisierung und Demokratisierung Steine in den Weg gelegt hat. Die weltpolitische Zweitrangigkeit der deutschen Staaten im Zeitalter der Supermächte USA und Sowjetunion haben viele von uns im Licht der historischen Erfahrung erleichtert zur Kenntnis genommen.

Zweifellos ist die innere Entwicklung der Bundesrepublik durch die Existenz zweier deutscher Staaten mit entgegengesetzten gesellschaftlichen und ideologischen Systemen geprägt worden. Vielleicht hätte sich die Einheitsgewerkschaft wieder in politische Richtungsgewerkschaften aufgelöst, wie es in anderen europäischen Ländern geschah, wenn nicht im Zuge der deutschen Teilung und der Konfrontation im kalten Krieg der kommunistische Einfluß in der westdeutschen Gewerkschaftsbewegung so gründlich nachgelassen hätte und zurückgedrängt worden wäre. Wahrscheinlich hätte auch das Parteienspektrum der Bundesrepublik ohne die deutsche Spaltung anders ausgesehen: In der Bundesrepublik war der parteipolitische (und der intellektuelle) Kommunismus nicht zuletzt deshalb so schwach – schwächer als in den meisten anderen europäischen Ländern –, weil er hier durch die kommunistisch regierte DDR und durch die Frontstellung zwischen den beiden deutschen Staaten zutiefst diskreditiert worden ist. Der seit 1917 die Arbeiterbewegung international belastende Konflikt zwischen Sozialdemokratie und Kommunisten wurde in Deutschland gewissermaßen geographisch entzerrt, territorialisiert. Daraus erklärte sich nicht nur das hohe Maß an grundsätzlicher Übereinstimmung und Stabilität in der Bundesrepublik. Daraus erklärte sich teilweise auch, warum in der Bundesrepublik rationale Kommunismus-Kritik besonders leicht in irrationalen Antikommunismus und manipulierte Kommunismusangst umschlug, mit allen Bedrohungen für Demokratie und Liberalität, die daraus folgten.

Die voranstehenden Beobachtungen sind durchweg aus der Perspektive eines Bürgers der alten Bundesrepublik niedergeschrieben worden. Die diesem Blickwinkel eigene Begrenzung ist heute (1993) offenkundiger als zum Zeitpunkt der Konzeption dieses Beitrages 1977.

In SBZ und DDR war der Bruch mit der historischen Kontinuität teilweise tiefer als im Westen. Ein tiefgreifender Umsturz des Wirtschafts- und Sozialsystems wurde schrittweise erzwungen, von der kapitalistischen Tradition blieb kaum etwas übrig. Der Wechsel in den Führungspositionen von Politik, Verwaltung, Wirtschaft und Kultur und damit auch die Entnazifizierung waren östlich der Elbe radikaler und gründlicher als im Westen – als Folge sowjetischer Besatzungspolitik, die bald von den deutschen Kommunisten fortgesetzt wurde, auch als Konsequenz neuer Unterdrückung, Flucht und Vertreibung, als Produkt eines planmäßig betriebenen Elitewechsels. Die schrittweise Errichtung einer Diktatur verhinderte die Wiederanknüpfung an Verfassungs- und Parteitraditionen von vor 1933, wie sie – wenngleich mit entscheidenden Modifikationen – im Westen stattfand. Was die nationalsozialistische Diktatur, der Krieg sowie Flucht und Vertreibung an Umwälzung und Traditionsschwächung mit sich brachten, wirkte sich östlich der Elbe eher noch gravierender aus als im Westen.

Doch in anderen Hinsichten blieben SBZ und DDR viel tiefer in Kontinuitäten der deutschen Geschichte verhaftet als die Westzonen und die Bundesrepublik. Das gilt vor allem in bezug auf die mächtigen Traditionen des autoritären Obrigkeitsstaats und des Illiberalismus, die die deutsche Geschichte so verhängnisvoll prägten, die in der Bundesrepublik schrittweise abgebaut wurden, aber unter dem Dach der Einparteiendiktatur der DDR kräftig weiterlebten und dort die politische Verfassung ebenso prägten wie die sozialen Strukturen und Mentalitäten. In der DDR konnte keine bürgerliche Gesellschaft westlichen Typs neu entstehen wie in der Bundesrepublik. Stärkere westliche Einflüsse blieben aus. Wirtschaftliches Wachstum und kulturelle Modernisierung verliefen in der DDR viel langsamer, und so kam es, daß das Gebiet zwischen Elbe und Oder viel deutscher blieb als die immer klarer der politischen Kultur des Westens zugehörende Bundesrepublik. Wenn der »deutsche Sonderweg« im Kern eine Wegentwicklung Deutschlands vom Westen war, dann setzte er sich in der DDR noch fort, als er in der Bundesrepublik längst zu Ende gegangen war.

Die Vereinigung der beiden deutschen Staaten hat die Konstellation neu definiert. Der Wendepunkt von 1989/90 läßt den Wendepunkt von 1945–1949 in neuem Licht erscheinen. Ein wichtiger Aspekt des Bruchs von 1945–1949 wurde revidiert: Der deutsche Nationalstaat erfuhr eine Wiedergeburt, wenn auch nicht in der Erstreckung und nicht in der Verfassung, die er vor 1945 oder vor 1933 besessen hatte. Was dies langfristig bedeutet, wird sich erst zeigen. Beide deutschen Staaten waren durch ihr Gegensatz- und Wechselverhältnis geprägt; das ist zu Ende. Nach 1989/90 hat der Spielraum innen- und außenpolitisch zugenommen, die Zukunft scheint offener, als sie es war. Die Bundesrepublik verändert sich, indem sie die DDR in sich aufnimmt und sich in einer neuen internationalen Szenerie verhalten muß. All das könnte die Weichenstellungen, die 1945–1949 im Westen vorgenommen wurden, langfristig relativieren.

Aber andererseits hat der Wendepunkt von 1989/90 grundsätzlich das System der Bundesrepublik bestätigt, das sich 1945–1949 im Kern herausbildete. Die Wiedervereinigung vollzieht sich – jedenfalls im Prinzip – als Übertragung des westdeutschen Systems auf das Gebiet der gescheiterten DDR. Insofern mag die westdeutsch geprägte Perspektive dieses Essays auch 1993 nicht ganz ohne Berechtigung sein. Was oben für das westliche Deutschland ausgeführt wurde, gilt im Grundsatz wohl auch für das vereinigte Deutschland der Zukunft – hoffentlich.

»Kapitalistische Restauration oder demokratischer Neubeginn?« hieß die Frage, die wir eingangs aufgegriffen haben. Im Ergebnis erweist sich das als falsche Alternative.

Im Westen Deutschlands konnte es gar nicht zu einer kapitalistischen Restauration kommen, weil die privatwirtschaftliche Grundstruktur 1945 gar nicht gestört oder tiefgreifend verändert war. Es ist richtiger, von kapitalistischer – und bürokratischer – Kontinuität zu sprechen. Zum andern standen kapitalistische Kontinuität und demokratischer Neubeginn nicht im Gegensatz zueinander; sie schlossen einander nicht aus. Beides fand nebeneinander statt. Trotz jener fundamentalen Kontinuität des Wirtschaftssystems und der öffentlichen Bürokratie waren die Neuansätze und Kontinuitätsbrüche zahlreich und tief genug, um den durch totalitäre Diktatur, totalen Krieg, Zusammenbruch und Neuordnung bedingten Wendepunkt deutscher Geschichte von 1945 mindestens so tiefgreifend und folgenreich sein zu lassen wie die Wendepunkte 1918/19 und 1933. Allerdings trat dieser Neuansatz nicht sofort klar in Erscheinung; er brauchte gewissermaßen eine Inkubationszeit und neue Anstöße, um deutlich hervorzutreten: vor allem in den 60er und 70er Jahren. Deren Reformen und Reorientierungen wären ohne die Traditionsbrüche in Diktatur, Krieg und Zusammenbruch weniger griffig und einschneidend gewesen.

Durch jenen Wendepunkt der deutschen Geschichte ist hierzulande zum ersten Mal ein fast »normales«, den westlichen Ländern sehr ähnliches liberal-demokratisches System – zunehmend mit sozialdemokratischen Zügen – entstanden, und seit 1989/90 bemüht man sich, es nach Osten hin auszudehnen. Es hat all jene Probleme, die kapitalistisch-bürgerlichen Industriegesellschaften fortgeschrittenen Typs eigen sind: Probleme sozialer Ungleichheit und ihrer Infragestellung, Lenkungs- und Verteilungsprobleme bei nachlassendem Wachstum, Verweigerungsprobleme und Schwierigkeiten der Legitimation, langfristig die Belastung durch den Nord-Süd-Gegensatz und durch unbewältigte ökologische Probleme. Diese Schwierigkeiten teilt die Bundesrepublik mit den anderen westlichen Industriestaaten, wie auch die großen Vorzüge, die diesen Systemen im Vergleich zu allen anderen eigen sind.

Die für Deutschland *spezifischen* Belastungen der Demokratie, die hierzulande den Aufstieg und Sieg des Faschismus ermöglichten, scheinen abgeschwächt oder beseitigt zu sein. Das ist aber kein Grund, sich gegenseitig auf die Schulter zu klopfen. Zu hoch war der Preis, zu groß waren die Opfer, die für die späte Emanzipation eines großen Teils von Deutschland gezahlt wurden, und zwar nicht nur von den Deutschen selbst.

Und zum andern bleiben erhebliche Unsicherheiten. Immer wieder erinnert die Gegenwart an die auf jeden Fall verblaßten, aber vielleicht doch nicht verschwundenen Schatten der Vergangenheit. Gerade nach 1989/90 tauchen in Deutschland und Europa Mentalitäten und Strukturen wieder auf, die längst überwunden zu sein schienen: Nationalismus, Fremdenfeindlichkeit und Rassismus. Andererseits beschleunigt sich der Wandel krisenhaft. Die alte Bundesrepublik wird schnell zur Geschichte. Die Wendepunkte, die einem am nächsten sind, lassen sich am schwersten beurteilen.

*Heinrich August Winkler*
# 1989/90: Die unverhoffte Einheit

Selten sind politische Vorhersagen so schnell Makulatur geworden wie in der Phase des weltgeschichtlichen Umbruchs der Jahre 1989 bis 1991. Noch im Sommer 1989 wäre als Phantast verlacht worden, wer die Prognose gewagt hätte, binnen weniger Jahre werde es keine Deutsche Demokratische Republik, keinen Warschauer Pakt und keine Sowjetunion mehr geben, wohl aber ein vereinigtes Deutschland mit der Hauptstadt Berlin. Soviel sich seit dem Machtantritt MICHAIL GORBATSCHOWS im Jahre 1985 in der Sowjetunion im Zeichen von ›Glasnost‹ und ›Perestrojka‹ bereits verändert hatte: Noch immer galt das Gleichgewicht zwischen Ost und West als die Grundtatsache der Weltpolitik und die Existenz von zwei deutschen Staaten als Unterpfand der Stabilität in Europa.

Auch die meisten Deutschen hatten sich mittlerweile mit der staatlichen Teilung abgefunden. In der Bundesrepublik bekannten sich zwar bei Meinungsumfragen auch noch in den achtziger Jahren große Mehrheiten, die regelmäßig um die 80 Prozent lagen, zum Ziel der Wiedervereinigung. Aber nur 9 Prozent der Befragten erklärten Mitte 1987, sie rechneten damit, die Wiedervereinigung noch zu erleben; 72 Prozent verneinten die entsprechende Frage. Eine Wiedervereinigung noch in diesem Jahrhundert hielten zur selben Zeit nur 8 Prozent für möglich, während 79 Prozent sie ausschlossen.

Bei den jüngeren Westdeutschen war das Gefühl der nationalen Zusammengehörigkeit mit den Deutschen der DDR viel schwächer entwickelt als bei der älteren Generation. Von den Bundesbürgern im Alter von 14 bis 29 Jahren fühlten sich im Jahre 1987 nur 65 Prozent, also knapp zwei Drittel, als Angehörige *eines* deutschen Volkes; 34 Prozent der jungen Bundesbürger gingen von der Existenz zweier deutscher Völker aus. Zwischen 1976 und 1987 empfanden in der Gruppe der über Sechzigjährigen im Durchschnitt 15 Prozent die DDR als einen ausländischen Staat; bei den jungen Bundesbürgern war es gut die Hälfte. Eine Auswertung der entsprechenden Daten im ›Deutschland Archiv‹ mündete 1989 in die Schlußfolgerung, die DDR werde von einem großen Teil der jungen Generation als fremder Staat mit einer anderen Gesellschaftsordnung wahrgenommen:

»Dies führt zu einem Abbau des Bewußtseins einer nationalen Gemeinsamkeit und macht stetiger Entfremdung Platz.«

Vergleichbar repräsentative Umfragen aus der DDR gibt es nicht. Aber alles spricht dafür, daß der Wunsch nach Wiedervereinigung dort stets stärker war als im Westen. Die Deutschen in der DDR waren die eigentlichen Verlierer des Zweiten Weltkrieges. Sie trugen nicht nur materiell, in Gestalt von Reparationen, sehr viel schwerer und länger an den Folgen der nationalsozialistischen Diktatur; ihnen wurde von der Sowjetunion auch vorenthalten, was die Westmächte den Westdeutschen frühzeitig gewährten: die Chance, aus dem Scheitern der Weimarer Republik zu lernen und eine zweite, diesmal funktionstüchtige Demokratie aufzubauen. Den Deutschen in der DDR dagegen wurde eine zweite Diktatur auferlegt: diesmal eine kommunistische, die sich am sowjetischen Vorbild ausrichtete. Diese ungleiche Verteilung der gesamtdeutschen Geschichtslast war ungerecht, und das empfanden die Deutschen in der DDR um vieles intensiver als ihre glücklicheren Landsleute westlich von Elbe, Werra und Fulda. Infolgedessen war die Bereitschaft, sich mit dem Status quo abzufinden, in der DDR schwächer ausgeprägt als in der Bundesrepublik.

Der Beginn der ›Perestrojka‹ in der Sowjetunion gab überall im sozialistischen Lager oppositionellen Kräften Auftrieb, die auf Liberalisierung und Demokratisierung drängten. In der DDR konnte das nur heißen: eine radikale Veränderung des bestehenden Staates. Die staatliche Einheit Deutschlands zu fordern, erschien den ostdeutschen Bürgerrechtlern dagegen kontraproduktiv. Daß GORBATSCHOW die DDR preisgeben könnte, war bis zum Herbst 1989 völlig undenkbar. Hätten die kritischen Oppositionellen die Abschaffung des zweiten deutschen Staates verlangt, wären sie den Moskauer Reformern in den Rücken gefallen und unfreiwillig zu Stützen der SED-Diktatur geworden. Denn eben dies war ja der Trumpf, den ERICH HONECKER lange Zeit auch gegenüber GORBATSCHOW ausspielen konnte: die Behauptung, eine Politik der ›Perestrojka‹ in der DDR müsse früher oder später zur Liquidation dieses Staates führen.

Die bundesdeutsche Politik trug der sowjetischen Furcht vor einem Verlust des strategischen Faustpfandes DDR seit langem Rechnung. Seit dem Inkrafttreten des Grundlagenvertrages am 21. Juni 1973 gab es geregelte Beziehungen zwischen beiden deutschen Staaten. Die Bundesregierungen unter den sozialdemokratischen Kanzlern

BRANDT und SCHMIDT hielten zwar am Ziel der staatlichen Einheit Deutschlands schon aus verfassungsrechtlichen Gründen fest, konzentrierten sich aber in der Praxis ganz darauf, die Folgen der Teilung erträglicher zu machen. An dieser Linie änderte sich auch nichts, als 1982 eine christlich-liberale Koalition unter HELMUT KOHL das sozialliberale Regierungsbündnis ablöste.

In der bundesdeutschen Öffentlichkeit schwand nach dem Abschluß der Ostverträge der Glaube an die Wiederherstellung eines souveränen deutschen Nationalstaates immer mehr dahin. Wer die ›Wiedervereinigung‹ noch beschwor, tat dies meist mit Blick auf konservative Strömungen in der Wählerschaft, also aus Gründen der bundesdeutschen Innenpolitik. Diesseits des rechten Spektrums gewann dagegen die Einsicht an Boden, daß Deutschland selbst seine Teilung heraufbeschworen hatte – durch eine Politik, die zweimal, 1914 und 1939, einen Weltkrieg ausgelöst hatte.

Die innere Hinnahme der Zweistaatlichkeit ging einher mit der Herausbildung eines bundesdeutschen ›Verfassungspatriotismus‹, der sich an den universalen Werten der westlichen Demokratie und nicht mehr an nationalen Traditionen orientierte. 1986 verlieh der Historiker und Politikwissenschaftler KARL DIETRICH BRACHER diesem neuen Selbstverständnis der Bundesrepublik den klassischen Ausdruck:

»Die europäische und atlantische Gemeinschaft gibt ihr (der Bundesrepublik, H. A. W.) den Rückhalt, nun vor der besonderen Herausforderung zu bestehen, unter der sie nach dem Ende der deutschen Diktatur existiert: als postnationale Demokratie unter Nationalstaaten zu leben – und damit, ohnehin begünstigt und privilegiert gegenüber der Bevölkerung der DDR, die Konsequenzen selbstverschuldeter Diktatur und folgender Teilung zu tragen, aber auch den Erfahrungen sowohl der ersten – gescheiterten – wie der neuen erfolgreichen Demokratie gerecht zu werden.«

Während sich in der Bundesrepublik die Bevölkerung mit dem demokratischen Staat und seinen Institutionen über die Jahrzehnte hinweg immer stärker identifizierte, blieb die DDR eine von der Bevölkerung nicht legitimierte Parteidiktatur. An die Stelle der demokratischen Legitimation von unten war die ideologische Selbstlegitimation von oben getreten – die Berufung auf das höhere Recht der Geschichte, die mit Naturnotwendigkeit zur Ablösung des Kapitalismus durch den Sozialismus führen mußte. In keinem anderen ›sozialistischen‹ Land war das offizielle Bewußtsein der eigenen Identität so sehr von Ideologie geprägt wie in der DDR. Diese Besonderheit lag dort, wo sie der Rektor der Akademie der Gesellschaftswissenschaften beim Zentralkomitee der SED, OTTO REINHOLD, am 19. August 1989 ortete:

»Die Kernfrage ist..., was man die sozialistische Identität der DDR nennen könnte. In dieser Frage gibt es ganz offensichtlich einen prinzipiellen Unterschied zwischen der DDR und den anderen sozialistischen Ländern. Sie alle haben bereits vor ihrer sozialistischen Umgestaltung als Staaten mit kapitalistischer oder halbfeudaler Ordnung bestanden. Ihre Staatlichkeit war daher nicht in erster Linie von der gesellschaftlichen Ordnung abhängig. Anders die DDR. Sie ist nur als antifaschistische, als sozialistische Alternative zur BRD denkbar. Welche Existenzberechtigung sollte eine kapitalistische DDR neben einer kapitalistischen Bundesrepublik haben? Natürlich keine... Für ein leichtfertiges Spiel mit dem Sozialismus, mit der sozialistischen Staatsmacht ist da kein Platz.«

REINHOLDS Bekenntnis zur ›sozialistischen‹ Staatsräson der DDR stellte klar, daß die SED auch im Sommer 1989 nicht daran dachte, jene Demokratisierung in Gang zu setzen, wie sie die Bürgerrechtler der DDR und die bundesdeutsche Öffentlichkeit immer nachdrücklicher verlangten. Am Ernst der Lage konnte es zu diesem Zeitpunkt keinen Zweifel mehr geben. Der wirtschaftliche Niedergang des zweiten deutschen Staates war seit langem offenkundig und ebenso die wachsende Unzufriedenheit in der Bevölkerung. Die Zahl der Ausreiseanträge nahm ständig zu, und die Fälle von offenem Protest häuften sich. Im Januar 1989 demonstrierten in Leipzig mehrere hundert Menschen für das Recht auf freie Meinungsäußerung und für Presse- und Versammlungsfreiheit, woraufhin etwa 80 Personen verhaftet wurden. Im März folgten, anläßlich der Leipziger Frühjahrsmesse, Demonstrationen für das Recht auf Ausreise und im Mai, vor allem in Berlin, Proteste von Oppositionsgruppen gegen die nachgewiesene Fälschung der Abstimmungsergebnisse bei den Kommunalwahlen.

Mitte Juli 1989 tat ein ›sozialistisches Bruderland‹ einen Schritt, der im Rückblick als Anfang vom Ende der DDR erscheint: Ungarn baute die Befestigungen an seiner Grenze zu Österreich ab. Sofort flüchteten Urlauber aus der DDR in großer Zahl über ebendiese Grenze nach Österreich und von dort in die Bundesrepublik. Eine Woche später gingen die ungarischen Grenzorgane dazu über, die ostdeutschen Flüchtlinge zurückzuweisen und in ihre Reisedokumente Vermerke einzutragen, die in der DDR zu Verurteilungen wegen versuchter Republikflucht führen konnten. Die Folge war, daß ausreisewillige Ostdeutsche sich in die bundesdeutschen Botschaften in Budapest, Prag und Warschau und in die Ständige Vertretung der Bundesrepublik in Ost-Berlin flüchteten. Nach intensiven Verhandlungen mit Bonn, aber ohne Rücksprache mit der DDR entschloß sich daraufhin die ungarische Regierung, alle fluchtwilligen Ostdeutschen ausreisen zu lassen. In der Nacht zum 11. September öffnete Ungarn seine Grenze zu Österreich. Etwa 25 000 Übersiedler kamen auf diese Weise bis Ende September in den Westen Deutschlands.

Am 30. September erhielten auch die mittlerweile fast 6000 DDR-Bürger, die sich in der bundesdeutschen Botschaft in Prag aufhielten, die Erlaubnis zur Ausreise. Um ihr Gesicht zu wahren, bestand die DDR darauf, daß die Ausreise über ihr Territorium erfolgte. Die Flüchtlinge wurden daher mit Sonderzügen der Deutschen Reichsbahn von Prag über Dresden in die Bundesrepublik gebracht. Nach ebendiesem Vorbild lösten die beteiligten Staaten kurz darauf auch das Problem der Warschauer Botschaftsflüchtlinge. Die spektakulären Transporte verliefen nicht ohne Zwischenfälle: Am 4. und 5. Oktober kam es am Dresdner Hauptbahnhof zu gewaltsamen Auseinandersetzungen zwischen der Polizei und Tausenden von Menschen, die ebenfalls ausreisen wollten.

Als die Regierung der DDR am 3. Oktober 1989, wenige Tage vor den Feierlichkeiten zum 40. Jahrestag der Gründung des ›ersten deutschen Arbeiter- und Bauernstaates‹, die Schließung der Grenze zur Tschechoslowakei verfügte, war es zu spät. Denn inzwischen wurde die Herrschaft der SED nicht nur von den ›Ausreisern‹ offen herausgefordert, sondern auch von bewußten ›Dableibern‹. Im September schossen neue Oppositionsgruppen wie die Pilze aus dem Boden. Am 9. September wurde das ›Neue Forum‹, am 12. September ›Demokratie jetzt‹, zwei Tage später der ›Demokratische Aufbruch‹ gegründet. Am 19. September beantragte das Neue Forum offiziell seine Zulassung als Vereinigung. Der Gründungsaufruf ›Aufbruch 89‹ des Neuen Forums sprach aus, was viele empfanden:

»In unserem Lande ist die Kommunikation zwischen Staat und Gesellschaft offensichtlich gestört. Belege dafür sind die weitverbreitete Verdrossenheit bis hin zum Rückzug in die private Nische oder zur massenhaften Auswanderung. Fluchtbewegungen dieses Ausmaßes sind anderswo durch Not, Hunger und Gewalt verursacht. Davon kann bei uns keine Rede sein. Die gestörte Beziehung zwischen Staat und Gesellschaft lähmt die schöpferischen Potenzen unserer Gesellschaft und behindert die Lösung der anstehenden lokalen und globalen Aufgaben... Allen Bestrebungen, denen das NEUE FORUM Ausdruck und Stimme verleihen will, liegt der Wunsch nach Gerechtigkeit, Demokratie und Frieden sowie Schutz und Bewahrung der Natur zugrunde. Es ist dieser Impuls, den wir bei der kommenden Umgestaltung der Gesellschaft in allen Bereichen lebensvoll erfüllt wissen wollen. Wir rufen alle Bürger und Bürgerinnen, die an der Umgestaltung unserer Gesellschaft mitwirken wollen, auf, Mitglieder des NEUEN FORUM zu werden. Die Zeit ist reif.«

Die Führung der DDR reagierte prompt. Am 21. September teilte die amtliche Nachrichtenagentur ADN mit, das Innenministerium habe den Zulassungsantrag des Neuen Forums abgelehnt und das wie folgt begründet:

»Ziele und Anliegen der beantragten Vereinigung widersprechen der Verfassung der Deutschen Demokratischen Republik und stellen eine staatsfeindliche Plattform dar.«

Das Nein der SED konnte den Widerhall des Aufrufs nicht mindern. Unter den Erstunterzeichnern waren so bekannte Bürgerrechtler wie BÄRBEL BOHLEY, ROLF HENRICH, JENS REICH, SEBASTIAN PFLUGBEIL und KATJA HAVEMANN. Das trug viel dazu bei, daß auch weniger Prominente ihrem Beispiel folgten. Der Historiker STEFAN WOLLE, selbst ein frühes Mitglied des Neuen Forums, beschreibt die Wirkung des Appells:

»Bei der Lektüre des Textes fällt sein hoher Allgemeinheitsgrad auf. Weder erfolgt ein Bekenntnis zum Sozialismus... noch spricht er sich für die Marktwirtschaft aus. Weder enthält er ein Bekenntnis zur DDR noch zur deutschen Einheit. Alle wichtigen Fragen verweist er auf einen künftigen Dialog. Genau dies aber verlieh dem Aufruf seine enorme Durchschlagskraft. Nach seiner Bekanntmachung klingelten bei den Erstunterzeichnern Tag und Nacht die Telefone. Immer mehr Menschen unterschrieben den Aufruf, und mit jeder Unterschrift sank das persönliche Risiko. Täglich überschritten mehr Menschen die unsichtbaren Grenzen zwischen Angst und Engagement, die sie jahrzehntelang sorgfältig beachtet hatten.«

Am Montag, den 25. September, fand im Anschluß an eines der traditionellen Friedensgebete in der Leipziger Nikolaikirche die erste größere Demonstration des Neuen Forums statt, an der mehrere tausend Menschen teilnahmen. Am folgenden Montag, den 2. Oktober, gingen, wiederum in Leipzig und abermals aufgerufen vom Neuen Forum, etwa 20 000 Menschen auf die Straße. Die Sprechchöre lauteten nun nicht mehr wie im Frühjahr »Wir wollen raus!«, sondern »Wir bleiben hier!«. Angesichts der großen Zahl der Demonstranten wagte die Polizei erst einzugreifen, als sich die Menge bereits zu zerstreuen begann. Dann allerdings machten die Sicherheitskräfte rücksichtslos vom Schlagstock Gebrauch und verhafteten zahlreiche Menschen.

Am selben Tag begannen Bürgerrechtler in der Gethsemanekirche im Ost-Berliner Bezirk Prenzlauer Berg Mahnwachen zu halten. Die evangelische Kirche diente den Oppositionellen, ob sie sich selbst kirchlich gebunden fühlten oder nicht, seit langem als Schutzraum. Aber anders als bisher schirmte die Kirche die Bürgerrechtler nun nicht mehr nur nach außen, gegen den Druck des Staates, ab. Seit dem September 1989 traten die oppositionellen Kräfte aus dem kirchlichen Schatten heraus auf die Straße – und stellten damit, in der Sprache der Leninisten, die Machtfrage.

Am 6. und 7. Oktober 1989 feierte die DDR ihr vierzigjähriges Bestehen. Der prominenteste Gast war der Generalsekretär der KPdSU und Vorsitzende des Obersten Sowjets der UdSSR, MICHAIL GORBATSCHOW. Was er auf der Festveranstaltung der Führungsgremien von

Partei und Staat sagte, war vergleichsweise allgemein und diplomatisch gehalten. Zum geflügelten Wort wurde dagegen eine unverkennbar auf ERICH HONECKER gemünzte Bemerkung, die er gegenüber Journalisten und Demonstranten in Ost-Berlin machte:
»Wer zu spät kommt, den bestraft das Leben.«
(Im russischen Original klang die Aussage prosaischer: »Gefährlich ist es für den, der nicht auf das Leben reagiert.«)
Polizei und Staatssicherheit griffen erst ein, als der Zug der Pro-GORBATSCHOW-Demonstranten auf mehrere tausend angewachsen und der sowjetische Staatsgast nicht mehr zugegen war. Zahlreiche Teilnehmer, darunter auffallend viele Frauen, wurden aus der Menge herausgeholt und brutal zusammengeschlagen. Die Zahl der vorläufig Festgenommenen belief sich dem Bericht einer später eingesetzten Untersuchungskommission zufolge auf 547.
Zum eigentlichen Wendepunkt wurde Montag, der 9. Oktober 1989: der Tag, für den das Neue Forum wieder zu der nun schon traditionellen Montagsdemonstration in Leipzig aufgerufen hatte. In der Messestadt liefen Gerüchte um, die Sicherheitsorgane bereiteten nunmehr die gewaltsame Niederschlagung des Volksprotestes vor, vielleicht sogar ein ähnliches Blutbad, wie es die chinesische Parteiführung Anfang Juni unter den friedlich demonstrierenden Studenten auf dem ›Platz des himmlischen Friedens‹ in Peking angerichtet hatte. Am späten Nachmittag gab es ein Hoffnungszeichen: In vier Leipziger Kirchen wurde ein Aufruf zum friedlichen Dialog verlesen. Die Erklärung war unterzeichnet vom Leiter des Gewandhaus-Orchesters, KURT MASUR, dem Kabarettisten BERND-LUTZ LANGE von den ›Akademixern‹, dem Theologen PETER ZIMMERMANN und – das war die eigentliche Sensation – von drei Bezirkssekretären der SED, nämlich ROLAND WÖTZEL, JOCHEN POMMERT und KURT MEYER. Gegen 18 Uhr strahlte der Leipziger Stadtfunk den von MASUR verlesenen Aufruf aus.
Dennoch war die Angst noch groß, als wenig später die bislang größte Montagsdemonstration begann. Etwa 70 000 Menschen skandierten Parolen wie »Stasi raus!«, »Gorbi, Gorbi!«, »Wir bleiben hier!«, »Wir sind das Volk!« und am lautesten immer wieder »Keine Gewalt!«.
Der Ruf nach Gewaltverzicht fand Gehör. Die Volkspolizei griff we-

der zum Schlagstock noch zur Schußwaffe; die Betriebskampfgruppen wurden nicht eingesetzt. Es spricht alles dafür, daß die Entscheidung gegen eine ›chinesische Lösung‹ vor Ort, also in Leipzig und nicht in Ost-Berlin, gefallen ist. Erst gegen 19 Uhr 15, im nachhinein also, stellte sich EGON KRENZ, der ›Kronprinz‹ im Politbüro der SED, in einem Telefongespräch mit der Leipziger Bezirksleitung auf den Boden der ›Erklärung der Sechs‹.

Nach dem 9. Oktober überstürzten sich die Ereignisse. Der offizielle Schriftstellerverband sprach sich für einen demokratischen Dialog aus; der »Morgen«, das Organ der bisher absolut linientreuen Liberaldemokratischen Partei (LDPD), veröffentlichte am 10. und 11. Oktober Leserbriefe, die Reformen in der DDR verlangten. Am 18. Oktober wurde auf einer Krisensitzung des Zentralkomitees der SED ERICH HONECKER, der Generalsekretär der SED und Staatsratsvorsitzende der DDR, gestürzt. Sein Nachfolger in beiden Ämtern wurde EGON KRENZ, der bis dahin nicht als ›Reformer‹ hervorgetreten war, jetzt aber eine ›Wende‹ ankündigte. Am 4. November fand auf dem Alexanderplatz in Berlin die bislang größte, nicht von ›oben‹ organisierte Demonstration mit mehr als einer halben Million Teilnehmer statt, die einen radikalen Bruch mit der Parteidiktatur der SED und eine demokratische DDR forderten. Am 7. November erhielt das Neue Forum seine Zulassung als politische Vereinigung. Am selben Tag trat die Regierung des Ministerpräsidenten WILLI STOPH, tags darauf auch das Politbüro der SED zurück.

Was sich im Herbst 1989 in der DDR abspielte, war beides: Zusammenbruch und Revolution. Das alte Regime hatte nicht mehr die Kraft, sich dem Druck von unten und zunehmend auch aus den eigenen Reihen zu widersetzen. Die Intellektuellen wandten sich in Scharen von der Parteiführung ab. Bis in die höheren Etagen der Macht reichten die Zweifel an der Richtigkeit jenes Kurses der Reformverweigerung, für den das Politbüro um ERICH HONECKER stand. Vor allem aber wirkte demoralisierend, daß auf die wichtigste Stütze der Diktatur, die Sowjetunion und ihre in der DDR stationierten Truppen, kein Verlaß mehr war.

Was die Staatsmacht schwächte, stärkte die Opposition. Die Politik der Perestrojka in der Sowjetunion ermutigte alle, die eine Demokratisierung der DDR für überfällig hielten. Das Beispiel der Polen, die im Frühjahr und Sommer 1989 ihre Diktatur zum Einsturz gebracht hatten, wirkte auf die Unzufriedenen in der DDR ebenso stimulierend wie die von radikalen Parteireformern eingeleitete ›Revolution von oben‹, die sich zur gleichen Zeit in Ungarn vollzog. Der ständig wachsende Strom der Ausreisenden, der längst schon die Form einer ›Abstimmung mit den Füßen‹ angenommen hatte, verschaffte den oppositionellen Kräften zusätzliche Legitimation: Mit ihrem Engagement für durchgreifende Reformen vertraten sie das wahre Interesse der DDR, das bei der reformunwilligen Partei- und Staatsführung offenkundig in den denkbar schlechtesten Händen war.

In die Zeit der unklaren Machtverhältnisse Anfang November 1989 fiel die Entscheidung zur Öffnung der Berliner Mauer. Am 3. November gestattete die DDR wieder visafreie Reisen durch die Tschechoslowakei und machte damit die Ausreise über Ungarn möglich. Drei Tage später schrieb KLAUS HARTUNG in der West-Berliner »tageszeitung« in einem Kommentar unter dem Titel ›Der Fall der Mauer‹:

> »Man stelle sich vor, ein Traum geht in Erfüllung, und keiner merkt es richtig: die Mauer ist gefallen. Seit dem 3. November kann sich ein DDR-Bürger aus Karl-Marx-Stadt (jetzt wieder: Chemnitz, H. A. W.) in seinen Trabi setzen und bis nach München fahren. Einen Personalausweis und ausreichend Sprit – mehr braucht er nicht. Seit Freitagnacht ist nicht – wie es im Fernsehen hieß – ›die Mauer symbolisch gefallen‹: Nein, die Realität ist gefallen, und das Symbol steht in Berlin herum.«

Doch auch das galt nur noch auf Abruf. Am 6. November veröffentlichte der Ministerrat der DDR den Entwurf eines Reisegesetzes, das fast jedem Bürger die Ausreise für die Dauer von 30 Tagen gestattete. Das Genehmigungsverfahren war jedoch so zeitraubend und bürokratisch, daß es sogleich Proteste hagelte – besonders scharf auf der Leipziger Montagsdemonstration vom selben Abend. Schon am Tag darauf lehnte der Rechtsausschuß der Volkskammer den Gesetzentwurf als unzureichend ab. Am Abend des 9. November gab dann GÜNTER SCHABOWSKI auf einer vom Fernsehen übertragenen Pressekonferenz bekannt, auf Empfehlung des (am Tag zuvor neugewählten) Politbüros sei eine Regelung getroffen worden, die es jedem Bürger der DDR möglich mache, über Grenzübergangspunkte der DDR – also nicht mehr auf dem Umweg über die Tschechoslowakei und Ungarn – auszureisen.

Auf ungläubige Fragen von Journalisten – ›Ab sofort? Nur mit Paß?‹ – verlas SCHABOWSKI dann, was auf dem Zettel stand, den ihm der ebenfalls anwesende Außenhandelsminister GERHARD BEIL zuschob. Der Wortlaut bestätigte SCHABOWSKIs Mitteilung. Auf die Frage, wann die Neuregelung in Kraft trete, antwortete SCHABOWSKI, sie gelte ab sofort. Auf die Frage, ob die Regelung auch für West-Berlin gelte, erwiderte er:

»Also, doch. Ständige Ausreisen können über alle Grenzübergangsstellen der DDR zur BRD beziehungsweise Berlin/West erfolgen.«

Wenig spricht für SCHABOWSKIs spätere Behauptung, ihm sei voll bewußt gewesen, was er da in der Pressekonferenz vom 9. November ankündigte. Unwahrscheinlich ist auch, daß Angehörige des Innenministeriums Politik auf eigene Faust machen wollten und den Berliner Bezirkssekretär zur vorzeitigen Bekanntgabe des Reisegesetzes verleiteten. Tatsächlich lag die Öffnung der Mauer in der Logik der Entscheidung vom 3. November, die Ausreise auf Umwegen hinzunehmen. Doch sollte die Neuregelung nach späteren Aussagen von EGON KRENZ erst am 10. November verkündet werden. Die improvisierte Art der Bekanntgabe ließ erkennen, wie chaotisch die Situation im Machtzentrum der DDR mittlerweile war.

Die Wirkungen der Pressekonferenz waren revolutionär. Am späten Abend des 9. November – seit 1918 ein notorischer deutscher Schicksalstag – war Berlin faktisch keine geteilte Stadt mehr und die Mauer nur noch eine funktionslose Betonmasse. Was an jenem Tag endete, war nicht nur die Zeit der Einmauerung des zweiten deutschen Staates, die am 13. August 1961 begonnen hatte. Der 9. November 1989 markiert auch das Ende der Nachkriegszeit – jener Epoche der Weltpolitik, die durch den Gegensatz und das Gleichgewicht zwischen Ost und West bestimmt worden war.

Vier Tage nach der Öffnung der Mauer, am 13. November, wählte die Volkskammer den Dresdner Bezirkssekretär der SED, HANS MODROW, der als der reformfreudigste Spitzenfunktionär unter den ostdeutschen Kommunisten galt, zum neuen Ministerpräsidenten der DDR. Abermals vier Tage später, am 17. November, schlug MODROW in seiner Regierungserklärung eine ›Vertragsgemeinschaft‹ zwischen der Bundesrepublik und der DDR vor. Am 28. November antwortete ihm Bundeskanzler HELMUT KOHL. In einer Regierungserklärung vor dem Bundestag trug er einen mit den westlichen Verbündeten nicht im voraus abgestimmten Zehn-Punkte-Plan vor. Darin griff KOHL das Stichwort ›Vertragsgemeinschaft‹ auf und fügte es in einen größeren Zusammenhang ein:

»Wir sind aber auch bereit, noch einen entscheidenden Schritt weiterzugehen, nämlich konföderative Strukturen zwischen beiden deutschen Staaten in Deutschland zu entwickeln mit dem Ziel, eine Föderation, d. h. eine bundesstaatliche Ordnung in Deutschland zu schaffen. Das setzt aber eine demokratisch legitimierte Regierung in der DDR zwingend voraus... Wie ein wiedervereinigtes Deutschland schließlich aussehen wird, weiß niemand. Daß aber die Einheit kommen wird, wenn die Menschen in Deutschland sie wollen, dessen bin ich sicher.«

Seit der Regierungserklärung HELMUT KOHLs vom 28. November stand das Thema ›Deutsche Einheit‹ auf der Tagesordnung der Weltpolitik. Aber der Bundeskanzler war nicht der erste, der im Herbst 1989 das Ziel der Wiedervereinigung beschwor. Auf den Leipziger Montagsdemonstrationen vom 20. und 27. November waren – sehr zum Leidwesen des Neuen Forums – immer wieder Sprechchöre zu hören gewesen, die eine Zeile aus der seit Jahrzehnten nicht mehr offiziell gesungenen, sondern nur noch vom Orchester gespielten Staatshymne der DDR skandierten:

»Deutschland einig Vaterland«.

Mit den nationalen Sprechchören begann in der zweiten Novemberhälfte eine neue Phase des politischen Umbruchs in der DDR. Hatten bis dahin überwiegend intellektuelle Bürgerrechtler den Ton bei den Demonstrationen angegeben, so meldete sich nun die schweigende Mehrheit zu Wort. Die Oppositionellen der ersten Stunde hatten weder die DDR als Staat noch den ›Sozialismus‹ als Gesellschaftsordnung in Frage gestellt, vielmehr nur eine radikale Demokratisierung der bestehenden Verhältnisse gefordert. Den meisten Bürgerrechtlern schwebte nicht eine Übernahme des bundesdeutschen Gesellschaftssystems vor, sondern eine Art ›dritter Weg‹ zwischen Kapitalismus und ›real existierendem Sozialismus‹. Was sie durchsetzen wollten, war das innere Selbstbestimmungsrecht der Bürger der DDR und nicht das nationale Selbstbestimmungsrecht der Deutschen.

Die Massen wollten dagegen von Experimenten im Niemandsland zwischen den Systemen oder einer bloßen Reform des ›Sozialismus‹ nichts wissen. Die Besuche, die Millionen von DDR-Bürgern nach dem 9. November der Bundesrepublik und West-Berlin abgestattet hatten, wirkten als Anschauungsunterricht. Wer bislang noch Zweifel gehabt hatte, welches Wirtschaftssystem das überlegene war, meinte es jetzt zu wissen. In der Forderung nach Einheit ließ sich bündeln, was breite Kreise der DDR-Bevölkerung ausdrücken wollten: negativ ihre Absage an den irreparabel gescheiterten ›Sozialismus‹, positiv ihren Anspruch auf materielle Gleichberechtigung mit den privilegierten Deutschen der Bundesrepublik. Die Losung ›Wir sind das Volk‹ hatte darauf abgezielt, das Machtmonopol der SED zu brechen. Um den Staat der SED zu beseitigen, bedurfte es der Parole, die seit Mitte November 1989 auf den großen Demonstrationen in Leipzig und anderen Städten der DDR immer häufiger zu hören war: der Parole »Wiedervereinigung«.

Das internationale Echo auf den Zehn-Punkte-Plan des Bundeskanzlers war eher negativ. Grundsätzliche Zustimmung zur Wiedervereinigung Deutschlands signalisierten die Vereinigten Staaten, wobei sie allerdings die Mitgliedschaft eines vereinten Deutschland in der NATO zur Vorbedingung des amerikanischen Ja machten. London, Paris und Rom äußerten mehr oder minder starke Vorbehalte gegen ein einheitliches Deutschland. GORBATSCHOW, der sich am 2. und 3. Dezember mit dem amerikanischen Präsidenten BUSH auf Malta traf, wollte das Thema ›deutsche Einheit‹ der Geschichte überlassen und warnte vor einer künstlichen Beschleunigung historischer Prozesse. HANS-DIETRICH GENSCHER bekam am 4. Dezember in Moskau von GORBATSCHOW und Außenminister SCHEWARDNADSE sogar zu hören, der Plan des Kanzlers sei ein ›Diktat‹.

Die Verbündeten versuchte KOHL auf dem NATO-Gipfel in Brüssel am 4. Dezember mit der Versicherung zu beruhigen, er habe keinen Zeitplan für die Wiedervereinigung vorgelegt. GEORGE BUSH gegenüber meinte er, wie sein Berater HORST TELTSCHIK, der für Außen- und Sicherheitspolitik zuständige Abteilungsleiter im Bundeskanzleramt, in seinem Tagebuch notierte:

»Das Ziel der Föderation werde sich ›erst in Jahren, vielleicht in fünf‹ verwirklichen lassen und alles werde ›in Übereinstimmung mit den Nachbarn‹ geschehen.«

Ob eine Übereinstimmung sich auch mit der Sowjetunion erzielen lassen würde, war im Dezember 1989 noch völlig offen. Sicher war nur, daß es keine Neutralisierung Deutschlands geben würde. Eine solche Lösung hätte den Westen entscheidend geschwächt und war daher weder für die Bundesrepublik noch für ihre Verbündeten annehmbar. Auf der anderen Seite konnten sich die meisten Beobachter Ende 1989 nicht vorstellen, daß Moskau sich jemals mit einem voll in den Westen integrierten Gesamtdeutschland abfinden würde. Unter diesen Bedingungen war eine rasche Lösung der ›deutschen Frage‹ in der Tat alles andere als wahrscheinlich.

Gleichzeitig wurde immer deutlicher, daß es der Regierung MODROW nicht gelingen würde, die Situation in der DDR zu stabilisieren. Am 1. Dezember strich die Volkskammer jene Bestimmung aus der Verfassung der DDR, die die führende Rolle der SED festschrieb. Am 6. Dezember trat EGON KRENZ als Vorsitzender des Staatsrates und des Nationalen Verteidigungsrates zurück. Am 7. Dezember trat erstmals der nach polnischem Vorbild einberufene ›Zentrale Runde Tisch‹ mit Vertretern von zwölf Parteien und politischen Gruppierungen, darunter auch der am 7. Oktober im Pfarrhaus von Schwante bei Berlin gegründeten Sozialdemokratischen Partei in der DDR (SDP), zusammen. Als Termin für freie Wahlen zur Volkskammer und zu den kommunalen Parlamenten empfahl der Runde Tisch den 6. Mai 1990. Am 14. Dezember beschloß der Ministerrat, das bisherige Ministerium für Staatssicherheit, jetzt Amt für Nationale Sicherheit genannt, bis zum 20. Juni 1990 aufzulösen. Zwei Tage später benannte sich die SED, seit einer Woche geführt von einem neuen Vorsitzenden, dem Rechtsanwalt GREGOR GYSI, auf einem Sonderparteitag in ›SED-PDS‹ um, wobei das Kürzel ›PDS‹ für ›Partei des Demokratischen Sozialismus‹ stand. Doch was immer die SED und die Regierung MODROW erklärten oder taten: die Massen wollten sehr viel mehr, nämlich die Beseitigung der DDR und die Einheit Deutschlands. Ein Besuch, den Bundeskanzler KOHL am 19. Dezember Dresden abstattete, um mit Ministerpräsident MODROW über eine deutsch-deutsche Vertragsgemeinschaft zu verhandeln, wurde zu einer großen Demonstration für die Wiedervereinigung. Als KOHL vor der Ruine der Frauenkirche vor mehreren tausend jubelnden Menschen sprach, forderten Sprechchöre immer wieder lautstark ›Deutschland einig Vaterland‹. KOHL selbst machte deutlich, daß die Vereinigung Zeit erfordere:

»Mein Ziel bleibt, wenn die geschichtliche Stunde es zuläßt, die Einheit unserer Nation. Und liebe Freunde, ich weiß, daß wir dieses Ziel erreichen können und daß die Stunde kommt, wenn wir gemeinsam dafür arbeiten, wenn wir das mit Vernunft und mit Augenmaß tun, und mit Sinn für das Mögliche.«

Auf den Leipziger Montagsdemonstrationen wurde nach der Jahreswende ebenfalls immer ungestümer die Einheit Deutschlands gefordert und »Nieder mit der SED« gerufen. Auch die Abstimmung mit den Füßen hielt an: Im Januar 1990 kamen über 58 000 Übersiedler aus der DDR in die Bundesrepublik. Ein weiteres Krisenzeichen war am 25. Januar die Entscheidung der Ost-CDU – einer bis vor kurzem absolut regimeloyalen Blockpartei, die seit Mitte Dezember von dem weithin unbekannten Rechtsanwalt LOTHAR DE MAIZIÈRE geführt wurde –, ihre Minister aus dem Kabinett MODROW zurückzuziehen. Um seiner Regierung eine neue Legitimation zu verschaffen, nahm der Ministerpräsident am 28. Januar acht Vertreter von Oppositionsgruppen als Minister ohne Geschäftsbereich in sein Kabinett auf. Am selben Tag erfüllte die Regierung eine Bedingung, welche die Sozialdemokraten an ihren Eintritt in das Kabinett geknüpft hatten: Der Termin der Volkskammerwahlen wurde vorgezogen – vom 6. Mai auf den 18. März 1990.

Die Vorverlegung der Volkskammerwahlen leitete einen kurzen, aber heftigen Wahlkampf ein. Um ihre Wahlchancen zu verbessern, schlossen sich die Ost-CDU, die neugegründete, von der bayerischen

CSU massiv geförderte Deutsche Soziale Union (DSU) und der Demokratische Aufbruch unter Führung des Rechtsanwalts WOLFGANG SCHNUR zur konservativen ›Allianz für Deutschland‹ zusammen. Dieses Parteienbündnis genoß die nachdrückliche Unterstützung der bundesdeutschen CDU und ihres Vorsitzenden HELMUT KOHL. Die FDP gab einem ähnlichen Parteienkartell, dem ›Bund Freier Demokraten‹ – dem die frühere Blockpartei LDPD angehörte – Rückendeckung. Die wichtigsten Bürgerbewegungen, darunter das Neue Forum, verbanden sich zum ›Bündnis 90‹. Die größten Aussichten, die Wahl zu gewinnen, schienen freilich, nach den Umfragen zu schließen, die Sozialdemokraten zu haben, die sich seit Mitte Januar SPD nannten und auf das engste mit der westdeutschen Schwesterpartei zusammenarbeiteten. Die ehemalige Staatspartei der DDR streifte Anfang Februar ihren alten Namen völlig ab und nannte sich fortan nur noch Partei des Demokratischen Sozialismus.

Die Forderung nach der Einheit Deutschlands wurde inzwischen auch von einem prominenten Politiker der PDS, Ministerpräsident MODROW, erhoben. Am 1. Februar unterbreitete er der überraschten Öffentlichkeit einen Plan, der in vier Stufen zur Schaffung eines militärisch neutralen Gesamtdeutschland führen sollte. Des sowjetischen Einverständnisses konnte er sicher sein: Im Vorfeld eines Treffens mit dem Ministerpräsidenten der DDR hatte der sowjetische Partei- und Staatschef GORBATSCHOW am 30. Januar öffentlich erklärt, daß die Sowjetunion prinzipiell gegen eine Vereinigung der beiden deutschen Staaten nichts einzuwenden habe. Am 10. Februar äußerte sich GORBATSCHOW gegenüber Bundeskanzler KOHL und Außenminister GENSCHER, die zu Gesprächen mit der sowjetischen Führung nach Moskau gekommen waren, im gleichen Sinn, aber noch sehr viel präziser. KOHL berichtete darüber in einer Presseerklärung:

»Generalsekretär GORBATSCHOW hat mir unmißverständlich zugesagt, daß die Sowjetunion die Entscheidung der Deutschen, in einem Staat zu leben, respektieren wird und daß es die Sache der Deutschen ist, den Zeitpunkt und den Weg der Einigung selbst zu bestimmen. Generalsekretär GORBATSCHOW und ich waren uns ebenfalls einig, daß die deutsche Frage nur auf der Grundlage der Realitäten zu lösen ist; das heißt, sie muß eingebettet sein in die europäische Architektur und in den Gesamtprozeß der West-Ost-Beziehungen. Wir müssen die berechtigten Interessen unserer Nachbarn und unserer Freunde und Partner in Europa und in der Welt berücksichtigen. Es liegt jetzt an uns Deutschen in der Bundesrepublik und in der DDR, daß wir diesen gemeinsamen Weg mit Augenmaß und Entschlossenheit gehen.«

GORBATSCHOWs Erklärungen vom 10. Februar waren, wie HORST TELTSCHIK in seinem Tagebuch vermerkt, der ›Durchbruch‹. Auch in Moskau hatte sich mittlerweile die Erkenntnis durchgesetzt, daß die Bastion ›DDR‹ nicht mehr zu halten war. Die Demonstrationen für die deutsche Einheit und die weiter anschwellenden Zahlen der Übersiedler ließen keinen Zweifel mehr zu, daß die Tage der Regierung MODROW gezählt waren und keine Nachfolgeregierung sich im Sattel würde behaupten können, die auf der Eigenstaatlichkeit der DDR beharrte.

Selbst eine Mitgliedschaft Gesamtdeutschlands im atlantischen Bündnis hatte GORBATSCHOW nicht mehr kategorisch ausgeschlossen. Allerdings dürfe es keine Ausdehnung des NATO-Gebiets geben. Damit zeichnete sich ein Kompromiß in der Bündnisfrage ab. Die Lösung im einzelnen auszuarbeiten sollte die Aufgabe von ›Zweiplus-Vier-Gesprächen‹ sein – Verhandlungen zwischen den vier Siegermächten des Zweiten Weltkrieges, den USA, der Sowjetunion, Großbritannien und Frankreich, und den beiden deutschen Staaten. Am 13. Februar vereinbarten die Außenminister dieser sechs Staaten am Rande der Konferenz ›Offener Himmel‹ in der kanadischen Hauptstadt Ottawa die Aufnahme solcher Gespräche. Die außenpolitische Beschleunigung des Einigungsprozesses fand ihr innerdeutsches Gegenstück in der Entscheidung der Unionsparteien und bald darauf auch der FDP, die Vereinigung mit der DDR über Artikel 23 des Grundgesetzes anzustreben: Die DDR sollte, wenn ihre künftigen, demokratisch legitimierten Verfassungsorgane es wünschten, entsprechend diesem Artikel der Bundesrepublik beitreten können. Der Weg über Artikel 23 versprach sehr viel kürzer zu werden als der andere, der über Artikel 146 führte. Dieser Artikel sah vor, daß das Grundgesetz seine Gültigkeit an dem Tag verlieren sollte, an dem eine

Verfassung in Kraft trat, die das deutsche Volk in freier Selbstbestimmung beschlossen hatte.
Die Bürgerrechtsbewegungen, die starke Sympathien für Formen der direkten Demokratie hegten und daher der strikt repräsentativen Demokratie des Grundgesetzes sehr reserviert gegenüberstanden, lehnten die Beitrittslösung entschieden ab. Sie engagierten sich vielmehr für den Entwurf einer neuen, radikaldemokratischen deutschen Verfassung, wie ihn der Runde Tisch am 4. April dann auch tatsächlich vorlegte. Auch bei den Sozialdemokraten gab es starke Vorbehalte gegenüber der raschen Vereinigung nach Artikel 23. Die Allianz für Deutschland dagegen konnte, von Bundeskanzler KOHL bei zahlreichen Auftritten in der DDR nachhaltig unterstützt, den Wahlkampf als diejenige Kraft führen, die am entschiedensten für eine schnelle Wiedervereinigung eintrat. Das Bekenntnis zur sozialen Marktwirtschaft tat ein übriges. Die Allianz stand damit zwar nicht allein, aber sie vermochte doch glaubhaft zu machen, daß sie am besten geeignet war, die Bedingung zu erfüllen, die KOHL am 13. Februar bei einem Besuch MODROWS in Bonn an den Vorschlag einer deutschen Währungs- und Wirtschaftsunion geknüpft hatte: Die DDR müsse, wenn sie in den Genuß des Zahlungsmittels D-Mark kommen wolle, rasch die rechtlichen Voraussetzungen für die Einführung der sozialen Marktwirtschaft schaffen.
Kurz vor dem Wahltermin, dem 18. März 1990, befand sich die Allianz für Deutschland spürbar im Aufwind. Offenbar schadete es dem konservativen Parteienbündnis nicht einmal, daß einer seiner Spitzenkandidaten, WOLFGANG SCHNUR, sich als langjähriger Spitzel der ›Stasi‹ entpuppte und am 14. März unter dem Druck der West-CDU von seinem Amt als Vorsitzender des Demokratischen Aufbruchs zurücktreten mußte. Am 18. März ging die Allianz mit 48 Prozent (CDU 40,8, DSU 6,3, DA 0,9 Prozent) als überlegene Siegerin aus der Volkskammerwahl hervor. Auf dem zweiten Platz landete, weit abgeschlagen, die SPD mit 21,0 Prozent. Es folgten die PDS mit 16,4, der Bund Freier Demokraten mit 5,3, Bündnis 90 mit 2,9 und sonstige mit 5,6 Prozent.
Die Niederlage der SPD hatte viel damit zu tun, daß die Partei innerlich gespalten in den Wahlkampf gezogen war. WILLY BRANDT, seit

kurzem Ehrenvorsitzender beider sozialdemokratischen Parteien in Deutschland, genoß in der DDR große Popularität, hatte aber mit seinem Bekenntnis zur nationalen Einheit längst nicht die ganze Partei hinter sich. Der kommende Mann schien der saarländische Ministerpräsident und (bis zum 19. März) noch unerklärte Kanzlerkandidat OSKAR LAFONTAINE zu sein, der keinen Hehl daraus machte, daß ihm die Vereinigung der beiden deutschen Staaten kein Herzensbedürfnis war.

Die PDS hatte die Stimmen derer erhalten, die es gern bei einer Regierung MODROW belassen hätten. Doch die Bilanz des Übergangskabinetts war alles andere als eindrucksvoll – und das nicht nur, weil Bonn ihm zunehmend die kalte Schulter gezeigt hatte, sondern vor allem auf Grund der Halbherzigkeit und Widersprüchlichkeit seiner Politik. MODROW hatte zwar vor dem Herbst 1989 als Reformer gegolten, aber er war auch ein Mann des alten Apparates. Er trug die Verantwortung für die Vernichtung von besonders brisanten Akten der Staatssicherheit, für Versuche, einen ›erneuerten‹ Staatssicherheitsdienst aufzubauen, für die manipulative Säuberung von ›Kaderakten‹ durch die Betroffenen, für eine anrüchige materielle Privilegierung staatlicher Funktionsträger und für eine höchst zögerliche Abkehr von der Planwirtschaft. Eine beachtliche Minderheit fand an alledem offenbar wenig auszusetzen. Eine Stimmabgabe für die PDS, deren stellvertretender Vorsitzender MODROW war, mußte kein Ausdruck von DDR-Nostalgie sein. Zumindest aber war sie ein Votum gegen einen radikalen Bruch mit der jüngsten Vergangenheit.

Die eigentlichen Verlierer der Wahl waren die Helden der Herbstrevolution. Die Bürgerrechtsgruppen hatten das größte Verdienst an der ›Wende‹, aber das zählte ein halbes Jahr später nicht mehr viel. Da sie erklärte Gegner einer schnellen Vereinigung mit der Bundesrepublik waren, setzten sie sich dem Verdacht aus, sie wollten den ›Sozialismus‹ nicht abschaffen, sondern nur reformieren. Die Volkskammerwahl war ein Plebiszit für die Liquidation der DDR und den Anschluß an den Westen Deutschlands. Am Willen der Mehrheit gab es seit dem 18. März 1990 nichts mehr zu deuteln.

Rein numerisch wäre nach dem Wahlausgang eine christlich-liberale Koalition nach Bonner Vorbild möglich gewesen. Aber für die großen

Aufgaben der nächsten Zeit – die Wiederherstellung der 1952 beseitigten fünf Länder der DDR, die einschneidenden wirtschaftlichen Reformen, den von der Allianz versprochenen Beitritt zur Bundesrepublik nach Artikel 23 des Grundgesetzes – waren verfassungsändernde Mehrheiten erforderlich, und die waren nur mit Hilfe der SPD zu bekommen. Nach heftigen internen Auseinandersetzungen entschieden sich die Sozialdemokraten, mit den konservativen und liberalen Parteien eine Regierung der Großen Koalition unter LOTHAR DE MAIZIÈRE, dem Vorsitzenden der CDU, einzugehen. Außenminister wurde der Pfarrer MARKUS MECKEL – seit dem 26. März, an dem das Gründungsmitglied IBRAHIM BÖHME wegen des dringenden Verdachts von Spitzeldiensten für die ›Stasi‹ als Vorsitzender der SPD hatte zurücktreten müssen, dessen vorläufiger Nachfolger in diesem Amt.

In einer Vereinbarung vom 12. April legten sich die Parteien der Großen Koalition auf den Beitritt zur Bundesrepublik nach Artikel 23, die endgültige Anerkennung der Oder-Neiße-Grenze, unter bestimmten Voraussetzungen auch auf eine Mitgliedschaft des vereinten Deutschland in der NATO fest. Eine Woche später, am 19. April, gab DE MAIZIÈRE seine Regierungserklärung vor der Volkskammer ab. Die Kernaussage bestand aus einem Satz:

»Die Einheit muß so schnell wie möglich kommen, aber die Rahmenbedingungen müssen so gut, so vernünftig und so zukunftsfähig sein wie nötig.«

Die Probe aufs Exempel begann am 24. April. An diesem Tag vereinbarten KOHL und DE MAIZIÈRE in Bonn die Einführung einer deutschen Währungs-, Wirtschafts- und Sozialunion zum 1. Juli. Am 27. April wurden die offiziellen Verhandlungen aufgenommen, drei Wochen später, am 18. Mai, der Staatsvertrag unterzeichnet. Die Ratifizierung durch Volkskammer und Bundestag folgte am 21. Juni, die durch den Bundesrat einen Tag später.

Am 1. Juli trat der Vertrag, wie vorgesehen, in Kraft. Von diesem Tag an war die Deutsche Mark alleiniges Zahlungsmittel in beiden deutschen Staaten. Löhne, Gehälter und Renten wurden zu einem Umtauschkurs von 1 zu 1 umgestellt, ebenso Sparguthaben unterhalb gewisser Obergrenzen, die je nach Alter zwischen 2000 und 6000

Mark lagen. Für höhere Sparguthaben und Guthaben von Unternehmen galt ein Kurs von 2 zu 1. Angesichts der nachgerade dramatischen Niedergangs der DDR-Wirtschaft stießen die großzügigen Umtauschkurse bei vielen Experten und auch bei der Bundesbank auf schwere Bedenken. Doch am Ende setzte sich der Primat der Politik durch: Die Währungsunion erschien der Bundesregierung als das sicherste Mittel, den Zustrom von Übersiedlern einzudämmen, und nur auf diesem Weg ließ sich ein rascher Anschluß der DDR an die Europäische Gemeinschaft herbeiführen.

Fünf Tage nach der währungspolitischen Vereinigung Deutschlands, am 6. Juli, begannen die Verhandlungen über die vertragliche Regelung des staatlichen Zusammenschlusses, den Einigungsvertrag. Am 22. Juli beschloß die Volkskammer ein Gesetz über die Wiedereinführung der fünf Länder Sachsen, Sachsen-Anhalt, Thüringen, Brandenburg und Mecklenburg-Vorpommern. Als Termin für die ersten Landtagswahlen wurde der 14. Oktober 1990 festgelegt.

Die außenpolitische Grundlegung der deutschen Vereinigung schritt ebenso zügig voran wie die deutsch-deutschen Verhandlungen. Am 21. April stimmten die Außenminister der Europäischen Gemeinschaft auf einem Treffen in Dublin der raschen Eingliederung der DDR in die EG zu; eine Woche später würdigten die Staats- und Regierungschefs der Gemeinschaft, ebenfalls in Dublin, die Vereinigung Deutschlands als positiven Faktor im europäischen Vereinigungsprozeß. Am 5. Mai begannen in Bonn die ›Zwei-plus-Vier-Gespräche‹. Am 6. Juli verabschiedete der Nordatlantikrat in London eine Erklärung, in der die Bündnispartner den Ländern des Warschauer Pakts eine Gewaltverzichtserklärung und Verhandlungen über die Beseitigung der nuklearen Artillerie in Europa anboten. Die NATO-Reform sollte es der Sowjetunion erleichtern, der Mitgliedschaft des vereinigten Deutschland im atlantischen Bündnis zuzustimmen.

Eben dieses Ziel erreichte Bundeskanzler KOHL bei seinem Besuch in der Sowjetunion am 15. und 16. Juli überraschend schnell. GORBATSCHOW erklärte sich bei den Gesprächen in Moskau und anschließend bei Schelesnowodsk im Kaukasus damit einverstanden, daß das vereinigte Deutschland souverän über seine Bündniszugehörigkeit entscheiden könne. Die einschränkenden Bedingungen war KOHL be-

reit zu akzeptieren: Das geeinte Deutschland verzichtete auf atomare, biologische und chemische Waffen; die militärischen Strukturen der NATO durften nicht auf das Gebiet der jetzigen DDR ausgedehnt werden, solange dort noch sowjetische Truppen stationiert waren; ein spezieller Vertrag regelte den Aufenthalt sowjetischer Truppen auf dem Territorium der DDR; die Truppenstärke der Bundeswehr sollte 370000 Mann nicht übersteigen.
Die deutschen Zugeständnisse wogen wenig gegenüber den sowjetischen. Im Jahr zuvor war ein solches Ergebnis noch unvorstellbar gewesen. Aber inzwischen hatte die Krise in der DDR ein solches Ausmaß angenommen, daß es nur noch eine Stabilisierung zu westlichen Bedingungen, und das hieß: durch die Bundesrepublik, geben konnte. Die Sowjetunion hatte den ›Wettkampf der Systeme‹ auf allen Ebenen – der militärischen und technologischen, der wirtschaftlichen, politischen und ideologischen – verloren. Ohne massive Wirtschaftshilfe aus dem Westen und namentlich aus der Bundesrepublik war an einen Erfolg der Perestrojka nicht mehr zu denken. Einen von der Bundesrepublik verbürgten Fünf-Milliarden-Kredit nahm die Sowjetunion im Juli, vor dem Besuch von KOHL und GENSCHER, sofort in voller Höhe in Anspruch – ein deutliches Zeichen der angespannten Zahlungsbilanzlage. Für GORBATSCHOW und SCHEWARDNADSE ging es mithin, als sie den Verzicht auf die schon verlorene DDR protokollierten, um mehr als eine Frontbegradigung: Sie kämpften bereits um die Bedingungen ihres politischen Überlebens.
Einen Tag nach Abschluß der deutsch-sowjetischen Gespräche im Kaukasus, am 17. Juli, fand eine weitere Runde im Zuge der ›Zweiplus-Vier‹-Treffen in Paris statt. Da der deutsch-polnische Grenzvertrag ein zentrales Thema der Verhandlungen bildete, nahm auch der polnische Außenminister SKUBISZEWSKI an den Beratungen teil. Nachdem Volkskammer und Bundestag sich am 21. Juni zur Endgültigkeit der polnischen Westgrenze bekannt hatten, ging es in Paris nur noch um die polnische Forderung, Deutschland solle erst nach Ratifizierung des Grenzvertrages die volle Souveränität erhalten. In diesem Punkt konnte sich Bonn durchsetzen: SKUBISZEWSKI akzeptierte den Hinweis, daß mit der abschließenden völkerrechtlichen Regelung der ›deutschen Frage‹ im ›Zwei-plus-Vier-Doku-

ment‹ auch die endgültige Anerkennung der polnischen Westgrenze verbunden sei.

Die Einigung in Paris bedeutete auch, daß es eines Friedensvertrages nicht bedurfte, um Deutschland als einheitlichen souveränen Staat wiederherzustellen. Das entsprach ganz der Auffassung der Bundesregierung, daß ein Friedensvertrag schon begrifflich ein Schritt zurück in die Vergangenheit wäre. Alles, was die völkerrechtliche Seite des Vereinigungsprozesses betraf, sollte vielmehr zum einen im ›Zwei-plus-Vier-Vertrag‹ stehen, dessen Unterzeichnung für den 12. September in Moskau vorgesehen war, zum anderen in dem, unmittelbar nach der Wiedervereinigung abzuschließenden, Grenzvertrag mit Polen.

Der genaue Zeitpunkt der Wiedervereinigung stand Mitte Juli noch nicht fest. KOHL sprach sich am 18. Juli erstmals öffentlich für gesamtdeutsche Wahlen am 2. Dezember 1990 aus. Am 26. Juli einigten sich die Ausschüsse ›Deutsche Einheit‹ der Volkskammer und des Bundestages in einer gemeinsamen Sitzung darauf, daß die ersten gesamtdeutschen Wahlen an dem vom Kanzler genannten Tag in einem einheitlichen Wahlgebiet und nach einem einheitlichen Wahlrecht stattfinden sollten. Der Termin 2. Dezember 1990 hatte den Vorteil, daß er mit dem Ende der Legislaturperiode des 11. Deutschen Bundestages zusammenfiel. Eine Grundgesetzänderung zwecks Verkürzung der Wahlperiode war also nicht erforderlich. Als Ministerpräsident DE MAIZIÈRE am 3. August einen früheren Termin für den Beitritt der DDR und gesamtdeutsche Wahlen, nämlich den 14. Oktober, vorschlug, stimmte ihm zwar der Bundeskanzler, nicht aber der sozialdemokratische Kanzlerkandidat zu. LAFONTAINES Kalkül war klar: Eine vorzeitige Wiedervereinigungswahl konnte KOHL sehr viel leichter gewinnen als eine spätere Wahl im Zeichen der allgemeinen Ernüchterung, die nach Meinung des saarländischen Ministerpräsidenten dem Einheitsjubel auf dem Fuß folgen würde.

Der Vorschlag DE MAIZIÈRES war Ausdruck eines politischen Dilemmas. Einerseits verlangten die DSU, im Einklang mit einer verbreiteten Stimmung, den sofortigen und die SPD einen möglichst frühzeitigen Beitritt, andererseits wollte der Ministerpräsident den Abschluß des Einigungsvertrages nicht überstürzen, um ihm, so weit es ging, den Stempel der DDR aufzudrücken. Da ohne Zustimmung der bundesdeutschen Sozialdemokraten ein vorgezogener Wahltermin aber nicht durchzusetzen war, lief nun alles darauf hinaus, Beitritt und Wahl zeitlich zu trennen. Am 22. August beschloß die Volkskammer den Wahlvertrag, der tags darauf auch vom Bundestag angenommen wurde. Damit stand fest, daß die gesamtdeutsche Wahl am 2. Dezember stattfinden würde. Als Termin für den Beitritt zur Bundesrepublik nach Artikel 23 bestimmte die Volkskammer am 23. August mit 294 gegen 62 Stimmen bei 7 Enthaltungen den 3. Oktober 1990.

Das Kabinett DE MAIZIÈRE war zu diesem Zeitpunkt nur noch eine Rumpfregierung. Heftige Attacken des Chefunterhändlers der DDR bei den Verhandlungen über den Einigungsvertrag, Staatssekretär GÜNTHER KRAUSE (CDU), hatten die Sozialdemokraten am 8. August veranlaßt, unter Protest aus der Volkskammer auszuziehen. Eine Woche später entließ DE MAIZIÈRE den sozialdemokratischen Finanzminister ROMBERG und den parteilosen, aber von der SPD vorgeschlagenen Landwirtschaftsminister POLLACK. Die Sozialdemokraten beantworteten die neue Herausforderung am 19. August mit dem Austritt aus der Regierung.

Die Ratifizierung des Einigungsvertrages wurde durch den Bruch der Großen Koalition nicht ernsthaft gefährdet. Am frühen Morgen des 31. August kamen die Verhandlungen in Bonn zum Abschluß; um 13 Uhr 15 fand im Kronprinzenpalais Unter den Linden in Berlin die feierliche Unterzeichnung durch Bundesinnenminister SCHÄUBLE und Staatssekretär KRAUSE statt. Am 23. September stimmten Volkskammer und Bundestag, am Tag darauf auch der Bundesrat dem Einigungsvertrag mit den notwendigen verfassungsändernden Mehrheiten abschließend zu. Am 23. September setzte Bundespräsident VON WEIZSÄCKER seine Unterschrift unter den Vertrag. Am 29. September, einen Tag nach der Verkündung im Bundesgesetzblatt, trat der Vertrag in Kraft.

Der Einigungsvertrag regelte eine fast unübersehbare Masse von Rechtsfragen und ließ doch Wichtiges offen. Berlin wurde zwar zur deutschen Hauptstadt erklärt, die Frage des Parlaments- und Regierungssitzes aber vertagt. Den gesetzgebenden Körperschaften des vereinten Deutschland blieb die Entscheidung vorbehalten, ob das Grundgesetz einer weitergehenden Überarbeitung bedürfe und ob am Ende einer Verfassungsreform eine Volksabstimmung gemäß Artikel 146 stehen sollte. In der umstrittenen Frage des Schwangerschaftsabbruches einigte man sich auf den Kompromiß, das unterschiedliche Recht für eine knapp bemessene Übergangszeit, die am 31. Dezember 1992 endete, fortbestehen zu lassen – woraus folgte, daß bis dahin in den neuen Bundesländern Abtreibungen während der ersten drei Monate der Schwangerschaft in jedem Fall straffrei blieben. Mit am schwierigsten war die Regelung der Eigentumsfragen. Daß die Enteignungen der Jahre 1945 bis 1949, darunter die Bodenreform, nicht rückgängig gemacht werden durften, wurde auf Verlangen der Regierungen der Sowjetunion und der DDR im ›Zwei-plus-Vier-Vertrag‹ festgeschrieben. Für die späteren Enteignungen setzte die Bundesregierung, unter dem maßgeblichen Einfluß der FDP, das Prinzip ›Rückgabe vor Entschädigung‹ durch – eine, wie sich bald herausstellen sollte, verhängnisvolle Entscheidung.

Die völkerrechtliche Grundlage der deutschen Wiedervereinigung bildete der ›Vertrag über die abschließende Regelung in bezug auf Deutschland‹, der am 12. September 1990 von den Partnern der ›Zwei-plus-Vier‹-Verhandlungen, den Außenministern der vier Siegermächte des Zweiten Weltkrieges, der Bundesrepublik Deutschland und der DDR, in Moskau unterzeichnet wurde. Artikel 1 legte die Grenzen des vereinten Deutschland verbindlich fest:

»(1) Das vereinte Deutschland wird die Gebiete der Bundesrepublik Deutschland, der Deutschen Demokratischen Republik und ganz Berlins umfassen. Seine Außengrenzen werden die Grenzen der Deutschen Demokratischen Republik und der Bundesrepublik Deutschland sein und werden am Tag des Inkrafttretens dieses Vertrages endgültig sein. Die Bestätigung des endgültigen Charakters der Grenzen des vereinten Deutschland ist ein wesentlicher Bestandteil der Friedensordnung in Europa.

(2) Das vereinte Deutschland und die Republik Polen bestätigen die derzeitig zwischen ihnen bestehenden Grenzen in einem völkerrechtlich verbindlichen Vertrag.

(3) Das vereinte Deutschland hat keinerlei Gebietsansprüche gegen andere Staaten und wird solche auch nicht in Zukunft erheben.« (...)

Die militärpolitischen Zusagen, die KOHL GORBATSCHOW im Juli gemacht hatte, wurden durch den Vertrag in rechtsverbindliche Form gebracht. Außerdem erfüllten die Vertragspartner eine andere Erwartung, die der sowjetische Staats- und Parteichef dem Kanzler gegenüber geäußert hatte: Auf dem Territorium der DDR durften auch nach Abzug der sowjetischen Truppen keine atomaren Waffensysteme aufgestellt und keine ausländischen Streitkräfte stationiert werden. Mit der Ratifizierung erloschen die Rechte der vier Siegermächte in bezug auf Berlin und Deutschland als Ganzes. In einer ›Deutschland-Erklärung‹ gaben die vier Mächte zu Protokoll, daß sie diese Rechte schon vor der Ratifizierung, ab dem Zeitpunkt der Vereinigung Deutschlands, aussetzen würden. Auf einem Treffen der Außenminister der Konferenz über Sicherheit und Zusammenarbeit in Europa (KSZE) in New York am 1. Oktober wurde diese Erklärung offiziell abgegeben. Damit besaß Deutschland vom Tag der Vereinigung an »volle Souveränität über seine inneren und äußeren Angelegenheiten«.

Der 3. Oktober 1990 wurde zu einem Tag ohne falsches Pathos. Um 0 Uhr wurde zu den Klängen der Freiheitsglocke vor dem Südflügel des Reichstages die schwarz-rot-goldene Bundesflagge aufgezogen. Im Lärm der Böllerschüsse gingen die Worte fast unter, mit denen Bundespräsident RICHARD VON WEIZSÄCKER die deutsche Vereinigung vollzog:

»Die Einheit Deutschlands ist vollendet. Wir sind uns unserer Verantwortung vor Gott und den Menschen bewußt.«

Bei einem Festakt in der Berliner Philharmonie ordnete WEIZSÄCKER am Nachmittag die deutsche Vereinigung in den großen Zusammenhang der deutschen und europäischen Geschichte ein:

»Zum ersten Mal bilden wir Deutsche keinen Streitpunkt auf der europäischen Tagesordnung. Unsere Einheit wurde niemandem aufgezwungen. Sie ist Teil eines gesamteuropäischen Prozesses, der die Freiheit der Völker und eine neue Friedensordnung zum Ziel hat... Die Vereinigung Deutschlands ist etwas anderes als eine bloße Erweiterung der Bundesrepublik. Der Tag ist gekommen, an dem zum ersten Mal in der Geschichte das ganze Deutschland seinen dauerhaften Platz im Kreis der westlichen Demokratien findet.«

Am Tag danach, dem 4. Oktober, fand die konstituierende Sitzung des gesamtdeutschen Bundestages im Berliner Reichstagsgebäude statt. Dem Einigungsvertrag entsprechend waren von der Volkskammer zuvor 144 Abgeordnete in den 11. Bundestag gewählt worden. Fünf Mitglieder der ›bürgerlichen‹ Restkoalition LOTHAR DE MAIZIÈRES, darunter auch der letzte Ministerpräsident der DDR selbst, wurden am selben Tag als Bundesminister ohne Geschäftsbereich vereidigt. Am 5. Oktober ratifizierte der Bundestag den ›Zwei-plus-Vier-Vertrag‹ und die Neufassung des Wahlgesetzes, dessen erste Fassung vom Bundesverfassungsgericht am 29. September für teilweise verfassungswidrig erklärt worden war. Die Klausel, wonach Parteien mindestens fünf Prozent der gültigen Stimmen auf sich vereinigen mußten, um in den Bundestag einzuziehen, wurde nunmehr, dem Karlsruher Urteil gemäß, in der ›alten‹ Bundesrepublik einschließlich West-Berlin und der früheren DDR getrennt zur Anwendung gebracht, so daß einer Majorisierung der neuen Bundesbürger bei der ersten gesamtdeutschen Wahl gewisse Grenzen gezogen waren. Die meisten Parteien waren mittlerweile ›gesamtdeutsch‹: Im August waren die Parteien des Bundes Freier Demokraten der FDP beigetreten; Ende September folgte die Fusion der beiden sozialdemokratischen Parteien, am 1. Oktober schließlich die Vereinigung der Ost-CDU, in der zuvor der Demokratische Aufbruch und die DSU aufgegangen waren, mit der CDU der Bundesrepublik.

Am 14. Oktober wählten die Bürger der fünf neuen Länder Mecklenburg-Vorpommern, Brandenburg, Thüringen, Sachsen-Anhalt und Sachsen ihre Landtage. Die Ost-Berliner mußten mit ihrer Stimmabgabe noch etwas warten: Die Wahl des gemeinsamen Berliner Abgeordnetenhauses war durch den Wahlvertrag auf den Tag der ersten gesamtdeutschen Wahl, den 2. Dezember, festgelegt worden. Am 9. November, dem ersten Jahrestag der Maueröffnung, wurde in Bonn der ›Vertrag über gute Nachbarschaft, Partnerschaft und Zusammenarbeit zwischen der Sowjetunion und der Bundesrepublik

Deutschland‹ unterzeichnet; am 14. November folgte in Warschau die Unterzeichnung des deutsch-polnischen Grenzvertrages durch die Außenminister GENSCHER und SKUBISZEWSKI. Am 2. Dezember ging die bisherige Regierungskoalition aus CDU/CSU und FDP aus der ersten gesamtdeutschen Bundestagswahl als überlegene Siegerin hervor. Am 4. März 1991 ratifizierte der Oberste Sowjet den ›Zwei-plus-Vier-Vertrag‹; am 15. März hinterlegte die Sowjetunion als letzte der vier Siegermächte in Bonn die Ratifizierungsurkunde, womit Deutschland auch formell ein souveräner Staat war. Den leidenschaftlich geführten Streit um den Parlaments- und Regierungssitz entschied der Bundestag am 20. Juni 1991 mit knapper Mehrheit zugunsten von Berlin.

Die Freude der Deutschen über ihre Wiedervereinigung hielt nicht lange an. Erst nach dem staatlichen Zusammenschluß wurde vielen bewußt, wie sehr sich die beiden Teile Deutschlands in den vier Jahrzehnten der Trennung auseinanderentwickelt hatten. Viele ›Wessis‹ fühlten sich durch die ›Ossis‹ in eine überwunden geglaubte Zeit, die Welt der fünfziger Jahre, zurückgeworfen: Die Ostdeutschen hatten, anders als die Westdeutschen, keine Chance gehabt, sich in ›Europäer‹ und ›Weltbürger‹ zu verwandeln; sie waren auf eine Weise, die intellektuelle Altbundesbürger zutiefst befremdete, ›deutsch‹, wenn nicht sogar ›deutschnational‹ geblieben. Umgekehrt erlebten die Ostdeutschen die Westdeutschen zunächst als penetrant überlegen, verständnislos und anmaßend. Die Klischees vom weinerlichen ›Ossi‹ und arroganten ›Besserwessi‹ machten rasch Karriere und wurden in zahllosen Witzen kolportiert.

Das wirkliche Ausmaß der ›Erblast‹ von vier Jahrzehnten DDR trat ebenfalls erst allmählich ins allgemeine Bewußtsein. Kaum ein Betrieb war wettbewerbsfähig. Der Verfall der Altbauten und damit der meisten Innenstädte, die Kehrseite extrem niedriger Mieten, war längst zu einer sozialen Katastrophe geworden. Die Verwüstung der natürlichen Umwelt ging viel weiter, als Sachkenner in Ost und West gemeint hatten, und dasselbe galt für die moralische Verwüstung, die die SED mit Hilfe der ›Krake Stasi‹ angerichtet hatte: Das Bespitzelungswesen war so flächendeckend, daß die DDR auf diesem Gebiet in der Tat zur internationalen Spitzenklasse zählte.

Erst nach dem Zusammenbruch der DDR begannen viele Deutschen zu begreifen, was die millionenfache Abwanderung in den Westen und der ›Aufbau des Sozialismus‹ bewirkt hatten: eine allgemeine Ausdünnung des Reservoirs an Fachkräften, eine von der alten Bundesrepublik radikal veschiedene Sozialstruktur sowie von westlichen Mustern stark abweichende Qualifikations- und Leistungsstandards. Ein selbständiger handwerklicher, kaufmännischer und freiberuflicher Mittelstand war nur noch rudimentär, ein selbständiges Unternehmertum nicht mehr vorhanden. Es gab keine selbständigen Landwirte, kein Berufsbeamtentum und keine ›sichtbaren‹ Arbeitslosen. Die DDR war eine entdifferenzierte Arbeitnehmergesellschaft mit einer hochprivilegierten ›Nomenklatur‹, die so viele Merkmale einer ›herrschenden Klasse‹ aufwies, daß man den Begriff der ›klassenlosen Gesellschaft‹ auf den ostdeutschen Staat nur mit großen Vorbehalten anwenden kann.

In den Bereichen, in denen ideologische Zuverlässigkeit das entscheidende Kriterium des Berufszuganges und der Berufsausübung gebildet hatte, war nach 1989 der Mangel an der *jetzt* gefragten Professionalität besonders groß. Das traf vor allem zu für den Partei- und Sicherheitsapparat, für die Justiz und große Teile des Ausbildungswesens. In der Regel galt: Je ›politischer‹ die Funktion gewesen war, die jemand vor der ›Wende‹ innegehabt hatte, desto geringer seine Eignung und seine Chance, im vereinten Deutschland eine ähnliche Funktion auszuüben. Soziale Abstiegsprozesse waren damit vorgezeichnet.

Die Hauptlast der sozialen Umwälzung hatten freilich *die* Arbeitnehmer zu tragen, die vor 1989 nicht zu den Privilegierten gezählt hatten. Entlassungen und Schließungen von Betrieben hatten ihre Hauptgründe in fehlender Rentabilität und dem weitgehenden Verlust der bisherigen Absatzmärkte in Osteuropa. Dem ›Aufschwung Ost‹ stand aber auch ein westliches Hindernis entgegen: das im Einigungsvertrag festgelegte, später dann modifizierte Prinzip ›Rückgabe vor Entschädigung‹. Die Eigentumsansprüche auf zahllose Grundstücke und Gebäude ließen sich deshalb so schwer klären, weil zu Zeiten der DDR Eintragungen in die Grundbücher zum Teil bewußt geschwärzt worden waren und weil es an geschultem Personal fehlte, das die Flut von Anträgen auf Rückgabe zügig hätte bewältigen können. Die Folge war, daß viele gutgläubige Erwerber verunsichert und potentielle Investoren abgeschreckt wurden.

Hohe Arbeitslosigkeit, steigende Mieten und ein starkes Lohn- und Gehaltsgefälle zwischen West und Ost trugen dazu bei, daß bei vielen Ostdeutschen schon bald nach der Vereinigung ein Stimmungsumschwung einsetzte – von der Freude über die Einheit zur Sorge über die damit verbundenen Probleme. Bei den Westdeutschen war es ähnlich, nur daß hier die hohen Kosten der Einheit den Grund des Meinungswandels bildeten. Die Frustrationen erzeugten Aggressionen und die Aggressionen die Suche nach Sündenböcken. Als solche mußten immer wieder Ausländer und Asylbewerber herhalten, wobei es bei den fremdenfeindlichen Ausschreitungen des Jahres 1992 anfangs ein deutliches Ost-West-Gefälle gab, das sich aber bald einebnete und im Jahr darauf sogar umkehrte.

Im Rückblick fühlten sich in Ost- und Westdeutschland manche bestätigt, die schon 1989/90 vor einer schnellen Vereinigung im Sinne des Beitritts gewarnt und einen langsameren Weg, den Weg über die Erarbeitung einer gesamtdeutschen Verfassung und eine anschließende Volksabstimmung, empfohlen hatten. Dieser Position lag die Annahme zugrunde, daß eine breite öffentliche Diskussion über die Grundrechte der Deutschen und die Staatsziele des künftigen Deutschland integrierend gewirkt hätte – ganz anders als der bloße ›Anschluß‹ der DDR. In diesem Sinne hatte der Philosoph JÜRGEN HABERMAS bereits im März 1990 argumentiert:

»Auf dem Wege über den Artikel 23 können wir Bürger den Prozeß der Vereinigung nur noch erleiden. Der Weg über einen verfassungsgebenden Rat verhindert hingegen eine Politik der vollendenden Tatsachen, schafft den DDR-Bürgern vielleicht doch noch eine Atempause zur Selbstbesinnung und läßt Zeit für eine Diskussion über den Vorrang der europäischen Gesichtspunkte.«

Tatsächlich gab es 1989/90 zwingende innen- und außenpolitische Gründe, auf eine schnelle Vereinigung zu setzen. Erstens waren der Niedergang der DDR-Wirtschaft und die allgemeine Unzufriedenheit im Frühjahr 1990 so weit fortgeschritten, daß nur die Aussicht auf eine rasche Verwirklichung der Einheit, nicht aber ein öffentlicher Verfassungsdiskurs den friedlichen Charakter der ostdeutschen Revolution bewahren und einer noch stärkeren Abwanderung in den Westen entgegenwirken konnte. Zweitens waren die Reformkräfte in der DDR zu schwach, um den Staat durch eine längere Krisenperiode zu steuern. Drittens wußte 1990 niemand, wie lange sich die ›Realpolitiker‹ GORBATSCHOW und SCHEWARDNADSE an der Macht würden behaupten können.

Was die Vereinigung von Anfang an belastete, war nicht ihr Tempo, sondern ein folgenschweres Versäumnis. Der Bundeskanzler sagte den Deutschen nicht, daß der Weg zur inneren Einheit außerordentlich kostspielig, mühselig und langwierig sein würde. Der Appell an die Opferbereitschaft der Westdeutschen und an die Geduld der Ostdeutschen unterblieb – zum einen, weil dergleichen im Wahlkampfjahr 1990 nicht als opportun galt, zum anderen, weil die Akteure den Ernst der Lage in der DDR nicht wahrhaben wollten. Der Ruf nach nationaler Solidarität hätte moralische und materielle Energien freisetzen können; er hatte die größten Chancen, Gehör zu finden, solange noch an der Grundlegung der Einheit gearbeitet wurde. Der Pragmatismus von Kanzler und Außenminister bewährte sich glänzend, als es darum ging, die außenpolitischen Bedingungen der Einheit zu schaffen. Für die innere Einigung reichte Pragmatismus nicht aus. Der von HABERMAS geforderte Diskurs über die normative Seite der Einheit wäre notwendig gewesen, weil auch die wechselseitige Entfremdung zu den deutschen Realitäten gehörte. Daß ein solcher Diskurs 1990 nicht stattfand, gehört zu den Hypotheken der deutschen Vereinigung.

Doch was immer sich 1990 hätte besser machen lassen: Die Neuorientierung der Deutschen konnte nicht ohne Krisen abgehen. Das gilt nicht nur für die Ostdeutschen, denen Marktwirtschaft und parlamentarische Demokratie harte Lernprozesse auferlegten. Es gilt auch für die Westdeutschen. Für die alte Bundesrepublik war die Mauer ein Schutzwall: eine Rückversicherung gegen Weltprobleme, deren Ernst den Deutschen erst nach 1989 bewußt zu werden begann. Die Zuwanderung aus den armen Ländern ist eines dieser Probleme. Solange es alliierte Vorbehaltsrechte gab, konnte sich die Bundesrepublik auch aus vielen Weltkonflikten weitgehend heraushalten. Der Souveränitätszuwachs, der mit der Vereinigung Deutschlands verbunden war, beendete diese Sonderrolle. Das vereinte Deutschland muß als Mitglied der Vereinten Nationen auch auf militärischem Gebiet mehr Verantwortung übernehmen, als der alten Bundesrepublik je zugemutet wurde.

Das vereinte Deutschland ist, was weder Bundesrepublik noch DDR waren: ein Nationalstaat. Vom ersten deutschen Nationalstaat, dem Reich von 1871, trennt den zweiten Nationalstaat freilich vieles: Er ist, sozusagen a priori, eingebunden in supranationale Zusammenschlüsse wie Europäische Gemeinschaft und NATO und hat von vornherein in bestimmte qualitative und quantitative Beschränkungen seines militärischen Potentials eingewilligt. Vom Idealtyp des klassischen Nationalstaates ist das neue Deutschland mithin weit entfernt. Als funktionsfähige parlamentarische Demokratie ist das vereinte Deutschland auch frei von jenem obrigkeitsstaatlichen Erbe des Bismarckreiches, an dem der erste deutsche Nationalstaat letztlich gescheitert ist: der historischen Verschleppung der Freiheitsfrage.

Aber es gibt auch Kontinuitäten zwischen dem ersten und dem zweiten Nationalstaat: Als Bundes-, Rechts- und Sozialstaat steht das vereinte Deutschland in einer Tradition, die älter ist als die 1919 geschaffene Demokratie von Weimar. Noch augenscheinlicher ist eine räumliche, den Geltungsbereich des Begriffs ›deutsche Nation‹ bestimmende Kontinuität: Im Jahre 1990 ist nochmals die kleindeutsche Lösung von 1866, der Ausschluß Österreichs, bestätigt worden. Ein noch größeres Deutschland wäre 1871 für das übrige Europa unerträglich gewesen. 1990 war die Festschreibung der Grenzen eines erheblich kleineren deutschen Staatsgebietes eine der Vorbedingungen dafür, daß die vier Siegermächte des Zweiten Weltkrieges der Vereinigung zustimmten.

Die Herstellung der deutschen Einheit im Jahre 1990 war nicht das Ergebnis einer langfristig verfolgten politischen Strategie, sondern in erster Linie von gekonnter Improvisation. Es gab jedoch historische Entscheidungen auf westlicher Seite, die Bedingungen für die Möglichkeit des Erfolges bildeten. Dazu gehörten die von ADENAUER betriebene Westintegration ebenso wie die Öffnung nach Osten unter

BRANDT, die Verankerung der Menschenrechte in der ›Helsinki-Schlußakte‹ der KSZE von 1975 und die gleichzeitig vereinbarte Garantie der bestehenden Grenzen, die Festigkeit des Westens beim Streit um die Nachrüstung Anfang der achtziger Jahre und die Bereitschaft zur kontrollierten Abrüstung, das Festhalten an der einheitlichen deutschen Staatsbürgerschaft und die vertraglich geregelten Beziehungen zwischen Bundesrepublik und DDR. Ohne die von fast allen Beobachtern lange unterschätzte tiefe Krise des Sowjetimperiums aber gäbe es noch heute zwei deutsche Staaten und zwei konkurrierende Sicherheitssysteme in Europa.

Der Umbruch der Jahre 1989 bis 1991 ist eine der tiefsten Zäsuren des 20. Jahrhunderts, ja der neueren Geschichte überhaupt. Mit der Auflösung der Sowjetunion Ende 1991 trat das letzte multinationale Großreich von der Bühne ab. Es gibt keinen Warschauer Pakt und keinen einzigen kommunistischen Staat mehr in Europa. In dem ideologischen Vakuum, das der Zusammenbruch des Marxismus-Leninismus hinterlassen hat, entfaltet eine oft schon für tot erklärte Ersatzreligion neue und meist zerstörerische Kraft: der Nationalismus.

Ein deutscher Rückfall in den Nationalismus wäre eine Katastrophe nicht nur für Deutschland. Eine Nation zu sein werden die Deutschen freilich lernen müssen, wenn der innere Einigungsprozeß gelingen soll. Der ›postnationale‹ Sonderweg der alten Bundesrepublik ist 1989/90 zu Ende gegangen. Was es im vereinten Deutschland zu bewahren und weiterzuentwickeln gilt, ist jenes Erbe des größeren der beiden deutschen Staaten, das JÜRGEN HABERMAS 1986, im Zuge des ›Historikerstreits‹ über die Einzigartigkeit der nationalsozialistischen Judenvernichtung, als *die* große intellektuelle Errungenschaft der deutschen Nachkriegszeit bezeichnet hat: »die vorbehaltlose Öffnung der Bundesrepublik gegenüber der politischen Kultur des Westens«.

# Anhang

# Zeittafel

**1848/49: Die ungewollte Revolution**

**1848** *22.–24. Februar:* Februarrevolution in Frankreich. Abdankung des Königs LOUIS PHILIPPE und Ausrufung der Republik.
*März:* In Baden und anderen deutschen Staaten fordern Bürger in zahlreichen Versammlungen Presse- und Vereinsfreiheit, Volksbewaffnung und ein deutsches Parlament.
*13.–15. März:* Revolution in Wien. Flucht METTERNICHS.
*18. März:* Barrikadenkämpfe in Berlin.
*April:* Erfolgloser Aufstand unter der Führung FRIEDRICH HECKERS und GUSTAV STRUVES in Baden.
*18. Mai:* In der Frankfurter Paulskirche tritt die Deutsche Nationalversammlung zusammen. Zum Präsidenten wird der Liberale Freiherr HEINRICH VON GAGERN gewählt.
*Ende Juni:* GAGERNS »kühner Griff«: Die Paulskirche setzt eine provisorische Zentralgewalt ein. Erzherzog JOHANN VON ÖSTERREICH wird zum Reichsverweser gewählt.
Die Pariser Junischlacht, in der General CAVAIGNAC die rebellierenden Arbeiter niederwirft, wird zu einem Wendepunkt der europäischen Revolution: Im besitzenden Bürgertum wachsen mit der Furcht vor dem sozialen Umsturz auch die konservativen Neigungen. In Deutschland hat der Frankfurter Volksaufstand, in dessen Verlauf zwei Abgeordnete ermordet werden (18. September), eine ähnliche Wirkung.
*Ende Oktober:* Niederwerfung des Aufstandes in Wien.
*Dezember:* In Preußen Auflösung der Nationalversammlung durch den König und oktroyierte Verfassung.
**1849** *28. März:* Nach Verabschiedung der Reichsverfassung wählt die Frankfurter Nationalversammlung den preußischen König zum Kaiser der Deutschen. Doch FRIEDRICH WILHELM IV. lehnt ab.
*Mai:* Aufstände in Dresden, der Pfalz und Baden mit dem Ziel, die Einführung der Reichsverfassung zu erzwingen. Sie werden vor allem von preußischen Truppen niedergeworfen.

## 1866 und 1878: Der Liberalismus in der Krise

**1861** WILHELM I. wird König von Preußen.
**1862** *23. September:* Ernennung OTTO VON BISMARCKS zum preußischen Ministerpräsidenten.
Beginn des preußischen Verfassungskonflikts. Die liberale Mehrheit des Abgeordnetenhauses weigert sich, die Ausgaben für die Verstärkung des Heeres zu genehmigen. BISMARCK regiert unter Bruch der Verfassung ohne ein parlamentarisch bewilligtes Budget.
**1864** Krieg Österreichs und Preußens gegen Dänemark.
*Oktober:* Im Frieden von Wien tritt Dänemark Schleswig, Holstein und Lauenburg an Preußen und Österreich ab.
**1866** Preußisch-österreichischer Krieg.
*3. Juli:* Sieg der preußischen Armeen bei Königgrätz.
*3. September:* Mit der Annahme der Indemnitätsvorlage durch das preußische Abgeordnetenhaus wird der Verfassungskonflikt beendet. Entstehung der Nationalliberalen Partei, die mit BISMARCK zusammenarbeitet.
**1867** *12. Februar:* Wahl des verfassunggebenden norddeutschen Reichstages nach dem allgemeinen, gleichen und direkten (Männer-)Wahlrecht. Die Verfassung des Norddeutschen Bundes (Bundeskanzler: BISMARCK) wird die Grundlage der späteren Reichsverfassung.
**1870** *19. Juli:* Beginn des deutsch-französischen Krieges.
**1871** *18. Januar:* WILHELM I. von Preußen wird in Versailles zum Deutschen Kaiser ausgerufen.
*28. Januar:* Kapitulation von Paris.
*26. Februar:* Vorfriede von Versailles.
**1873** BISMARCK versucht, mit gesetzlichen Maßnahmen (»Maigesetze«) den staatlichen Einfluß der katholischen Kirche zurückzudrängen. Die Liberalen unterstützen den Kanzler, weil in ihrer Sicht der »Kulturkampf« gegen die Kirche der Sache des Fortschritts dient.
**1875** *22.–27. Mai:* In Gotha vereinigen sich der von FERDINAND LASSALLE gegründete Allgemeine Deutsche Arbeiterverein und die Sozialdemokratische Arbeiterpartei unter der Führung AUGUST BEBELS und WILHELM LIEBKNECHTS zur Sozialistischen Arbeiterpartei Deutschlands.
**1878** Nach zwei Attentaten auf Kaiser WILHELM I. im Mai bzw. Juni und Reichstagswahlen (31. Juli), die zu einem erheblichen Rechtsruck führen, verabschiedet der neue Reichstag mit Zustimmung der Nationalliberalen ein zunächst auf zweieinhalb Jahre befristetes »Gesetz gegen die gemeingefährlichen Bestrebungen der Sozialdemokratie«, das sog. Sozialistengesetz. Es wird bis 1890 immer wieder verlängert und beinhaltet das Verbot sozialistischer Vereine, Versammlungen und Druckschriften, die Ausweisung sozialdemokratischer Agitatoren und die Möglichkeit, in »gefährdeten Bezirken« für die Dauer eines Jahres den »kleinen Belagerungszustand« zu verhängen.

**1879** *12. Juli:* Eine Mehrheit des Reichstages führt Schutzzölle für Getreide und Roheisen ein und beendet damit die Ära des Freihandels.
**1880** Spaltung der Nationalliberalen Partei. Die »Sezessionisten« um BAMBERGER und LASKER kehren in die Opposition zurück.

## 1914: Sozialdemokraten am Scheideweg

**1912** *Januar:* Bei den Reichstagswahlen erhalten die Sozialdemokraten 34,8 % der Stimmen und werden zur stärksten Fraktion des Reichstages.
**1914** *1. August:* Mit der Kriegserklärung Deutschlands an Rußland beginnt der Erste Weltkrieg.
*4. August:* Im Deutschen Reichstag stimmen alle Fraktionen, einschließlich der sozialdemokratischen, geschlossen für die Kriegskredite.
*2. Dezember:* KARL LIEBKNECHT stimmt als erster Sozialdemokrat im Reichstag gegen die Kriegskredite und wird daraufhin aus seiner Fraktion ausgeschlossen.
**1916** *24. März:* Weitere 18 Abgeordnete der SPD lehnen die Kriegskredite ab und werden aus der SPD ausgeschlossen. Sie gründen unter der Bezeichnung *Sozialdemokratische Arbeitsgemeinschaft* eine selbständige Fraktion.
*Juni:* Erster Massenstreik während des Krieges.
*28. Juni:* Ein Kriegsgericht in Berlin verurteilt KARL LIEBKNECHT wegen Widerstands gegen den Krieg zu zweieinhalb Jahren Zuchthaus.
**1917** *Februar:* Revolution in Rußland. Abdankung des Zaren.
*7. April:* WILHELM II. kündigt die Aufhebung des preußischen Dreiklassenwahlrechts an.
*9.–11. April:* In Gotha wird die *Unabhängige Sozialdemokratische Partei Deutschlands (USPD)* gegründet.
*Oktober:* Revolution in Rußland unter der Führung der Bolschewiki.

## 1918/19: Die steckengebliebene Revolution

**1918** *Januar:* Massenstreik in Deutschland.
*Oktober:* Bildung einer parlamentarischen Mehrheitsregierung (Zentrum, Fortschrittliche Volkspartei, SPD) unter Prinz MAX VON BADEN. Durch Verfassungsänderung wird das Reich zur parlamentarischen Monarchie. Flucht des Kaisers ins Große Hauptquartier nach Spa.
*28. Oktober:* Meuterei auf der deutschen Hochseeflotte als Reaktion auf den Plan der Seekriegsleitung, ohne Wissen der Regierung gegen England auszulaufen.
*3. November:* Der Aufstand der Matrosen in Kiel greift auf andere Städte über. Bildung von Arbeiter- und Soldatenräten.
*7. November:* KURT EISNER (USPD) ruft in München die Republik aus.
*9. November:* Revolution in Berlin. PHILIPP SCHEIDEMANN (SPD) ruft vom

Balkon des Reichstags die Republik aus. Prinz MAX VON BADEN überträgt dem sozialdemokratischen Parteiführer FRIEDRICH EBERT das Amt des Reichskanzlers; Bildung des Rats der Volksbeauftragten, einer Koalitionsregierung von SPD und USPD.
*10. November:* WILHELM II. flieht nach Holland.
*16.−20. Dezember:* Der 1. Kongreß der Arbeiter- und Soldatenräte in Berlin beschließt Wahlen zur Nationalversammlung und beauftragt die Regierung, »mit der Sozialisierung aller hierzu reifen Industrien, insbesondere des Bergbaus, unverzüglich zu beginnen«.
*29. Dezember:* Die Volksbeauftragten der USPD treten aus der Regierung aus.

**1919** *1. Januar:* Gründung der *Kommunistischen Partei Deutschlands*.
*Januar:* Aufstand der radikalen Linken in Berlin.
*15. Januar:* Ermordung ROSA LUXEMBURGS und KARL LIEBKNECHTS.
*19. Januar:* Wahlen zur Nationalversammlung. Die sozialistischen Parteien erhalten keine Mehrheit (SPD: 37,9 %, USPD: 7,6 %). Bildung der »Weimarer Koalition« aus SPD, Zentrum und Deutscher Demokratischer Partei.
*11. Februar:* Wahl FRIEDRICH EBERTS zum Reichspräsidenten.
*März/April:* Große Streikbewegung, vor allem im Ruhrgebiet.
*April:* Errichtung und Niederwerfung der Münchner Räterepublik.
*28. Juni:* Unterzeichnung des Friedensvertrages in Versailles.
*11. August:* Die Reichsverfassung tritt in Kraft.

**1920** *10. Januar:* Der Versailler Friedensvertrag tritt in Kraft.
*März:* KAPP-LÜTTWITZ-Putsch gegen die demokratische Republik; Generalstreik; Beginn des Ruhrkrieges.
*April/Mai:* Niederwerfung der »Roten Armee« im Ruhrgebiet durch die Reichswehr.
*6. Juni:* Reichstagswahlen. Die Weimarer Koalition verliert die Mehrheit; Stimmengewinne der USPD (17,9 %; SPD 21,7 %; KPD 2,1 %).

### 1933: Die Flucht in den Führerstaat

**1929** *25. Oktober:* »Schwarzer Freitag«, Beginn der Weltwirtschaftskrise. In der sozialdemokratisch geführten Regierung der Großen Koalition Zuspitzung des Streits um die Finanzierung der Arbeitslosenversicherung.

**1930** *März:* Bruch der Großen Koalition, Kanzlerschaft HEINRICH BRÜNINGS (Zentrumspartei).
*Juli:* Übergang zum Präsidialkabinett, das mit Hilfe von Notverordnungen des Reichspräsidenten aufgrund des Artikels 48 der Reichsverfassung regiert.
*14. September:* In der Reichstagswahl erhält die Nationalsozialistische Deutsche Arbeiterpartei (NSDAP) 18,3 % der Stimmen und 107 statt bisher 12 Sitze im Reichstag.
Rigorose Sparpolitik der Regierung BRÜNING (Kürzung der Beamtengehälter).

**1931** *Juli:* Bankenkrach.
*Oktober:* »Harzburger Front« der radikalen Rechtskräfte.
*Dezember:* 5,66 Millionen Arbeitslose.
**1932** Die Zahl der Arbeitslosen steigt auf 6 Millionen.
*10. April:* Im zweiten Wahlgang der Reichspräsidentenwahl erhalten PAUL VON HINDENBURG 53%, ADOLF HITLER 36,8% und ERNST THÄLMANN 10,2% der Stimmen.
*1. Juni:* Als Nachfolger BRÜNINGS bildet FRANZ VON PAPEN ein »Kabinett der nationalen Konzentration«, das die Mehrheit des Parlaments gegen sich hat, und löst am 4. Juni den Reichstag auf.
*20. Juli:* PAPEN setzt die sozialdemokratisch geführte preußische Minderheitsregierung unter OTTO BRAUN ab.
*31. Juli:* Bei den Reichstagswahlen gewinnt die NSDAP 37,4% der Stimmen und 230 Mandate. Als stärkste Partei stellt sie mit HERMANN GÖRING erstmals den Reichstagspräsidenten.
*2.–7. November:* Am Berliner Verkehrsarbeiterstreik beteiligen sich gemeinsam NSDAP und KPD.
*6. November:* Bei erneuten Reichstagswahlen sinkt der Stimmenanteil der NSDAP auf 33,1%. Erheblicher Stimmenzuwachs der KPD.
*17. November:* Rücktritt des Kabinetts PAPEN.
*3. Dezember:* General VON SCHLEICHER wird Reichskanzler.
*8. Dezember:* Der Reichsorganisationsleiter der NSDAP, GREGOR STRASSER, legt nach heftigen Auseinandersetzungen in der Führung alle Parteiämter nieder.
**1933** *30. Januar:* HINDENBURG ernennt ADOLF HITLER zum Reichskanzler.
**1939** *1. September:* Mit dem Einmarsch deutscher Truppen in Polen beginnt der Zweite Weltkrieg.
**1945** *7. Mai:* In Reims wird die bedingungslose deutsche Kapitulation unterzeichnet.

### 1945: Neubeginn oder Restauration?

**1945** *5. Juni:* Deutschland wird in den Grenzen vom 31. Dezember 1937 in vier Besatzungszonen aufgeteilt.
*10. Juni:* Mit dem *Befehl Nr. 2* läßt die Sowjetische Militäradministration die Bildung von Parteien und Gewerkschaften in der Sowjetischen Besatzungszone (SBZ) zu.
*12. Juli:* Groß-Berlin wird in vier Sektoren eingeteilt.
*17. Juli–2. August:* Potsdamer Konferenz. STALIN, TRUMAN, CHURCHILL (am 28. Juli von seinem Nachfolger ATTLEE abgelöst) legen die weitere Behandlung Deutschlands fest.
*August/September:* Zulassung von Parteien in der amerikanischen und britischen Besatzungszone.

**1946** *21./22. April:* Zwangsvereinigung der KPD und SPD in der Sowjetischen Besatzungszone zur Sozialistischen Einheitspartei Deutschlands (SED).
**1947** *1. Januar:* Zusammenlegung der amerikanischen und britischen Besatzungszone zur Bizone.
*29. Mai:* Die USA und Großbritannien beschließen die Bildung eines deutschen Zweizonen-Wirtschaftsrates.
**1948** *20. Juni:* Währungsreform in den Westzonen.
*24. Juni:* Beginn der bis Mai 1949 dauernden sowjetischen Blockade.
*Juli:* Die Bizone wird einbezogen in den Marshallplan, eine umfangreiche US-Wirtschaftshilfe für Europa, die seit dem 3. April in Kraft ist.
*1. September:* In Bonn konstituiert sich der Parlamentarische Rat, um das Grundgesetz auszuarbeiten.
**1949** *23. Mai:* Verkündung des Grundgesetzes.
*14. August:* Erste Wahlen zum Deutschen Bundestag.
*12. September:* THEODOR HEUSS wird Bundespräsident. KONRAD ADENAUER bildet als Bundeskanzler eine Koalitionsregierung aus CDU/CSU, FDP und der Deutschen Partei (DP).
*7. Oktober:* Gründung der *Deutschen Demokratischen Republik (DDR)*. Inkraftsetzung der DDR-Verfassung.

### 1989/90: Die unverhoffte Einheit

**1989** *Mai:* Oppositionelle in der DDR protestieren gegen Fälschungen bei den Kommunalwahlen.
*Juli:* Ungarn beseitigt seine Grenzbefestigungen gegenüber Österreich. Ostdeutsche flüchten in großer Zahl über diese Grenze in den Westen.
*August:* Ausreisewillige aus der DDR flüchten sich in die bundesdeutschen Botschaften in Budapest, Prag und Warschau.
*September:* Ungarn läßt alle Fluchtwilligen in den Westen ausreisen; Demonstrationen und Verhaftungen in Leipzig; Gründung von Oppositionsgruppen, darunter des Neuen Forums in der DDR.
*1. Oktober:* Beginn der Ausreise der Prager, bald darauf auch der Warschauer Botschaftsflüchtlinge.
*2. Oktober:* Leipziger Montagsdemonstration mit 20 000 Teilnehmern, die Reformen in der DDR fordern; zahlreiche Verhaftungen.
*6./7. Oktober:* Feiern zum 40. Jahrestag der Gründung der DDR; Besuch des sowjetischen Staats- und Parteichefs GORBATSCHOW in Ost-Berlin; neue Demonstrationen für Reformen in der DDR.
*7. Oktober:* Gründung der Sozialdemokratischen Partei in der DDR (SDP) in Schwante.
*9. Oktober:* Die Montagsdemonstration in Leipzig mit 70 000 Teilnehmern verläuft ohne die befürchtete Gewaltanwendung durch die Polizei.
*18. Oktober:* Absetzung des Generalsekretärs der SED und Staatsratsvorsit-

zenden der DDR, ERICH HONECKER, durch das Zentralkomitee der SED; sein Nachfolger in beiden Funktionen wird EGON KRENZ.

*4. November:* Eine halbe Million Menschen demonstriert auf dem Alexanderplatz in Ost-Berlin für Reformen in der DDR.

*7. November:* Rücktritt der Regierung der DDR, tags darauf auch des Politbüros der SED; Zulassung des Neuen Forums als politische Vereinigung.

*9. November:* Öffnung der Berliner Mauer.

*13. November:* Die Volkskammer der DDR wählt den Dresdner Bezirkssekretär der SED, HANS MODROW, zum neuen Ministerpräsidenten.

*27. November:* Verstärkte Rufe nach deutscher Einheit auf der Leipziger Montagsdemonstration.

*28. November:* Zehn-Punkte-Plan Bundeskanzler HELMUT KOHLS zur schrittweisen Vereinigung Deutschlands.

*6. Dezember:* Rücktritt von EGON KRENZ als Staatsratsvorsitzender.

*7. Dezember:* Der »Zentrale Runde Tisch« tritt erstmals in Ost-Berlin zusammen.

*8./9. Dezember:* GREGOR GYSI neuer Vorsitzender der SED, die sich eine Woche später in »Sozialistische Einheitspartei Deutschlands / Partei des Demokratischen Sozialismus« (SED/PDS) umbenennt.

*19. Dezember:* Besuch einer Bonner Regierungsdelegation unter Bundeskanzler KOHL in Dresden; Verhandlungen mit MODROW über eine deutschdeutsche Vertragsgemeinschaft; Demonstrationen für die deutsche Einheit.

*22. Dezember:* Öffnung des Brandenburger Tors in Berlin als Grenzübergang.

*31. Dezember:* Die Zahl der Übersiedler, die 1989 von der DDR in die Bundesrepublik kamen, beläuft sich auf über 340 000.

**1990** *8. Januar:* In Leipzig und anderen Städten der DDR immer lautere Rufe nach »Deutschland einig Vaterland«.

*15. Januar:* Erstürmung der Stasi-Zentrale in der Berliner Normannenstraße.

*28. Januar:* Die Volkskammerwahl wird auf den 18. März 1990 vorgezogen. Eintritt von Oppositionspolitikern in die Regierung MODROW.

*Februar:* Wahlbündnisse zur Volkskammerwahl, darunter die konservative »Allianz für Deutschland« unter dem Vorsitzenden der Ost-CDU, LOTHAR DE MAIZIÈRE, die einen schnellen Beitritt der DDR zur Bundesrepublik gemäß Artikel 23 des Grundgesetzes fordert, und das »Bündnis 90«, in dem sich Bürgerrechtsgruppen sammeln.

*10. Februar:* Bundeskanzler KOHL und Außenminister GENSCHER in Moskau. GORBATSCHOW bekennt sich zum Selbstbestimmungsrecht der Deutschen.

*18. März:* Volkskammerwahl. Sieg der »Allianz für Deutschland«.

*12. April:* Programmatische Vereinbarung der Partner der Regierung der Großen Koalition (Allianz für Deutschland, SPD, Bund Freier Demokraten) unter DE MAIZIÈRE.

*19. April:* Regierungserklärung von Ministerpräsident DE MAIZIÈRE mit Bekenntnis zur deutschen Einheit.

*28. April:* Gipfel der Europäischen Gemeinschaft in Dublin; Befürwortung der deutschen Vereinigung durch die EG.

*5. Mai:* Beginn der »Zwei-plus-Vier«-Verhandlungen der Außenminister der vier Siegermächte, der Bundesrepublik und der DDR in Bonn über die Vereinigung beider deutscher Staaten.

*18. Mai:* KOHL und DE MAIZIÈRE unterzeichnen den Vertrag über eine Währungs-, Wirtschafts- und Sozialunion zwischen der Bundesepublik und der DDR.

*1. Juli:* Die Währungsunion tritt in Kraft. Die DM wird alleiniges Zahlungsmittel in der DDR.

*6. Juli:* Beginn der Verhandlungen über den Einigungsvertrag zwischen der Bundesrepublik und der DDR.

*15./16. Juli:* KOHL und GENSCHER in Moskau und im Kaukasus. GORBATSCHOW stimmt der NATO-Mitgliedschaft des vereinigten Deutschland zu.

*31. August:* Unterzeichnung des Einigungsvertrages in Ost-Berlin.

*12. September:* In Moskau wird der »Zwei-plus-Vier-Vertrag« unterzeichnet, durch den das vereinigte Deutschland seine volle Souveränität erhält.

*29. September:* Nach der Ratifizierung durch Volkskammer, Bundestag und Bundesrat tritt der Einigungsvertrag in Kraft.

*3. Oktober:* Tag der deutschen Einheit: Die DDR tritt der Bundesrepublik gemäß Artikel 23 des Grundgesetzes bei; Staatsakt in Berlin.

*4. Oktober:* 1. Sitzung des durch Zuwahl von 144 Abgeordneten der Volkskammer erweiterten Bundestages in Berlin.

*5. Oktober:* Ratifizierung des »Zwei-plus-Vier-Vertrages« durch den Bundestag.

*14. Oktober:* Landtagswahlen in den fünf neuen Ländern Mecklenburg-Vorpommern, Brandenburg, Thüringen, Sachsen-Anhalt und Sachsen.

*9. November:* Unterzeichnung des deutsch-sowjetischen Partnerschaftsvertrages in Bonn.

*14. November:* Unterzeichnung des deutsch-polnischen Grenzvertrages in Warschau; Bestätigung der Endgültigkeit der Oder-Neiße-Grenze.

*2. Dezember:* Wahl zum ersten gesamtdeutschen Bundestag, Sieg der Koalition aus CDU/CSU und FDP; Wahlen zum (Gesamt-)Berliner Abgeordnetenhaus.

**1991** *4. März:* Der Oberste Sowjet ratifiziert den »Zwei-plus-Vier-Vertrag«.

*15. März:* Die Sowjetunion hinterlegt als letzte Siegermacht die Ratifizierungsurkunde zum »Zwei-plus-Vier-Vertrag« in Bonn.

*20. Juni:* Der Bundestag bestimmt mit knapper Mehrheit Berlin zum Parlaments- und Regierungssitz der Bundesrepublik Deutschland.

# Zitatnachweise
(Die Ziffern verweisen auf die entsprechenden Seiten im Text)

### Einleitung

10 »Kontinuität ihrer Lebensordnung...«, s. RICHARD LÖWENTHAL, »Die deutsche Sozialdemokratie in Weimar und heute. Zur Problematik der ›versäumten demokratischen Revolution‹«, in: ders., *Sozialismus und aktive Demokratie. Essays zu ihren Voraussetzungen in Deutschland*. Frankfurt (S. Fischer Verlag) 1974, S. 106.

10 »Revolutionen machen in Preußen...« s. FÜRST OTTO VON BISMARCK, *Die gesammelten Werke*. Berlin 1924 ff, Bd. 8, S. 459.

10 »Nicht die deutsche Reaktion...«, s. RUDOLF STADELMANN, »Deutschland und die westeuropäischen Revolutionen«, in: ders., *Deutschland und Westeuropa. Drei Aufsätze*. Laupheim 1948, S. 28.

### 1848/49: Die ungewollte Revolution

18 »Dieser März 1848...«, s. VEIT VALENTIN, *Geschichte der deutschen Revolution 1848–1849*. Bd. 1, Köln 1970², S. 339.

18 »Das Gift...«, s. RUDOLF STADELMANN, »Deutschland und die westeuropäischen Revolutionen«, in: ders., *Deutschland und Westeuropa. Drei Aufsätze*. Laupheim 1948, S. 31.

18 »Aus dem Schoße...«, s. WILHELM HEINRICH RIEHL, *Die bürgerliche Gesellschaft*. Stuttgart 1854², S. 247 ff.

19 »Sie wußte, daß es...«, s. FRIEDRICH ENGELS, »Revolution und Konterrevolution in Deutschland«, in: KARL MARX/FRIEDRICH ENGELS, *Werke*. Bd. 8, Berlin 1960, S. 39 f.

21 »In den verfassungspolitischen Zielen...«, s. WERNER CONZE, »Das Spannungsfeld von Staat und Gesellschaft im Vormärz«, in: ders. (Hg.), *Staat und Gesellschaft im deutschen Vormärz 1815–1848*. Stuttgart 1962, S. 242.

22 »Der Deutsche Bund von 1815...«, s. KARL-GEORG FABER, »Nationalität und Geschichte in der Frankfurter Nationalversammlung«, in: WOLFGANG KLÖTZER u. a. (Hg.), *Ideen und Strukturen der deutschen Revolution 1848*. Frankfurt 1974, S. 106.

23 »Die lieben Österreicher...«, s. FRIEDRICH HEBBEL, *Tagebücher*, hg. von R. W. WERNER. Bd. 3, Berlin o. J., S. 301.

- **23** »In der Front der Regierten…«, s. RUDOLF STADELMANN, *Soziale und politische Geschichte der Revolution von 1848*. München 1948, S. 31.
- **24** »Der Funke der Revolution…«, s. ebenda, S. 41.
- **24** »Wir Revolution?…«, s. LUDWIG BERGER, *Der alte Harkort*. Leipzig 1902, S. 335 f.
- **24** »Überall sah man…«, s. WILHELM ANGERSTEIN, *Die Berliner Märzereignisse im Jahre 1848*. Leipzig 1865, S. 13.
- **25** »Eines Morgens…«, s. CARL SCHURZ, *Lebenserinnerungen*. Berlin 1906, S. 116.
- **25** »Aus der großen Zahl…«, s. KARL OBERMANN, *Flugblätter der Revolution*. Berlin 1970, S. 55.
- **26** »ihre betreffenden Regierungen…«, s. ERNST-RUDOLF HUBER, *Dokumente zur deutschen Verfassungsgeschichte*. Bd. 1, Stuttgart 1961, S. 265.
- **26** »den Regierungen die Leitung…«, s. HEINRICH VON GAGERN, *Das Leben des Generals Friedrich von Gagern*. Bd. 2, Leipzig 1857, S. 649.
- **26** »In wenigen Stunden…«, s. CARL FRIEDRICH GRAF VITZTHUM VON ECKSTÄDT, *Berlin und Wien in den Jahren 1845–1852. Politische Privatbriefe*. Stuttgart 1886, S. 84 f.
- **27** »Die hiesige Regierung…«, s. JOSEF MARIA VON RADOWITZ, *Nachgelassene Briefe und Aufzeichnungen zur Geschichte der Jahre 1844–1853*. Stuttgart 1922, S. 26.
- **27** »Sie legen meinen Rücktritt…«, s. CLEMENS FÜRST VON METTERNICH/FRANZ DE PAULA VON HARTIG, *Ein Briefwechsel des Staatskanzlers aus dem Exil 1848–1851*. Wien 1923, S. 21 f.
- **27** »Hier liegt, für seinen Ruhm zu spät…«, s. FRANZ GRILLPARZER, *Sämtliche Werke*, hg. von AUGUST SAUER. Abteilung I, Bd. 10, Wien 1932, S. 36.
- **28** »Kehrt zum Frieden zurück…«, s. HANS JESSEN (Hg.), *Die deutsche Revolution 1848/49 in Augenzeugenberichten*. München 1973, S. 88 f.
- **29** »Bis heute mittag…«, s. ebenda, S. 112 f.
- **29** »Am zweiten Tag…«, s. ARNOLD DUCKWITZ, *Denkwürdigkeiten aus meinem öffentlichen Leben von 1841–1860*. Bremen 1860, S. 225.
- **29** »Aufhebung der erblichen Monarchie…«, s. E. R. HUBER, *Dokumente*, S. 271.
- **30** »Pyrrhussieg«, s. WERNER BOLDT, »Konstitutionelle Monarchie oder parlamentarische Demokratie«, in: *Historische Zeitschrift*. Bd. 216, München 1973, S. 593.
- **30** »die deutsche Republik…«, s. *Stenographischer Bericht über die Verhandlungen der deutschen constituirenden Nationalversammlung zu Frankfurt am Main*. Bd. 1, Frankfurt am Main 1848, S. 480.
- **30** »Man mißt die…«, s. STADELMANN, *Revolution von 1848*, S. 116.
- **30** »Wenn die Roten fragen…«, s. FRIEDRICH LAUTENSCHLAGER, *Volksherrschaft und Einherrschaft. Dokumente aus der badischen Revolution 1848/1849*. Konstanz 1920, S. 170.
- **31** »Hecker und Struve…«, s. H. JESSEN (Hg.), *Revolution*, S. 123 f.

**32** »Wo waren die Herren Demokraten...«, s. *Neue Rheinische Zeitung* (Reprint, Glashütten/Ts. 1973), Nr. 17 v. 17.6.1848, Extrabeilage.

**32** »Die Demokraten haben heute...«, s. ALFONS NOWACK, *Ungedruckte Briefe von und an Kardinal Diepenbrock.* Breslau 1931, S. 128 f.

**33** »Er kam zu früh und zu spät...«, s. LUDWIG HÄUSSER, *Denkwürdigkeiten zur badischen Revolution.* Heidelberg 1851, S. 145.

**33** »In Wien entscheidet sich...«, s. BERTHOLD AUERBACH, *Tagebuch aus Wien. Von Latour bis auf Windisch-Grätz (September bis November 1848).* Breslau 1849, S. 118.

**34** »Das noch lockere Organisationsgefüge...«, s. DIETER LANGEWIESCHE, »Die Anfänge der deutschen Parteien. Partei, Fraktion und Verein in der deutschen Revolution von 1848/49«, in: *Geschichte und Gesellschaft.* Jg. 4 (1978), S. 345.

**35** »Es war und blieb die Stärke...«, s. FROLINDE BALSER, *Sozial-Demokratie 1848/49–1863. Die erste deutsche Arbeiterorganisation »Allgemeine deutsche Arbeiterverbrüderung« nach der Revolution.* Stuttgart 1962, S. 61 f.

**35** »Die Linke war weder politisch noch sozial...«, s. THOMAS NIPPERDEY, »Kritik oder Objektivität? Zur Beurteilung der Revolution von 1848«, in: W. KLÖTZER u. a. (Hg.), *Ideen und Strukturen,* S. 156.

**35** »daß die radikale Alternative...«, s. ebenda, S. 158.

**36** »Und endlich – man hüte sich...«, s. HELLMUT DIWALD (Hg.), *Von der Revolution zum Norddeutschen Bund. Politik und Ideengut der preußischen Hochkonservativen 1848–1866. Aus dem Nachlaß von Ernst Ludwig von Gerlach.* 2. Teil, Göttingen 1970, S. 607.

**37** »Im Parla – Parla – Parlament...«, s. GEORG HERWEGH, »Das Reden nimmt kein End«, in: ders., *Morgenruf. Ausgewählte Gedichte.* Leipzig 1969, S. 99 ff.

**37** »lächerliches Monstrum...«, s. FRIEDRICH KAPP, *Vom radikalen Frühsozialisten des Vormärz zum liberalen Parteipolitiker des Bismarckreichs. Briefe 1843–1884,* hg. v. HANS-ULRICH WEHLER. Frankfurt 1969, S. 57.

**37** »Versammlung alter Weiber...«, s. FRIEDRICH ENGELS, »Revolution und Konterrevolution in Deutschland«, in: KARL MARX/FRIEDRICH ENGELS, *Werke,* Bd. 8, Berlin 1960, S. 46.

**37** »In der Reichsverfassung...«, s. FRANK EYCK, »Freiheit und Verantwortung. Chancen und Grenzen des parlamentarischen Systems«, in: W. KLÖTZER u. a. (Hg.), *Ideen und Strukturen,* S. 99 f.

**38** »bleiben vom Erbe...«, s. MICHAEL STÜRMER, »1848 in der deutschen Geschichte«, in: HANS-ULRICH WEHLER (Hg.), *Sozialgeschichte Heute. Festschrift für Hans Rosenberg zum 70. Geburtstag.* Göttingen 1974, S. 229.

**38** »Wir haben die größte Aufgabe...«, s. *Stenographischer Bericht,* S. 17.

**39** »Meine Herren!...«, s. ebenda, S. 521.

**40** »Er wird keiner Verantwortlichkeit...«, s. J. M. VON RADOWITZ, *Nachgelassene Briefe,* S. 60 f.

- 40 »Ich kann natürlich die Absicht…«, s. HELMUTH VON MOLTKE, *Gesammelte Schriften*. Bd. 4, Berlin 1891, S. 123f.
- 40 »Die Krone, die die Ottonen…«, s. E. R. HUBER, *Dokumente*, S. 327.
- 41 »Die Stunde ist gekommen…«, s. K. OBERMANN, *Flugblätter*, S. 413 f.

## 1866 und 1878: Der Liberalismus in der Krise

- 44 »Das nationale Banner…«: LUDWIG BAMBERGER, *Politische Schriften*. Bd. 5, Berlin 1897, S. 217.
- 45 »Nationale Partei«: HERMANN ONCKEN, *Rudolf von Bennigsen*. Bd. 1, Stuttgart 1910, S. 525.
- 45 »Im deutschen Bürgertum…«: *National-Zeitung*, 15. 6. 1861.
- 46 Twesten: HEINRICH AUGUST WINKLER, *Preußischer Liberalismus und deutscher Nationalstaat*, Tübingen 1964, S. 18.
- 47 »Wir, die wir für…«: LUDWIG PARISIUS, *Leopold Freiherr von Hoverbeck*, Berlin 1897ff, Bd. 2/2, 53–55.
- 47 »Schein von Suprematie«: WINKLER, *Liberalismus*, S. 30.
- 48 »Ohne eine andere…«: PARISIUS, *Hoverbeck*, Bd. 1, S. 164f.
- 49 »Wenn wir auch…«: *National-Zeitung*, 30. 6. 1866.
- 49 »Im Kampf…«: ebenda, 1. 7. 1866.
- 50 »Durch Einheit zur Freiheit…«: ebenda, 4. 12. 1866.
- 50 Das Twesten-Zitat: JULIUS HEYDERHOFF und PAUL WENTZCKE, *Deutscher Liberalismus im Zeitalter Bismarcks*, Bd. 1, Berlin 1925, S. 500–503.
- 51 »Der Bürger ist…«: HERMANN BAUMGARTEN, *Der deutsche Liberalismus. Eine Selbstkritik*, hg. v. Adolf M. Birke (Ullstein-Taschenbuch). Frankfurt 1974, S. 43, 146.
- 51 »Die unzufriedenen…«: HEINRICH VON TREITSCHKE, »Das constitutionelle Königthum in Deutschland«, in: ders., *Historische und politische Aufsätze*, Leipzig 1870, S. 806f, 817.
- 52 »Ist denn die Einheit…«: *National-Zeitung*, 4. 12. 1866.
- 54 »Der Grund und Boden…«: *National-Zeitung*, 2. 6. 1876.
- 54 »Deutschland…«: *National-Zeitung*, 21. 10. 1876.
- 54 »Sie sind…«: *National-Zeitung*, 2. 9. 1877.
- 56 »Pseudodemokratisierung«: HANS ROSENBERG, »Die Pseudodemokratisierung der Rittergutsbesitzerklasse«, in: ders., *Probleme der deutschen Sozialgeschichte* (edition suhrkamp). Frankfurt 1969, S. 7–50.
- 56 »Die Verjudung…«: *Neue Preußische Zeitung (Kreuz-Zeitung)*, 15. 8. 1878.
- 57 »Denn der tiefe…«: *National-Zeitung*, 16. 11. 1877.
- 58 »Jetzt lösen wir…«: Zitat bei ARNOLD OSKAR MEYER, *Bismarck. Der Mensch und der Staatsmann*. Stuttgart 1949, S. 482.
- 60 Das Zitat aus der Provinzialkorrespondenz: HEINRICH AUGUST WINKLER,

»Vom linken zum rechten Nationalismus. Der deutsche Liberalismus in der Krise von 1878/79«, in: *Geschichte und Gesellschaft*, Jg. 4 (1978), S. 18.

60 »Wähler in Stadt und Land!«: *Norddeutsche Allgemeine Zeitung*, 31.7.1878.
60 »Dieses Bestreben...«: *Neue Preußische Zeitung (Kreuz-Zeitung)*, 20.6., 30.7.1878.
61 »Wir sind...«: *Die Grenzboten*, Jg. 37 (1878), II, S. 479.
62 »Gespenst...«: *Nationalzeitung*, 17.5.1879.
62 »Schon als...«: Zit. bei WINKLER, *Nationalismus*, S. 20.
63 »Der Staat...«: *Die Grenzboten*, Jg. 37 (1878), II, S. 46.
63 »So lockend...«: *National-Zeitung*, 14.11.1878.
63 »Wir haben...«: *Preußische Jahrbücher*, Jg. 44 (1879), S. 35.
63 »leidenschaftliche Bewegung...«: ebenda, S. 572.
64 »Bis in die Kreise...«: HEINRICH VON TREITSCHKE, »Unsere Aussichten« (1879), nachgedruckt in: WALTER BOEHLICH (Hg.), *Der Berliner Antisemitismusstreit*, Frankfurt 1961, S. 11.
64 »Über unsere Ostgrenze...«: ebenda, S. 7 f.
64 »Weichliche Philanthropie...«: ebenda, S. 6.
66 »Er greift...«: *National-Zeitung*, 16.2.1879.
66 »Es hat sich...«: *Stenographischer Bericht über die Verhandlungen des Deutschen Reichstages, 4. Legislaturperiode, 2. Session 1879*, S. 2249.
67 »Die Regierung...«: *Preußische Jahrbücher*, Jg. 44, 1879, S. 108.
68 »Selten hat...«: *National-Zeitung*, 5.12.1878.
69 Das Zitat von Michaelis: WINKLER, *Preußischer Liberalismus*, S. 65.
69 »Wir müssen begreifen...«: MAX WEBER, *Ges. polit. Schriften*, Tübingen 1958, S. 23.

### 1914: Sozialdemokraten am Scheideweg

72 »Unsere Lage ist schrecklich...«, s. KURT RIEZLER, *Tagebücher, Aufsätze, Dokumente*, eingel. und hg. v. KARL DIETRICH ERDMANN. Göttingen 1972, S. 185.
73 »Bewegung auf den Straßen...«, ebenda, S. 192.
73 »Reichsverdrossenheit«, THEOBALD V. BETHMANN HOLLWEG, *Betrachtungen zum Weltkriege*. Bd. 1. Berlin 1919, S. 95.
74 »Der Drang nach Abschüttelung...«, ebenda, Bd. 2, Berlin 1921, S. 4.
74 »Das klassenbewußte Proletariat...«, s. JÜRGEN KUCZYNSKI, *Der Ausbruch des Ersten Weltkrieges und die deutsche Sozialdemokratie. Chronik und Analyse.* Berlin 1957, S. 52 f.
75 »1870 hätte zu Kriegsbeginn...«, s. PHILIPP SCHEIDEMANN, *Der Zusammenbruch*. Berlin 1921, S. 13 f.
76 »Der Europa und die ganze Welt...«, s. W. I. LENIN, *Werke*. Bd. 21, Berlin 1968[4], S. 1 f, S. 4.

76 »Die deutschen, spanischen… Delegierten«, zitiert nach ROSA LUXEMBURG, *Gesammelte Werke*. Bd. 4, Berlin 1974, S. 58 f.
77 »Die Umwandlung des… Krieges«, s. LENIN, *Werke*. Bd. 21, S. 20.
77 »Daß im besonderen…«, s. PAUL LENSCH, *Die Sozialdemokratie, ihr Ende und ihr Glück*. Leipzig 1916, S. 60 f.
77 »Für einen Menschen mit klarer Vernunft…«, s. EDUARD DAVID, *Die Sozialdemokratie im Weltkriege*. Berlin 1915, S. 42.
78 »Ungünstigere Verhältnisse…«, s. KARL LIEBKNECHT, *Gesammelte Reden und Schriften*. Bd. 1, Berlin 1958, S. 424.
78 »…hatte das Proletariat in Deutschland«, s. KUCZYNSKI, *Ausbruch*, S. 64.
78 »Ebenso wenig freilich zweifelte…«, s. LENSCH, *Sozialdemokratie*, S. 61.
79 »Aber der Zarismus…«, s. LUXEMBURG, *Ges. Werke*. Bd. 4, S. 109.
79 »der Erzfeind«, s. FRIEDRICH STAMPFER, *Erfahrungen und Erkenntnisse. Aufzeichnungen aus meinem Leben*. Köln 1957, S. 169 f.
79 »Hindenburg wurde zum Vollstrecker…«, s. LUXEMBURG, *Ges. Werke*. Bd. 4, S. 112.
80 »Mit jedem Schritt…«, s. DAVID, *Sozialdemokratie*, S. 185.
80 »…die gesamte deutsche Arbeiterbewegung«, s. HERMANN LIEBMANN, *Die Politik der Generalkommission. Ein Sündenregister der Zentralvorstände der freien Gewerkschaften Deutschlands*. Leipzig 1919, S. 27.
81 »Die Beobachtungen fast aller…«, s. GUSTAV ECKSTEIN, *Die deutsche Sozialdemokratie während des Weltkrieges*. Zürich 1917, S. 17.
82 »Wie das getier«, s. STEFAN GEORGE, *Gesamtausgabe der Werke. Endgültige Fassung*. Bd. 9, Berlin 1928, S. 28.
83 »Ich kenne keine Partei mehr…«, s. *Dokumente der Deutschen Politik und Geschichte von 1848 bis zur Gegenwart*, hg. v. JOHANNES HOHLFELD, Bd. 2, Berlin o. J., S. 296.
83 »Eine Einigung ist unmöglich…«, s. SCHEIDEMANN, *Zusammenbruch*, S. 8.
84 »Wir lassen in der Stunde der Gefahr…«, s. *Dokumente*, hg. v. J. HOHLFELD, Bd. 2, S. 300.
84 »An einem breiten Tisch…«, s. ERNST GLAESER, *Jahrgang 1902*. Berlin 1929, S. 197–199 (Neudruck: Kronberg/Ts. 1978, S. 107 f). Der Abdruck erfolgt mit freundlicher Genehmigung des Athenäum-Verlages, Königstein/Ts.
86 »Wir waren im Frieden…«, s. STAMPFER, *Erfahrungen*, S. 171.
86 »Wenn am 4. August…«, s. LENSCH, *Sozialdemokratie*, S. 212.
87 »Wir haben jetzt eine große Macht…«, s. JOHANNES HOFFMANN-KAISERSLAUTERN in der Fraktionssitzung vom 5.7.1917; in: *Die Reichstagsfraktion der Deutschen Sozialdemokratie. 1898 bis 1918*. Bd. 2, Düsseldorf 1966, S. 274.
87 »Selbstredend ist alles eine… Verleumdung«, s. KONRAD HAENISCH, *Die deutsche Sozialdemokratie in und nach dem Weltkriege*. Berlin 1916, S. 31.

88 «...so schwierig das auch sein mag«, s. ERICH OTTO VOLKMANN, *Der Marxismus und das deutsche Heer im Weltkriege*. Berlin 1925, S. 291.
89 »Dieser Krieg, den keines der beteiligten Völker...«, s. LIEBKNECHT, *Ges. Reden*. Bd. 8, S. 63 f.
90 »Mit der Annahme des Burgfriedens...«, s. LUXEMBURG, *Werke*. Bd. 4, Berlin 1974, S. 126 (»Junius-Broschüre« von 1916).
91 »Ist die Regierung...«, s. LIEBKNECHT, *Ges. Reden*. Bd. 8, S. 297.
92 »In der Untersuchungssache...«, s. ebenda, Bd. 9, S. 96–100.
93 »Jedenfalls ist eine Unruhe...«, s. HUGO HAASE, *Sein Leben und Wirken. Mit einer Auswahl von Briefen, Reden und Aufsätzen*, hg. v. ERNST HAASE, Berlin 1929, S. 125.
94 »Mir liegt die Umbildung...«, s. *Dokumente*, hg. v. J. HOHLFELD. Bd. 2, S. 346 f.
96 »Nicht ganz befriedigend...«, s. *Das Kriegstagebuch des Reichstagsabgeordneten Eduard David, 1914 bis 1918*, in Verb. mit ERICH MATTHIAS bearb. v. SUSANNE MILLER. Düsseldorf 1966, S. 223.
96 »Zur Verteidigung seiner Freiheit...«, s. *Dokumente*, hg. v. J. HOHLFELD. Bd. 2, S. 354.

### 1918/19: Die steckengebliebene Revolution

100 »Die größte aller Revolutionen...«: Leitartikel von Theodor Wolff im »Berliner Tageblatt« vom 10.11.1918; abgedruckt in: *Panorama 1918. Ein Jahr im Spiegel der Presse*, hg. v. A. GRÄFIN WALLWITZ, eingel. v. KARL DIETRICH BRACHER, München 1968, S. 120 f.
100 »Noch immer...«, s. KURT TUCHOLSKY, *Gesammelte Werke*, hg. v. MARY GEROLD-TUCHOLSKY und FRITZ J. RADDATZ, Reinbek 1960, Bd. I (1907–1924), S. 448 f.
101 »nicht um ein Stück abgelebter Vergangenheit«, und folg. Zitat, s. REINHARD RÜRUP (Hg.), *Arbeiter- und Soldatenräte im rheinisch-westfälischen Industriegebiet*. Wuppertal 1975, S. 11.
103 »Das Vertrauen der Bevölkerung...«, s. Zusammenstellungen der Monats-Berichte der stellvertretenden Generalkommandos, Bericht vom 17.11.1916, zit. bei JÜRGEN KOCKA, *Klassengesellschaft im Krieg 1914–1918*. Göttingen 1973, S. 132.
103 »Gerechtigkeitsliebe...«, s. Zusammenstellungen..., Bericht vom 3.6.1918, zit. ebenda, S. 135.
104 »Mit Erbitterung...«, s. Zusammenstellungen..., Bericht vom 3.10.1918, zit. ebenda, S. 134.
104 »Ganz heillos sind endlich die antimonarchischen Gerede...«, s. Aufzeichnung des Unterrichtsoffiziers des stellv. Generalkommandos des XIII. Armeekorps v. 16.9.1918, zit. bei WILHELM DEIST (Bearb.), *Militär und Innenpolitik im Weltkrieg 1914–1918*. Düsseldorf 1970, Teil II, S. 964.

**104** »Alles ist seelisch erschüttert«, s. JOSEF HOFMILLER, *Revolutionstagebuch 1918/19*, Leipzig 1938, S. 21 (Eintragung vom 17.9.1918).
**105** »Wenn der Kaiser abdankt...«, s. Prinz MAX VON BADEN, *Erinnerungen und Dokumente*. Stuttgart 1927, S. 512.
**105** »Man muß den Kaiser opfern...«, s. Brief von HÄNISCH an Prof. PLENGE vom 6.11.1918, zit. bei EDUARD SCHULTE, *Münstersche Chronik zu Novemberrevolte und Separatismus 1918*. Münster 1936, S. 15.
**106** »Seine Majestät erklärte...«, s. Aufzeichnungen vom 2.11.1918, zit. bei WOLFGANG SAUER, »Das Scheitern der parlamentarischen Monarchie«, in: EBERHARD KOLB (Hg.), *Vom Kaiserreich zur Weimarer Republik*. Köln 1972, S. 85.
**107** »Willenslähmung der Ordnungsmacht im Staat«, s. K. BASCHWITZ, *Du und die Masse*. Leiden 1951, S. 87.
**108** »Das deutsche Volk...«, zit. nach MANFRED JESSEN-KLINGENBERG, »Die Ausrufung der Republik durch Philipp Scheidemann am 9.November 1918«, in: *Geschichte in Wissenschaft und Unterricht* 19 (1968), S. 653.
**109** »Die Arbeiter wollten ein Zusammengehen...«, s. RICHARD MÜLLER, *Vom Kaiserreich zur Weimarer Republik*. Bd. II *(Die Novemberrevolution)*, Berlin 1925, S. 36.
**111** »Die Konterrevolution...«, s. WILHELM PIECK, »Erinnerungen an die November-Revolution und die Gründung der KPD«, in: *Vorwärts und nicht vergessen*, Berlin (DDR) 1958, S. 48.
**111** »Das Fazit der ersten Woche...«: Leitartikel von ROSA LUXEMBURG in: »Die Rote Fahne« v. 18.11.1918; abgedruckt in: dies., *Ausgewählte Reden und Schriften*. Berlin 1955, Bd. II, S. 597.
**113** »Solange die infamen Abhängigkeitsverhältnisse...«: Artikel von RUDOLF BREITSCHEID in: »Die Freiheit« v. 16.11.1918; zit. bei EBERHARD KOLB, *Die Arbeiterräte in der deutschen Innenpolitik 1918/19*. Frankfurt 1978², S. 160.
**114** »Es gibt keine andere...«: Artikel von RUDOLF HILFERDING in: »Die Freiheit« v. 19.11.1918; zit. ebenda, S. 161.
**114** »Wer den Frieden will...«: Flugblatt der SPD vom Ende November 1918 »Nur über meine Leiche«; zit. bei MÜLLER, *Vom Kaiserreich*. S. 87f.
**115** »Es wird immer so viel...«: LANDSBERG in der gemeinsamen Sitzung des Rats der Volksbeauftragten mit dem Zentralrat am 28.12.1918, s. *Die Regierung der Volksbeauftragten*, eingel. v. ERICH MATTHIAS, bearb. v. SUSANNE MILLER und HEINRICH POTTHOFF, Düsseldorf 1969, Teil II, S. 115f.
**117** »Jubelnde Zustimmung zur Nationalversammlung...«, s. *Allgemeiner Kongreß der Arbeiter- und Soldatenräte Deutschlands vom 16. bis 21.Dezember 1918...*, *Stenographische Berichte*, Sp. 227.
**117** »mit der Sozialisierung...«, s. ebenda, Sp. 344.
**117** »alle Maßnahmen zur Entwaffnung der Konterrevolution...«, s. ebenda, Sp. 175.

118 »Symbol der Zertrümmerung des Militarismus...«, s. ebenda, Sp. 140, 190.
118 »Eine alle gesellschaftlichen Bereiche...«: RÜRUP, *Arbeiter- und Soldatenräte*, S. 9.
119 »Marneschlacht der Revolution«, zit. bei ARTHUR ROSENBERG, *Geschichte der Weimarer Republik*. Frankfurt 1977[18], S. 61.
119 »Die Versammlung protestiert...«, s. *Dokumente und Materialien zur Geschichte der deutschen Arbeiterbewegung*. Bd. 3, Berlin 1958, S. 104.
120 »Ich will und werde...«, s. EDUARD HEILFRON (Hg.), *Die deutsche Nationalversammlung im Jahre 1919 in ihrer Arbeit für den Aufbau des neuen deutschen Volksstaates*. Bd. 1, S. 92 ff.
122 »Während die Massenbewegung im November...«, s. GERALD D. FELDMAN/EBERHARD KOLB/REINHARD RÜRUP, »Die Massenbewegungen der Arbeiterschaft in Deutschland am Ende des Ersten Weltkrieges (1917–1920)«, in: *Politische Vierteljahresschrift* 13 (1972), S. 98 f.
124 »Das Mißlingen der deutschen Revolution...«, s. RICHARD N. HUNT, »Friedrich Ebert und die deutsche Revolution von 1918«, in: EBERHARD KOLB (Hg.), *Vom Kaiserreich zur Weimarer Republik*, Köln 1972, S. 135.
125 »Deutschland hatte seine siegreiche Revolution...«, s. REINHARD RÜRUP, *Probleme der Revolution in Deutschland 1918/19*. Wiesbaden 1968, S. 51.

### 1933: Die Flucht in den Führerstaat

128 »Der Nationalsozialismus ist nicht...«, s. ALBRECHT TYRELL (Hg.), *Führer befiehl... Selbstzeugnisse aus der »Kampfzeit« der NSDAP. Dokumentation und Analyse*. Düsseldorf 1969, S. 33.
128 »Herrschaft der Minderwertigen«, s. das gleichnamige Buch von EDGAR JUNG, Berlin 1927.
131 »Alle diese Wahlen...«, s. ALFRED MILATZ, *Wahlen und Wähler in der Weimarer Republik*. (= Schriftenreihe der Bundeszentrale für politische Bildung, Heft 66) Bonn 1968[2], S. 17.
131 »Die beiden großen...«, s. *Wirtschaftliches Sofortprogramm der NSDAP*. München 1932, S. 29.
135 »Trotz aller Nackenschläge...«, s. »Hindenburg zwischen den Fronten«, in: *Vierteljahrshefte für Zeitgeschichte* Bd. 8, 1960, S. 80.
139 »Ein großer Sieg...«, s. MAX DOMARUS, *Hitler. Reden und Proklamationen 1932–1945*. Bd. I, 1, Wiesbaden 1973, S. 120 (Aufruf vom 31. Juli 1932).
139 »Wir müssen jetzt an die Macht...«, s. JOSEPH GOEBBELS, *Vom Kaiserhof zur Reichskanzlei*. München 1934, S. 137.
141 »Der Reichspräsident lehnte diese Forderung...«, s. DOMARUS, *Hitler*, S. 123 f (Presseverlautbarung des Reichspräsidenten).
141 »Ich werde niemals...«, ebenda, S. 125.

**141** »Es ist... ebenso widersinnig wie...«, s. TYRELL, *Führer*, S. 289 f (Brief vom 27. Juni 1928 an die Schriftleitungen der nationalsozialistischen Presse).
**142** »Während die bürgerlichen Politiker...«, s. DOMARUS, *Hitler*, S. 130.
**143** »Der Faschismus..., s. THEO PIRKER (Hg.), *Komintern und Faschismus 1920–1940*, Stuttgart 1965, S. 187.
**144** »Die [nationalsozialistische] Bewegung...«, s. HENRY ASHBY TURNER, »Hitlers geheime Broschüre für Industrielle, 1927«, in: ders., *Faschismus und Kapitalismus in Deutschland*. Göttingen 1972, S. 56 f.
**145** »Ich sehe zwei Prinzipien...«, s. DOMARUS, *Hitler*, S. 74, 88.
**145** »Heute stehen...«, s. ebenda, S. 88.
**148** »Wenn wir uns diesem Streik...«, s. GOEBBELS, *Kaiserhof*, S. 191 (Eintragung v. 2. November 1932).
**148** »Wenn es uns gelingt...«, s. ERICH MATTHIAS und RUDOLF MORSEY (Hg.), *Das Ende der Parteien 1933*. Düsseldorf 1960, S. 318, Anm. 15 (Brief v. 2. August 1932).
**149** »Die Übertragung der verantwortlichen Leitung...«, s. EBERHARD CZICHON, *Wer verhalf Hitler zur Macht?* Köln 1967, S. 70 ff.
**149** »Der Herr Reichspräsident muß... befürchten...«, s. DOMARUS, *Hitler*, S. 158.
**150** »Die Lage im Reich ist katastrophal...«, s. GOEBBELS, *Kaiserhof*, S. 217 f (6. Dezember 1932).
**150** »Wir sind alle sehr deprimiert...«, ebenda, S. 219 (8. und 15. Dezember 1932).
**152** »Die Bewegung hat das Recht zur Macht...«, s. DOMARUS, *Hitler*, S. 166 (Rede in Breslau am 10. Dezember 1932).
**152** »Das Jahr 1932...«, s. GOEBBELS, *Kaiserhof*, S. 229 (23. Dezember 1932).
**153** »Er zeigte mir einen Brief...«, s. HEINRICH BRÜNING, *Memoiren 1918–1934*. Stuttgart 1970, S. 644 (19.1.1933).
**154** »Sie werden mir doch nicht zutrauen...«, s. THILO VOGELSANG, *Reichswehr, Staat und NSDAP*. Stuttgart 1962, S. 379.
**155** »Hitler ist Reichskanzler...«, s. WILHELM TREUE (Hg.), *Deutschland in der Weltwirtschaftskrise in Augenzeugenberichten*. Düsseldorf 1967, S. 403.
**155** »Wir sind alle maßlos glücklich...«, s. HELMUT HEIBER (Hg.)., *Goebbels-Reden*. Bd. 1 (1932–1939), Düsseldorf 1971, S. 62 f.
**156** »Wir Männer dieser Regierung...«, s. DOMARUS, *Hitler*, S. 191 ff (1. Februar 1933).
**157** »Sie werden den ›Aufruf‹ der neuen Reichsregierung...«, s. MATTHIAS MORSEY (Hg.), *Das Ende der Parteien 1933*, S. 232 f (Brief v. 2. Februar 1933).
**158** »Haben wir die Macht...«, s. GOEBBELS, *Kaiserhof*, S. 139 (6. August 1932).

## 1945: Neubeginn oder Restauration?

**161** »Deutschland ist ein Land...«, s. Hans Werner Richter, in: *Der Ruf* v. 15. November 1946.
**161** »...ist nicht etwa, ...«, ebenda, v. 15. Januar 1947.
**161** »In die Zeit von 1928...«, s. E.-U. Huster u. a., *Determinanten der westdeutschen Restauration 1945–1949.* Frankfurt 1972, S. 120.
**162** »In Wirklichkeit waren Staat und Gesellschaft...«, s. Richard Löwenthal u. Hans-Peter Schwarz (Hg.), *Die zweite Republik. 25 Jahre Bundesrepublik Deutschland – eine Bilanz.* Stuttgart 1974, S. 10 f.
**162** »Ich war entschlossen...«, s. Max Domarus, *Hitler. Reden und Proklamationen 1932–1945.* Bd. II, 1 (1939–1940), Wiesbaden 1973, S. 1639.
**164** »Vor allem ist da aber die Kälte...«, s. Hans-Erich Nossack, in: *Als der Krieg zu Ende war. Literarisch-politische Publizistik 1945–1950.* Stuttgart 1973, S. 91.
**165** »Wenn man sie so reden hört...«, s. Aufruf von Kurt Schumacher, »Konsequenzen deutscher Politik«, vom Sommer 1945, abgedruckt in: ders., *Reden und Schriften*, Bd. 2, hg. v. Arno Scholz und Walther G. Oschilewski, Berlin 1962, S. 29.
**165** »Es ist demütigend genug...«, s. Friedrich Meinecke, in: *Als der Krieg zu Ende war*, S. 40.
**166** »Größer noch als das Trümmerfeld...«, s. Kurt Schumacher, »Konsequenzen«, S. 27.
**168** »Das deutsche Volk...«, s. *Landtag Nordrhein-Westfalen, Erste Wahlperiode. Stenographischer Bericht über die 4. bis 7. Sitzung des Landtages Nordrhein-Westfalen am 16., 17. und 18. Juni 1947 in den Henkel-Werken zu Düsseldorf-Holthausen*, S. 11.
**169** »Das Monopolkapital hat Hitler...«, s. Kurt Schumacher, »Konsequenzen«, S. 39.
**171** »Die Zeit ist auf unserer Seite...«, s. John Gimbel, *Amerikanische Besatzungspolitik in Deutschland 1945–1949.* Frankfurt (S. Fischer Verlag) 1971, S. 225.
**174** »Den deutschen Beamten...«, s. Tilman Pünder, *Das bizonale Interregnum. Die Geschichte des Vereinigten Wirtschaftsgebiets 1946–1949.* Spich b. Köln 1968, S. 169 f.
**177** »Der stärkste Träger...«, s. Golo Mann, *Deutsche Geschichte des 19. und 20. Jahrhunderts.* Frankfurt (S. Fischer Verlag) 1958, S. 1027.
**178** »Ich will ganz nüchtern...«, s. Theodor Heuss, *Die Großen Reden.* Bd. 2, Tübingen 1965, S. 286.
**181** »Zum ersten Mal in der deutschen Geschichte...«, s. Löwenthal u. Schwarz (Hg.), *Die zweite Republik*, S. 10.
**184** »Es ist gleichgültig...«, s. Kurt Schumacher, »Konsequenzen«, S. 44.
**185** »Der Fortschritt gegenüber den Verhältnissen...«, s. *Verhandlungen des*

*Deutschen Bundestages, I. Wahlperiode 1949. Stenographische Berichte* Bd. 1, 5. Sitzung am 20. Sept. 1949, S. 22.

## 1989/90: Die unverhoffte Einheit

194 »Dies führt...«: s. SILKE JANSEN, »Zwei deutsche Staaten – zwei deutsche Nationen? Meinungsstreit zur deutschen Frage im Zeitablauf«, in: *Deutschland Archiv*, Jg. 22 (1989), S. 1132–1143 (1139).
196 »Die europäische...«: s. KARL DIETRICH BRACHER, »Politik und Zeitgeist. Tendenzen der siebziger Jahre«, in: ders. u. a., *Republik im Wandel. 1969–1974. Die Ära Brandt* (= Geschichte der Bundesrepublik Deutschland, Bd. V/1), Stuttgart 1986, S. 285–406 (406).
197 »Die Kernfrage...«: s. VOLKER GRANSOW u. KONRAD H. JARAUSCH (Hg.), *Die deutsche Vereinigung. Dokumente zur Bürgerbewegung, Annäherung und Beitritt*, Köln 1991, S. 57.
199 »In unserem Lande...«: s. ebenda, S. 60 f.
199 »Ziele und Anliegen...«: s. STEFAN WOLLE; »Der Weg in den Zusammenbruch: Die DDR vom Januar bis zum Oktober 1989«, in: ECKHARD JESSE u. ARMIN MITTER (Hg.), *Die Gestaltung der deutschen Einheit. Geschichte – Politik – Gesellschaft*, Bonn 1992, S. 73–110 (98 f).
200 »Bei der Lektüre...«; s. ebenda, S. 98.
201 »Wer zu spät kommt...«: s. WOLFGANG SCHÄUBLE, *Der Vertrag. Wie ich über die deutsche Einheit verhandelte*, Stuttgart 1991, S. 289.
201 »Stasi raus...«: s. HARTMUT ZWAHR, *Ende einer Selbstzerstörung. Leipzig und die Revolution in der DDR*, Göttingen 1993, S. 94.
203 »Man stelle sich vor...«: s. KLAUS HARTUNG, »Der Fall der Mauer«, in: *Tageszeitung*, 6. 11. 1989, wieder abgedruckt in: *taz, DDR-Journal zur Novemberrevolution*, August bis Dezember 1989, Berlin 1990, S. 84.
204 »Also, doch...«: s. ECKHARD JESSE, »Der innenpolitische Weg zur deutschen Einheit. Zäsuren einer atemberaubenden Entwicklung«, in: JESSE/MITTER (Hg.), *Gestaltung...*, S. 111–141 (122).
205 »Wir sind aber auch...«: s. GRANSOW/JARAUSCH (Hg.), *Vereinigung...*, S. 101–104 (102).
205 »Deutschland...«: s. KLAUS HARTUNG, »Wiedervereinigung«, in: *taz, DDR-Journal...*, S. 151.
207 »Das Ziel...«: HORST TELTSCHIK, *329 Tage. Innenansicht der Einigung*, Berlin 1991, S. 63.
208 »Mein Ziel...«: s. »Ziel bleibt die Einheit der Nation«, in: *Der Tagesspiegel* 20. 12. 1989.
209 »Generalsekretär...«: s. GRANSOW/JARAUSCH (Hg.), *Vereinigung...*, S. 124.
213 »Die Einheit...«, ebenda, S. 157.
218 »(1) Das vereinte Deutschland...«: ebenda, S. 225 f.

**219** »Die Einheit...«: s. »Der glücklichste Tag der Deutschen«, in: *Süddeutsche Zeitung*, 4.10.1990.

**219** »Zum ersten Mal...«: s. »In einem vereinten Europa dem Frieden der Welt dienen. Die Ansprache des Bundespräsidenten zum Tag der deutschen Einheit am 3. Oktober 1990 in Berlin«, in: *Frankfurter Allgemeine Zeitung*, 4.10.1990.

**223** »Auf dem Wege...«: s. JÜRGEN HABERMAS: »DM-Nationalismus«, in: *Die Zeit*, 30.3.1990.

**226** »Die vorbehaltlose...«: s. »*Historikerstreit*«. *Die Dokumentation der Kontroverse um die Einzigartigkeit der nationalsozialistischen Judenvernichtung*, München 1987, S. 75.

# Weiterführende Literatur

*Wolfgang Schieder*
**1848/49: Die ungewollte Revolution**

Die Fülle der gedruckten Quellen wird jetzt vorbildlich erschlossen durch: WOLFRAM SIEMANN, *Restauration, Liberalismus und nationale Bewegung 1815–1870. Akten, Urkunden und persönliche Quellen*, Darmstadt 1982. Von den zahlreichen, durchwegs allerdings nicht voll überzeugenden Quellensammlungen sind zu nennen: ERNST-RUDOLF HUBER (Hg.), *Dokumente zur deutschen Verfassungsgeschichte*, Bd. I, Stuttgart 1978³; KARL OBERMANN (Hg.), *Flugblätter der Revolution. Eine Flugblattsammlung zur Geschichte der Revolution von 1848/49 in Deutschland*, München 1972; HANS JESSEN (Hg.), *Die deutsche Revolution 1848/49 in Augenzeugenberichten*, München 1973; HANS FENSKE (Hg.), *Vormärz und Revolution 1848/49*, Darmstadt 1976.

Beste neuere Gesamtdarstellung der deutschen Revolution: WOLFRAM SIEMANN, *Die Deutsche Revolution von 1848/49*, Frankfurt 1985; ferner auch MANFRED BOTZENHART, *Deutscher Parlamentarismus in der Revolutionszeit 1848–1850*, Düsseldorf 1977. Immer noch anregend: RUDOLF STADELMANN, *Soziale und politische Geschichte der Revolution von 1848*, München 1973³. Am materialreichsten nach wie vor: VEIT VALENTIN, *Geschichte der deutschen Revolution 1848/1849*, 2 Bde., Köln 1970². Für den europäischen Vergleich ist neuerdings heranzuziehen: ROGER PRICE, *1848. Kleine Geschichte der europäischen Revolution*, Berlin 1992; ferner immer noch auch: PETER N. STEARNS, *The Revolutions of 1848*, London/New York 1974.

Bester neuerer Forschungsbericht: DIETER LANGEWIESCHE, *Die deutsche Revolution von 1848/49 und die vorrevolutionäre Gesellschaft. Forschungsstand und Forschungsperspektiven*, in: Archiv für Sozialgeschichte, 21. Jg., Bonn 1981, S. 458–498. Die Spannweite der Forschung zur deutschen Revolution wird in dem Band von DIETER LANGEWIESCHE (Hg.), *Die deutsche Revolution von 1848/49*, Darmstadt 1983, dokumentiert; die internationale Dimension der Revolution erschließen: HORST STUKE und WILFRIED FORSTMANN (Hg.), *Die europäischen Revolutionen von 1848*, Königstein 1979. Über die jetzt historische Forschungskontroverse zwischen westdeutschen und ostdeutschen Historikern informieren wechselseitig: JOHANNES SCHRADI, *Die DDR-Geschichtswissenschaft und das bürgerliche Erbe. Das deutsche Bürgertum und die Revolution von 1848 im sozialistischen Geschichtsverständnis*, Frankfurt 1984; HELMUT BLEIBER, *Die bürgerlich-demokratische Revolution von 1848/49 in Deutschland in der bürgerlichen Geschichtsschreibung der BRD*, in: ders. (Hg.), Bourgeoisie und bürgerliche Umwälzung in Deutschland 1789–1871, Berlin 1971, S. 193–227.

Methodisch und konzeptionell weiterführende Ansätze bei: WOLFGANG KLÖTZER, RÜDIGER MOLDENHAUER, DIETER REBENTISCH (Hg.), *Ideen und Strukturen der deutschen Revolution 1848*, Frankfurt 1974; JÜRGEN BERGMANN, *Ökonomische Voraussetzungen der Revolution von 1848. Zur Krise von 1845 bis 1848 in Deutschland*, in: Geschichte und Gesellschaft, Sonderheft 2, Göttingen 1976, S. 254–287; DIETER LANGEWIESCHE, *Die Anfänge der deutschen Parteien. Partei, Fraktion und Verein in der Revolution von 1848/49*, in: Geschichte und Gesellschaft, 4. Jg., Göttingen 1978, S. 324–361; WOLFGANG KASCHUBA, CAROLA LIPP, *1848 – Provinz und Revolution. Kultureller Wandel und soziale Bewegung im Königreich Württemberg*, Tübingen 1979; WOLFGANG HÄUSLER, *Von der Massenarmut zur Arbeiterbewegung. Demokratie und soziale Frage in der Wiener Revolution von 1848*, München 1979; HEINRICH BEST, *Interessenpolitik und nationale Integration 1848/49. Handelspolitische Konflikte im frühindustriellen Deutschland*, Göttingen 1980.

### Heinrich August Winkler
### 1866 und 1878: Der Liberalismus in der Krise

Den besten Einblick in die politische Vorstellungswelt der bürgerlichen Liberalen bietet noch immer die zweibändige Briefsammlung von JULIUS HEYDERHOFF und PAUL WENTZCKE, *Deutscher Liberalismus im Zeitalter Bismarcks*, Osnabrück 1967².

Über den bürgerlichen Liberalismus im preußischen Verfassungskonflikt: HEINRICH AUGUST WINKLER, *Preußischer Liberalismus und deutscher Nationalstaat. Studien zur Geschichte der Deutschen Fortschrittspartei 1861–1866*, Tübingen 1964. Zur Wende von 1878/79: ders., *Vom linken zum rechten Nationalismus. Der deutsche Liberalismus in der Krise von 1878/79*, in: Geschichte und Gesellschaft, Jg. 4 (1978), S. 5–28. Über den deutschen Liberalismus im 19. Jahrhundert allgemein: JAMES SHEEHAN, *Der deutsche Liberalismus. Von den Anfängen im 18. Jahrhundert bis zum 1. Weltkrieg. 1770–1914*, München 1983, und DIETER LANGEWIESCHE, *Liberalismus in Deutschland*, Frankfurt 1988.

Den historischen Ort der Reichsgründung von 1871 versucht in einer gedankenvollen Studie der Soziologe HELMUTH PLESSNER zu bestimmen in: *Die verspätete Nation. Über die politische Verführbarkeit bürgerlichen Geistes*, Stuttgart 1959². Zur wirtschaftlichen Entwicklung und zum politischen Klima in den ersten Jahrzehnten des Bismarckreichs ist nach wie vor die bahnbrechende Studie von HANS ROSENBERG, *Große Depression und Bismarckzeit. Wirtschaftsablauf, Gesellschaft und Politik in Mitteleuropa*, Frankfurt 1976², wichtig. Zur politischen und gesellschaftlichen Geschichte des Kaiserreiches und zur ›inneren Reichsgründung‹ von 1878/79 vor allem: HANS-ULRICH WEHLER, *Bismarck und der Imperialismus*, München 1976⁴; HELMUT BÖHME, *Deutschlands Weg zur Großmacht. Studien zum Verhältnis von Wirtschaft und Staat während der Reichsgründungszeit 1848–1881*, Köln 1966; MICHAEL STÜRMER, *Regierung und Reichstag im Bismarckstaat 1871–1880. Cäsarismus oder Parlamentarismus*, Düsseldorf 1974. Als Gesamtdarstellung der deutschen Geschichte in der Bismarckzeit: WOLFGANG J. MOMMSEN, *Das Ringen um den nationalen Staat 1850–1890*, Frankfurt, Berlin 1993.

*Gottfried Schramm*
**1914: Sozialdemokraten am Scheideweg**

Zur Geschichte der Sozialdemokratie von 1914 bis 1918 v. a. SUSANNE MILLER, *Burgfrieden und Klassenkampf. Die deutsche Sozialdemokratie im Ersten Weltkrieg*, Düsseldorf 1974; CARL EMIL SCHORSKE, *Die große Spaltung. Die deutsche Sozialdemokratie 1905–1917*, Berlin 1981, sowie WOLFGANG KRUSE, *Krieg, Neuorientierung und Spaltung. Die politische Entwicklung der deutschen Sozialdemokratie 1914–1918 im Lichte der Vorstellungen ihrer revisionistisch-reformistisch geprägten Kritiker*, in: IWK 23 (1987), S. 1–27. Zu den Gewerkschaften im Ersten Weltkrieg vgl. HANS-JOACHIM BIEBER, *Gewerkschaften in Krieg und Revolution. Arbeiterbewegung, Industrie, Staat und Militär in Deutschland 1914–1920*, Hamburg 1982.

Die Vorgeschichte des Kriegsausbruchs nach wie vor erhellend bei: FRITZ FISCHER, *Griff nach der Weltmacht. Die Kriegszielpolitik des kaiserlichen Deutschland*, Düsseldorf 1961, sowie ders., *Krieg der Illusionen. Die deutsche Politik von 1911 bis 1914*, Düsseldorf 1969. Zur politischen Geschichte vgl. die strukturelle Untersuchung von UDO BERMBACH, *Vorformen parlamentarischer Kabinettsbildung in Deutschland. Der Interfraktionelle Ausschuß 1917/18 und die Parlamentarisierung der Reichsregierung*, Köln 1967. Die Sozialgeschichte der deutschen Gesellschaft wird untersucht in JÜRGEN KOCKA, *Klassengesellschaft im Krieg. Deutsche Sozialgeschichte 1914–1918*, Göttingen 1973 (TB Frankfurt 1988). Die Haltung der intellektuellen Eliten steht im Mittelpunkt von KLAUS SCHWABE, *Wissenschaft und Kriegsmoral. Die deutschen Hochschullehrer und die politischen Grundlagen des Ersten Weltkrieges*, Göttingen 1969. Eine anregende Kulturgeschichte der Umbruchszeit 1914 bis 1918 bei MODRIS EKSTEINS, *Tanz über den Gräben. Die Geburt der Moderne und der Erste Weltkrieg*, Reinbek 1990.

Wichtige Quelleneditionen sind: *Die Reichstagsfraktion der deutschen Sozialdemokratie 1898 bis 1918*, bearb. v. ERICH MATTHIAS und EBERHARD PIKART, Zweiter Teil, Düsseldorf 1966; *Das Kriegstagebuch des Reichstagsabgeordneten Eduard David, 1914 bis 1918*, in Verbindung mit ERICH MATTHIAS bearb. v. SUSANNE MILLER, Düsseldorf 1966.

*Eberhard Kolb*
**1918/19: Die steckengebliebene Revolution**

Mit den im Text erörterten Fragen befassen sich – von sehr unterschiedlichen Positionen aus – ausführlicher: FRANCIS L. CARSTEN, *Revolution in Mitteleuropa 1918–1919*, Köln 1973; KARL DIETRICH ERDMANN, *Die Zeit der Weltkriege*, 1. Teilband (Der Erste Weltkrieg. Die Weimarer Republik), Stuttgart 1973 (Gebhardt, Handbuch der deutschen Geschichte, 9. Auflage, Bd. IV/1); *Illustrierte Geschichte der deutschen Novemberrevolution 1918/19*, hg. v. Institut für Marxismus-Leninismus beim ZK der SED, Berlin (DDR) 1978; ULRICH KLUGE, *Soldatenräte und Revolution. Studien zur Militärpolitik in Deutschland 1918/19*, Göttingen 1975; ders., *Die deutsche Revolution 1918/19*, Frankfurt/M. 1985; EBERHARD KOLB, *Die Arbeiterräte in der deutschen Innenpolitik 1918–1919*, Frankfurt 1978² (Ullstein Buch Nr. 3438); ders. (Hg.), *Vom Kaiserreich zur Weimarer Republik*. Köln 1972 (Neue Wissenschaftliche Bibliothek, Bd. 49); DETLEF LEHNERT, *Sozialdemokratie und Novemberrevolution. Die Neuordnungsdebatte 1918/19 in der politischen Publizistik von SPD und USPD*, Frankfurt/New York 1983; ERICH MATTHIAS, *Zwischen Räten und Geheimräten. Die deutsche Revolutionsregierung 1918–1919*, Düsseldorf 1970; SUSANNE MILLER, *Die Bürde der Macht. Die deutsche Sozialdemokratie 1918–1920*, Düsseldorf 1978 (Beiträge zur Geschichte des Parlamentarismus und der politischen Parteien, Bd. 63); PETER VON OERTZEN, *Betriebsräte in der Novemberrevolution. Eine politikwissenschaftliche Untersuchung über Ideengehalt und Struktur der betrieblichen und wirtschaftlichen Arbeiterräte in der deutschen Revolution 1918/19*, Berlin 1976² (Internationale Bibliothek Bd. 93); GERHARD A. RITTER und SUSANNE MILLER, *Die deutsche Revolution 1918–1919. Dokumente*, Hamburg 1975²; ARTHUR ROSENBERG, *Geschichte der Weimarer Republik*, Frankfurt 1977[18]; REINHARD RÜRUP, *Probleme der Revolution in Deutschland 1918/19* (Institut für europäische Geschichte Mainz, Vorträge Nr. 50); HEINRICH AUGUST WINKLER, *Die Sozialdemokratie und die Revolution von 1918/9. Ein Rückblick nach sechzig Jahren*, Berlin/Bonn 1979; ders., *Von der Revolution zur Stabilisierung. Arbeiter und Arbeiterbewegung in der Weimarer Republik 1918 bis 1924*, Berlin/Bonn 1985².

*Wolfgang J. Mommsen*
**1933: Flucht in den Führerstaat**

Neuere Gesamtdarstellungen zur Geschichte der Weimarer Republik: EBERHARD KOLB, *Die Weimarer Republik*, München 1988²; HAGEN SCHULZE, *Weimar: Deutschland 1917–1933*, Berlin 1986²; HANS MOMMSEN, *Die verspielte Freiheit. Der Weg der Republik von Weimar in den Untergang 1918–1933*, Berlin 1990; HEINRICH AUGUST WINKLER, *Weimar 1918–1933. Die Geschichte der ersten deutschen Demokratie*, München 1994².

Zur Spätphase nach wie vor eine der wichtigsten Darstellungen: KARL DIETRICH BRACHER, *Die Auflösung der Weimarer Republik. Eine Studie zum Problem des Machtverfalls in der Demokratie*, Düsseldorf 1978⁶. Neuerdings hierzu auch GERHARD SCHULZ, *Von Brüning zu Hitler. Der Wandel des politischen Systems in Deutschland 1930–1933*, Berlin 1992. Knapp zusammenfassend: GOTTHARD JASPER, *Die gescheiterte Zähmung. Wege zur Machtergreifung Hitlers 1930–1933*, Frankfurt 1986. Zur Wirtschaftskrise: HAROLD JAMES, *Deutschland in der Wirtschaftskrise 1924–1936*, Stuttgart 1988. Zum Verhältnis von Industrie und Nationalsozialismus: HENRY A. TURNER jr., *Die Großunternehmer und der Aufstieg Hitlers*, Berlin 1985; REINHARD NEEBE, *Großindustrie, Staat und NSDAP 1930–1933. Paul Silverberg und der Reichsverband der deutschen Industrie in der Krise der Weimarer Republik*, Wuppertal 1978. Zur Arbeiterbewegung: HEINRICH AUGUST WINKLER, *Der Weg in die Katastrophe. Arbeiter und Arbeiterbewegung in der Weimarer Republik 1930–1933*, Bonn 1990². Zur Rolle der Reichswehr immer noch unentbehrlich: THILO VOGELSANG, *Reichswehr, Staat und NSDAP. Beiträge zur deutschen Geschichte 1930–1932*, Stuttgart 1962.

Zum Niedergang der demokratischen Parteien und zum Zusammenbruch des parlamentarischen Systems nach wie vor grundlegend: ERICH MATTHIAS und RUDOLF MORSEY (Hg.), *Das Ende der Parteien 1933*, Düsseldorf 1960. Zu den wahlsoziologischen Bedingungen des Aufstiegs der NSDAP: JÜRGEN W. FALTER, *Hitlers Wähler*, München 1991. Zur politischen Krise der späten Weimarer Republik insgesamt auch HEINRICH AUGUST WINKLER (Hg.), *Die deutsche Staatskrise 1930–1933. Handlungsspielräume und Alternativen*, München 1992, und nach wie vor WERNER CONZE und HANS RAUPACH (Hg.), *Die Staats- und Wirtschaftskrise des Deutschen Reichs 1929–1933*, Stuttgart 1967.

Die mit Abstand wichtigste Quellenedition sind die folgenden Bände der Reihe ›Akten der Reichskanzlei. Weimarer Republik‹: *Die Kabinette Brüning, 30. März 1930 bis 1. Juni 1932*, bearbeitet von TILMAN KOOPS, 3 Bde, Boppard 1982–1990; *Das Kabinett von Papen, 1. Juni bis 3. Dezember 1932*, bearbeitet von KARL-HEINZ MINUTH, Boppard 1989; *Das Kabinett von Schleicher, 3. Dezember 1932 bis 30. Januar 1933*, bearbeitet von ANTON GOLECKI, Boppard 1986.

*Jürgen Kocka*
**1945: Neubeginn oder Restauration?**

Eine sehr gute, knappe Einführung in die deutsche Nachkriegsgeschichte (West und Ost) mit Quellen ist CHRISTOPH KLESSMANN, *Die doppelte Staatsgründung. Deutsche Geschichte 1945–1955*, Bonn, 1991[5] (erstmals 1982). Zwei sehr brauchbare Taschenbücher sind zum einen WOLFGANG BENZ, *Die Gründung der Bundesrepublik. Von der Bi-Zone zum souveränen Staat*, München 1984, und zum anderen DIETRICH STARITZ, *Die Gründung der DDR. Von der sowjetischen Besatzungsherrschaft zum sozialistischen Staat*, München 1984. Umfassend THEODOR ESCHENBURG, *Jahre der Besatzung 1945–1949*. Stuttgart 1983 (mit Beiträgen von E. JÄCKEL, H. GRAML und W. BENZ). Wichtig sind die Aufsätze zu verschiedenen Aspekten der Außen- und Innenpolitik, auch der Sozialentwicklung und des literarischen Lebens in Westdeutschland in LUDOLF HERBST (Hg.), *Westdeutschland 1945–1955. Unterwerfung, Kontrolle, Integration*, München 1986; und des weiteren in *Westdeutschlands Weg zur Bundesrepublik 1945–1949*. Beiträge von Mitarbeitern des Instituts für Zeitgeschichte, München 1976.

Quellen zum Thema sind zu finden bei PETER BUCHER (Hg.), *Nachkriegsdeutschland 1945–1949*, Darmstadt 1990, und bei INGO V. MÜNCH (Hg.), *Dokumente des geteilten Deutschlands*, Bd. 1, Stuttgart, 1976[2].

Grundlegend zur Sozialgeschichte ist WERNER CONZE und M. RAINER LEPSIUS (Hg.), *Sozialgeschichte der Bundesrepublik Deutschland. Beiträge zum Kontinuitätsproblem*, Stuttgart 1983. Wichtig zur Sozialgeschichte weiterhin MARTIN BROSZAT u. a. (Hg.), *Von Stalingrad zur Währungsreform. Zur Sozialgeschichte des Umbruchs in Deutschland*, München 1989. Zur Einführung in die Atmosphäre und den Alltag jener Jahre HANS HABE, *Off limits. Roman der Besatzung Deutschlands*, München 1955. Wichtige Aufsätze zur historischen Einordnung und zu den Grundlagen der Bundesrepublik enthält RICHARD LÖWENTHAL u. HANS-PETER SCHWARZ (Hg.), *Die zweite Republik. 25 Jahre Bundesrepublik Deutschland – eine Bilanz*, Stuttgart, 1979[3]. Die veränderte Perspektive zum 40. Jahrestag der Bundesrepublik zeigt sich in den zahlreichen Aufsätzen in WILHELM BLEEK und HANNS MAULL (Hg.), *Ein ganz normaler Staat? Perspektiven nach 40 Jahren Bundesrepublik*, München 1989, sowie in WERNER WEIDENFELD u. HARTMUT ZIMMERMANN (Hg.), *Deutschland-Handbuch. Eine doppelte Bilanz*, München 1989 (über Bundesrepublik und DDR).

Die im vorstehenden Aufsatz erörterten gegensätzlichen Positionen zur Frage Restauration oder Erneuerung finden sich in E.-U. HUSTER u. a., *Determinanten der westdeutschen Restauration 1945–1949*, Frankfurt 1977[3] (nicht ohne Verzerrungen, aber mit ausführlichem Dokumententeil), und in RALF DAHRENDORF, *Gesellschaft und Demokratie in Deutschland*, München 1968 (u. ö.), S. 399–464. Aus der neuen Perspektive nach 1989/90 WERNER WEIDENFELD u. KARL-

Rudolf Korte (Hg.), *Handwörterbuch zur deutschen Einheit*, Frankfurt 1992, darin finden sich informative, handbuchartige Artikel zu vielen Stichworten, u. a. zur Geschichte der DDR von H. Zimmermann, S. 84–99.

### Heinrich August Winkler
### 1989/90: Die unverhoffte Einheit

Als Quellensammlung wichtig: Volker Gransow u. Konrad H. Jarausch (Hg.), *Die deutsche Vereinigung, Dokumente zu Bürgerbewegung, Annäherung und Beitritt*, Köln 1991; Charles Schüddekopf (Hg.), *»Wir sind das Volk!« Flugschriften, Aufrufe und Texte einer deutschen Revolution*. Mit einem Nachwort von Lutz Niethammer, Reinbek 1990; zu den Leipziger Demonstrationen: Neues Forum Leipzig, *Jetzt oder nie – Demokratie. Herbst '89. Zeugnisse, Gespräche, Dokumente*. Mit einem Vorwort von Rolf Heinrich, Leipzig 1989. Sehr materialreich und informativ die Sammlungen von Berichten und Kommentaren der Berliner »Tageszeitung«: *DDR-Journal zur Novemberrevolution. August bis September 1989* und *DDR-Journal Nr. 2: Die Wende der Wende. Januar bis März 1990. Von der Öffnung des Brandenburger Tores zur Öffnung der Wahlurnen*, Berlin 1990. Anschaulich und zugleich von hohem Erklärungswert sind die Beobachtungen des amerikanischen Historikers Robert Darnton, *Der letzte Tanz auf der Mauer. Berliner Journal 1989–1990*, München 1991 (auch als Fischer-Taschenbuch Bd. 11 383, 1993).

Unter den Erinnerungen von Akteuren sind am wichtigsten die Tagebucheintragungen des außenpolitischen Kanzlerberaters Horst Teltschik, *329 Tage. Innenansichten der Einigung*, Berlin 1991, und Michail S. Gorbatschow, *Gipfelgespräche. Geheime Protokolle aus meiner Amtszeit*, Berlin 1993. Zur Entstehung des Einigungsvertrages die in Zusammenarbeit mit zwei Spiegel-Redakteuren geschriebene Darstellung des damaligen Bundesinnenministers Wolfgang Schäuble, *Der Vertrag. Wie ich über die deutsche Einheit verhandelte*. Hg. u. mit einem Vorwort von Dirk Koch u. Klaus Wirtgen, Stuttgart 1991. Als Selbstzeugnisse zweier maßgeblicher SED-Funktionäre: Günter Schabowski, *Der Absturz*, Berlin 1991; ders., *Das Politbüro. Ende eines Mythos. Eine Befragung*. Hg. von Frank Sieren u. Ludwig Kühne, Berlin 1990; Egon Krenz, *Wenn Mauern fallen. Die friedliche Revolution: Vorgeschichte – Verlauf – Auswirkungen*, Wien 1990.

Unter den Analysen zur »Wende« in der DDR und zum Vereinigungsprozeß sind zwei Sammlungen hervorzuheben: Eckard Jesse u. Arnim Mitter (Hg.), *Die Gestaltung der deutschen Einheit. Geschichte – Politik – Gesellschaft*, Bonn 1992; Werner Weidenfeld u. Karl-Rudolf Korte (Hg.), *Handwörterbuch zur deutschen Einheit*, Frankfurt a. M. 1992.

Die Umwälzung in der DDR in den Gesamtzusammenhang des Umbruchs in Ostmitteleuropa souverän einordnend: TIMOTHY GARTON ASH, *Ein Jahrhundert wird abgewählt. Aus den Zentren Mitteleuropas 1980–1990*, München 1990. Als historische Analyse von Umwälzung in der DDR und deutscher Vereinigung: Konrad H. Jarausch, *Die unverhoffte Einheit. 1989–1990*, Frankfurt 1995. Zur außenpolitischen Seite des Vereinigungsprozesses: KARL KAISER, *Deutschlands Vereinigung. Die internationalen Aspekte*, Bergisch Gladbach 1991. Als Zeugnis eines kritischen Leipziger Beobachters: HARTMUT ZWAHR, *Ende einer Selbstzerstörung. Leipzig und die Revolution in der DDR*, Göttingen 1993. Zum gesellschaftlichen Wandel während und nach der »Wende«: HANS JOAS u. MARTIN KOHLI (Hg.), *Der Zusammenbruch der DDR*, Frankfurt 1993. Als Analyse der Herrschafts- und Gesellschaftsstrukturen der DDR ist instruktiv SIGRID MEUSCHEL, *Legitimation und Parteiherrschaft in der DDR. Zum Paradox von Stabilität und Revolution in der DDR 1945–1989*, Frankfurt a. M. 1992. Eine kritische Bestandsaufnahme von vier Jahrzehnten DDR ist PETER BENDER, *Unsere Erbschaft. Was war die DDR – was bleibt von ihr?* Hamburg 1992. Das Verhältnis der Deutschen und vor allem der Intellektuellen zur deutschen Einigung erörtert in einem Essay WOLFGANG LEPENIES, *Folgen einer unerhörten Begebenheit. Die Deutschen nach der Vereinigung*, Berlin 1992. Zur Debatte unter Historikern: UDO WENGST (Hg.), *Historiker betrachten Deutschland. Beiträge zum Vereinigungsprozeß und zur Hauptstadtdiskussion*, Bonn 1992.

## Abbildungsnachweis

(Die Ziffern verweisen auf die entsprechenden Seiten im Text)

- **17** Die Revolution in Dresden (Archiv für Kunst und Geschichte)
- **43** Attentat auf Kaiser Wilhelm I. 1878 (WDR-Bildarchiv)
- **71** Abfahrt deutscher Soldaten zur Westfront 1914 (WDR-Bildarchiv)
- **99** Revolution in Berlin, November 1918 (dpa)
- **127** Adolf Hitler beim »Parteitag des Sieges« in Nürnberg, September 1933 (Ullstein)
- **159** Kurt Schumacher 1945 (WDR-Bildarchiv)
- **193** Öffnung der Berliner Mauer, 9./10. November 1989 (dpa)

# Die Autoren des Bandes

*Jürgen Kocka*, geboren 1941, Dr. phil., Dr. phil. h. c., ist seit 1988 Professor für Geschichte der industriellen Welt an der Freien Universität Berlin und seit 1991 Ständiges Mitglied des Wissenschaftskollegs zu Berlin.
Wichtigste Veröffentlichungen: *Unternehmensverwaltung und Angestelltenschaft am Beispiel Siemens 1847–1914* (1969); *Klassengesellschaft im Krieg. Deutsche Sozialgeschichte 1914–18* (1973, 1978[2]); *Unternehmer in der deutschen Industrialisierung* (1975), *Sozialgeschichte* (1977, 1986[2]); *Die Angestellten in der deutschen Geschichte* (1981); *Weder Stand noch Klasse. Unterschichten um 1800* (1990); *Arbeitsverhältnisse und Arbeiterexistenzen. Grundlagen der Klassenbildung im 19. Jahrhundert* (1990).
Er ist Mitherausgeber der Kritischen Studien zur Geschichtswissenschaft (1972 ff) und von Geschichte und Gesellschaft. Zeitschrift für historische Sozialwissenschaft (1975 ff).

*Eberhard Kolb*, geboren 1933, Dr. phil., war von 1970 bis 1979 Professor für Neuere und Neueste Geschichte an der Universität Würzburg, lehrt seitdem Mittlere und Neuere Geschichte an der Universität zu Köln.
Wichtigste Veröffentlichungen: *Die Arbeiterräte in der deutschen Innenpolitik 1918/19* (1962); *Bergen-Belsen* (1962); *Der Kriegsausbruch 1870* (1970); *Die Weimarer Republik* (1984); *Der Weg aus dem Krieg. Bismarcks Politik im Krieg und die Friedensanbahnung 1870/71* (1989); *Umbrüche deutscher Geschichte 1866/71–1918/19–1929/33* (1993); Herausgeber von *Vom Kaiserreich zur Weimarer Republik* (1972). Edition der *Quellen zu Geschichte der Rätebewegung in Deutschland 1918/19*, Bd. 1 (1969), Bd. 2 (1976). Daneben zahlreiche Aufsätze zur Geschichte des 19. und 20. Jahrhunderts.

*Wolfgang J. Mommsen*, geboren 1930, Dr. phil., ist seit 1968 Professor für Mittlere und Neuere Geschichte an der Universität Düsseldorf; von 1977 bis 1985 war er Direktor des Deutschen Historischen Instituts London; seit 1985 lehrt er wieder in Düsseldorf. Von 1988 bis 1992 war er Vorsitzender des Verbandes der Historiker Deutschlands. 1992/93 Stipendiat des Historischen Kollegs in München.
Wichtigste Veröffentlichungen: *Max Weber und die deutsche Politik* (1974[2]); *Das Zeitalter des Imperialismus* (1969; Fischer Weltgeschichte Bd. 28); *Imperialismustheorien. Ein Überblick über die neueren Imperialismusinterpretationen* (1977); *Der Imperialismus. Seine politischen, ideologischen und wirtschaftlichen*

*Grundlagen* (1977); *Der europäische Imperialismus* (1979); *Der autoritäre Nationalstaat* (1990); *Nation und Geschichte* (1990), *Das Ringen um den nationalen Staat 1850–1890* (1993). Daneben zahlreiche Aufsätze zur deutschen Politik des Wilhelminismus und des 1. Weltkrieges, zu Max Weber, zur englischen Geschichte im 19. Jahrhundert und zu Fragen der Theorie der Geschichte. Er ist Mitherausgeber von *Geschichte und Gesellschaft, Storia della Storiografia, Journal of Contemporary History, Journal of the History of Ideas, History and Theory, Staatswissenschaft und Staatspraxis.*

**Wolfgang Schieder**, geboren 1935, Dr. phil., war von 1970 bis 1991 Professor für Neuere Geschichte an der Universität Trier und lehrt seitdem Neuere und Neueste Geschichte an der Universität Köln.
Wichtigste Veröffentlichungen: *Anfänge der deutschen Arbeiterbewegung* (1963); *Karl Marx als Politiker* (1991). Herausgeber u.a. von *Erster Weltkrieg. Entstehung und Kriegsziele* (1969); *Faschismus als soziale Bewegung* (1976); *Religion und Gesellschaft im 19. Jahrhundert* (1993). Er war Mitherausgeber der *Historischen Perspektiven* (1975 bis 1981) und ist darüber hinaus u.a. Mitherausgeber von *Geschichte und Gesellschaft* und *Neue Politische Literatur*.

**Gottfried Schramm**, geboren 1929, Dr. phil., ist seit 1965 Professor für Neuere und Osteuropäische Geschichte an der Universität Freiburg.
Wichtigste Veröffentlichungen: *Namensschatz und Dichtersprache. Studien zu den zweigliedrigen Personennamen der Germanen* (1957); *Der polnische Adel und die Reformation 1548–1607* (1965); *Nordpontische Ströme. Namenphilologische Zugänge zur Frühzeit des europäischen Ostens* (1973); *Eroberer und Eingesessene. Geographische Lehnnamen als Zeugen der Geschichte Südosteuropas im ersten Jahrtausend n. Chr.* (1981); *Handbuch der Geschichte Rußlands*, Bd. III (1856–1945). Ferner schrieb er Beiträge in Fest- und Gedenkschriften sowie Aufsätze in philologischen und historischen Zeitschriften und Jahrbüchern, insbesondere im *Jahrbuch für Geschichte Osteuropas, Die Welt der Slawen, Zeitschrift für Balkanologie*. Zu den Problemen des Ersten Weltkrieges hat er sich bisher in Zeitschriftenaufsätzen geäußert.

Angaben zu *Heinrich August Winkler* s. S. 2.

## Namenregister

Adenauer, Konrad 160, 172, 185, 225, 234
Angerstein, Wilhelm 238
Arnold, Karl 168f.
Attlee, Clement Richard 233
Auerbach, Berthold 239
Auerswald, Hans von 32

Baden, Max von 105, 107, 231f., 244
Balser, Frolinde 35, 239
Bamberger, Ludwig 28f., 44, 50, 52, 65, 231, 240
Baschwitz, K. 244
Baumgarten, Hermann 51, 240
Bebel, August 230
Beil, Gerhard 204
Berg, Friedrich von 135
Berger, Ludwig 238
Bethmann Hollweg, Theobald von 72ff., 86, 94, 241
Bismarck, Fürst Otto von 10, 12, 45f., 49f., 53, 55, 57ff., 62, 65ff., 89, 188, 230, 237
Blum, Robert 31, 33
Boehlich, Walter 241
Böhme, Ibrahim 213
Bohley, Bärbel 199
Boldt, Werner 238
Bracher, Karl Dietrich 196, 243, 248
Brandt, Willy 196, 211, 226
Braun, Otto 233
Breitscheid, Rudolf 113, 244
Brüning, Heinrich 129, 131ff., 151, 154, 232f., 246

Bush, George 206f.
Bussche-Ippenburg, Erich von dem 154

Cavaignac, Louis-Eugène 229
Churchill, Winston 233
Clay, Lucius D. 171
Conze, Werner 21, 237
Cromwell, Oliver 9
Czichon, Eberhard 246

Däumig, Ernst 117
Dahrendorf, Ralf 162
David, Eduard 77, 80, 96, 242
Deist, Wilhelm 243
Diwald, Hellmut 239
Domarus, Max 245ff.
Duckwitz, Arnold 238

Ebert, Friedrich 108, 120, 232
Eckstein, Gustav 81, 242
Eisner, Kurt 107, 231
Engels, Friedrich 19f., 32, 35ff., 79, 237, 239
Erdmann, Karl Dietrich 241
Erhard, Ludwig 173
Eyck, Frank 37f., 239

Faber, Karl-Georg 22, 237
Feldman, Gerald D. 245
Forckenbeck, Max von 48, 68
Frank, Ludwig 80, 86
Friedrich Wilhelm IV. 28, 40f., 55, 229

## Namenregister

Gagern, Friedrich von 26
Gagern, Heinrich von 38 f., 229, 238
Galen, Clemens August Graf, Kardinal 148
Genscher, Hans-Dietrich 206, 209, 215, 221, 235 f.
George, Stefan 82, 242
Gerlach, Ludwig von 36
Gerold-Tucholsky, Mary 243
Gimbel, John 247
Glaeser, Ernst 84, 87, 242
Goebbels, Joseph 128, 139, 147, 150, 152, 155 f., 158, 245 f.
Göring, Hermann 138, 146, 233
Gorbatschow, Michail 14, 194 f., 200 f., 206, 209 f., 214 f., 219, 224, 234 ff.
Gransow, Volker 248
Grillparzer, Franz 27, 238
Groener, Wilhelm 136 f.
Gysi, Gregor 207, 235

Haase, Ernst 243
Haase, Hugo 84, 93, 108, 114, 243
Habermas, Jürgen 223 f., 226, 249
Hänel, Albert 66
Haenisch, Konrad 87, 242
Hammerstein, Kurt Frhr. von 154
Häusser, Ludwig 33, 239
Harkort, Friedrich 24
Hartig, Franz de Paula von 238
Hartung, Klaus 203, 248
Havemann, Katja 199
Hebbel, Friedrich 22 f., 237
Hecker, Friedrich 29 ff., 229
Heiber, Helmut 246
Heilfron, Eduard 245
Henrich, Rolf 199
Herwegh, Georg 36 f., 239
Heuss, Theodor 178, 234, 247
Heyderhoff, Julius 240
Hilferding, Rudolf 113, 244

Hindenburg, Paul von 105, 132, 134 ff., 139 f., 142 f., 149 f., 153 ff., 233
Hitler, Adolf 8, 12, 128, 131 ff., 137 ff., 154 ff., 163, 165, 169, 178, 182, 186, 188, 233
Hödel, Max 58
Hoffmann-Kaiserslautern, Johannes 242
Hofmiller, Josef 104, 244
Hohlfeld, Johannes 242 f.
Honecker, Erich 195, 201 f., 235
Hoverbeck, Leopold von 47
Huber, Ernst-Rudolf 238, 240
Hugenberg, Alfred 134, 154
Hunt, Richard N. 124, 245
Huster, E.-U. 247

Jagow, Gottlieb von 91
Jansen, Silke 248
Jarausch, Konrad H. 248
Jesse, Eckhard 248
Jessen, Hans 238
Jessen-Klingenberg, Manfred 244
Johann, Erzherzog von Österreich 39
Jung, Edgar 128, 245

Kapp, Friedrich 37, 239
Keppler, Wilhelm 147, 149
Keudell, Walter von 153
Kirdorf, Emil 144
Klötzer, Wolfgang 237, 239
Kocka, Jürgen 243
Kohl, Helmut 196, 205, 207, 208 f., 211, 213 ff., 219, 235 f.
Kolb, Eberhard 244 f.
Krause, Günther 217
Krenz, Egon 202, 204, 207, 235
Kuczynski, Jürgen 78, 241 f.

Lafontaine, Oskar 212, 216
Landsberg, Otto 115, 244
Lange, Bernd-Lutz 201

## Namenregister

Langewiesche, Dieter 34f., 239
Lasker, Eduard 61, 65, 68, 231
Lassalle, Ferdinand 230
Lautenschlager, Friedrich 238
Leipart, Theodor 156
Lenin, Wladimir Iljitsch 75 f., 81, 93, 241 f.
Lensch, Paul 77 f., 86, 242
Lichnowsky, Felix Fürst von 32
Liebknecht, Karl 78, 84, 89 ff., 93 f., 108 f., 111, 117, 119, 231 f., 242 f.
Liebknecht, Wilhelm 230
Liebmann, Hermann 242
Löwenthal, Richard 10, 162, 180 f., 237, 247
Luxemburg, Rosa 79, 88, 90, 94, 109, 111 f., 117, 119, 232, 242 ff.

Maizière, Lothar de 208, 213, 216 f., 220, 236
Mann, Golo 177, 247
Marx, Karl 32, 34 f., 79, 237, 239
Masur, Kurt 201
Matthias, Erich 130, 243 f., 246
Meckel, Markus 213
Mehring, Franz 88
Meinecke, Friedrich 165, 247
Meissner, Otto 149, 155
Metternich, Clemens Fürst von 27 f., 229, 238
Meyer, Arnold Oskar 240
Meyer, Kurt 201
Michaelis, Otto 69
Milatz, Alfred 245
Miller, Susanne 243 f.
Mitter, Armin 248
Modrow, Hans 205, 207 ff., 235
Moltke, Helmuth von 40, 240
Morsey, Matthias 246
Morsey, Rudolf 246
Müller, Hermann 75
Müller, Richard 109, 244

Naumann, Friedrich 70
Nipperdey, Thomas 35 f., 239
Nobiling, Karl Eduard 58
Nossack, Hans-Erich 164, 247
Nostitz, Hans von 157
Nowack, Alfons 239

Obermann, Karl 238, 240
Oncken, Hermann 240
Oschilewski, Walther G. 247

Papen, Franz von 137 ff., 146 ff., 153 ff., 233
Parisius, Ludwig 240
Pflugbeil, Sebastian 199
Pieck, Wilhelm 88, 244
Pollack, Peter 217
Pommert, Jochen 201
Potthoff, Heinrich 244
Pünder, Tilman 247

Raddatz, Fritz J. 243
Radowitz, Josef Maria von 27, 39 f., 238 f.
Reich, Jens 199
Reinhard, Friedrich 147
Reinhold, Otto 197
Richter, Hans Werner 161, 247
Riehl, Wilhelm Heinrich 18, 20, 237
Riezler, Kurt 72 f., 241
Robespierre, Maximilien de 9
Romberg, Walter 217
Rosenberg, Arthur 245
Rosenberg, Hans 56, 240
Rosterg, August 147
Rürup, Reinhard 118, 125, 243, 245
Ruge, Arnold 30

Sauer, August 238
Sauer, Wolfgang 244
Schabowski, Günter 203 f.
Schacht, Hjalmar 145, 147
Schäuble, Wolfgang 217, 248
Scheidemann, Philipp 83, 108, 231, 241 f.

Schewardnadse, Eduard 206, 215, 224
Schleicher, Kurt von 136 f., 139, 141, 150 ff., 233
Schmidt, Helmut 196
Schnur, Wolfgang 209, 211
Scholz, Arno 247
Schroeder, Kurt von 154
Schulte, Eduard 244
Schulze-Delitzsch, Hermann 45
Schumacher, Kurt 160, 165, 169 f., 184, 187 f., 247
Schurz, Carl 25, 238
Schwarz, Hans-Peter 247
Skubiszewski, Krysztof 215, 221
Stadelmann, Rudolf 10, 18, 23 f., 30, 237 f.
Stalin, Jossif Wassarionowitsch 233
Stampfer, Friedrich 79, 86, 242
Stern, Carola 7
Stoph, Willi 202
Strasser, Gregor 131, 139, 146 f., 149, 151 f., 233
Struve, Gustav von 29 ff., 229
Stürmer, Michael 38, 239

Teltschik, Horst 207, 210, 248
Thälmann, Ernst 233
Thyssen, Fritz von 145
Treitschke, Heinrich von 51 f., 64, 67, 240 f.

Treue, Wilhelm 246
Truman, Harry S. 233
Tucholsky, Kurt 100, 243
Turner, Henry Ashby 246
Twesten, Karl 46, 50, 65
Tyrell, Albrecht 245 f.

Umberto, König von Italien 67

Valentin, Veit 18, 237
Vitzthum von Eckstädt, Carl Friedrich 238
Vogelsang, Thilo 246
Volkmann, Erich Otto 243

Wallwitz, A. Gräfin 243
Weber, Max 69 f., 241
Wehler, Hans-Ulrich 239
Weizsäcker, Richard von 217, 219
Wentzcke, Paul 240
Werner, R. W. 237
Wilhelm I. 45, 58, 60, 68, 230
Wilhelm II. 83, 106 f., 231 f.
Wilson, Thomas Woodrow 105
Winkler, Heinrich August 240 f.
Wötzel, Roland 201
Wolff, Theodor 100
Wolle, Stefan 199, 248

Zimmermann, Peter 201
Zwahr, Hartmut 248

# Der Nationalsozialismus
Studien zur Ideologie und Herrschaft

Herausgegeben von
Wolfgang Benz, Hans Buchheim und
Hans Mommsen

Band 11984

*Aus dem Vorwort*: »Dieser Band ist, verfaßt von seinen Freunden, einem Historiker gewidmet, der wie wenige andere sich der Erforschung des Nationalsozialismus, seiner Ursachen, seiner Erscheinungsformen in Ideologie und Herrschaft und seiner Folgen zur Lebensaufgabe gemacht hat. Hermann Graml hat damit fern dem äußeren Glanz der großen Karriere einen bedeutenden Platz in der deutschen Geschichtswissenschaft errungen...«. Die in diesem Band versammelten Studien sind allesamt Themen gewidmet, die im engeren Sinne zum Arbeitsfeld des Zeithistorikers Graml gehören. Wesentliche Aspekte von Ideologie und Herrschaft des Nationalsozialismus werden untersucht und dargestellt, dazu gehören die programmatischen Voraussetzungen, die Affinitäten zwischen Duce und Führer, die Probleme von Recht und Macht im Hitler-Staat, die ökonomischen, mentalen und außenpolitischen Bedingungen der Expansion des NS-Regimes, Judenfeindschaft und Holocaust, die Auseinandersetzung schließlich mit der Schuld nach dem Untergang des Nationalsozialismus. *Im Mai 1993, Wolfgang Benz*

Fischer Taschenbuch Verlag

## *Europäische Geschichte*

Herausgegeben von Wolfgang Benz

Konzeption: Wolfgang Benz,
Rebekka Habermas und Walter H. Pehle

Band 60113

Band 60101

Band 60102

# Europa entdecken – die neue Reihe

Die neue Fischer-Buchreihe *Europäische Geschichte* lädt ein zur Entdeckung Europas, blickt weit über nationale Grenzen hinweg und macht mit einem breiten Themenspektrum gemeinsame, aber auch trennende historische Entwicklungen deutlich.

Die 65 Autorinnen und Autoren der *Europäischen Geschichte* bieten aus höchst unterschiedlichen Perspektiven neuartige historische Überblicke von der Antike bis zur Gegenwart.

Die Buchreihe *Europäische Geschichte* besteht ausschließlich aus Originalausgaben. Die knappen und gut lesbaren Darstellungen wenden sich an ein breites Publikum, das sachliche Information ebenso schätzt wie deren anschauliche Darbietung.

## Fischer Taschenbuch Verlag

fi 1701 / 3 a

## *Europäische Geschichte*
### Herausgegeben von Wolfgang Benz

Gerold Ambrosius
**Wirtschaftsraum Europa**
Vom Ende der Nationalökonomien
Band 60148

Jerzy W. Borejsza
**Schulen des Hasses**
Faschistische Systeme in Europa
Band 60160

Claude Carozzi
**Weltuntergang und Seelenheil**
Apokalyptische Visionen im Mittelalter
Band 60113

Christophe Charle
**Vordenker der Moderne**
Die Intellektuellen im 19. Jahrhundert
Band 60151

Werner Dahlheim
**An der Wiege Europas**
Städtische Freiheit im antiken Rom
Band 60105

Richard van Dülmen
**Die Entdeckung des Individuums**
1500-1800
Band 60122

Jerzy Holzer
**Der Kommunismus in Europa**
Politische Bewegung und Herrschaftssystem
Band 60161

Victor Karady
**Gewalterfahrung und Utopie**
Juden in der europäischen Moderne
Band 60159

Ulrich Linse
**Geisterseher und Wunderwirker**
Heilsuche im Industriezeitalter
Band 60164

Fischer Taschenbuch Verlag

## *Europäische Geschichte*
### Herausgegeben von Wolfgang Benz

Günther Lottes
**Stadtwelten**
Urbane Lebensformen in der
Frühen Neuzeit
Band 60124

Kaspar Maase
**Grenzenloses
Vergnügen**
Der Aufstieg der
Massenkultur
1850-1970
Band 60143

Chr. Markschies
**Zwischen den
Welten wandern**
Strukturen
des antiken
Christentums
Band 60101

Wilfried Nippel
**Bürger und Polis**
Antike und
moderne Freiheit
Band 60104

Toni Pierenkemper
**Umstrittene
Revolutionen**
Die Industrialisierung im
19. Jahrhundert
Band 60147

Ronnie
Po-chia Hsia
**Gegenreformation**
Die Welt der
katholischen
Erneuerung
1540-1770
Band 60130

Rolf E. Reichardt
**Das Blut
der Freiheit**
Französische
Revolution und
demokratische
Kultur
Band 60135

## Fischer Taschenbuch Verlag

fi 1701 / 5 c

## *Europäische Geschichte*
### Herausgegeben von Wolfgang Benz

Saskia Sassen
**Migranten, Siedler, Flüchtlinge**
Von der Massenauswanderung zur Festung Europa
Band 60138

Claudia Schnurmann
**Europa trifft Amerika**
Atlantische Wirtschaft in der Frühen Neuzeit
1492-1783
Band 60127

Fred E. Schrader
**Die Formierung der bürgerlichen Gesellschaft**
1550-1850
Band 60133

Helga Schultz
**Handwerker, Kaufleute, Bankiers**
Wirtschaftsgeschichte Europas
1500-1800
Band 60128

Peter G. Stein
**Römisches Recht und Europa**
Die Geschichte einer Rechtskultur
Band 60102

Ulla Wikander
**Von der Magd bis zur Angestellten**
Macht, Geschlech und Arbeitsteilung
1789-1950
Band 60153

C. Zimmermann
**Die Zeit der Metropolen**
Urbanisierung und Großstadtentwicklung
Band 60144

## Fischer Taschenbuch Verlag

fi 1701 / 1 d

Ulrich Herbert (Hg.)

# Nationalsozialistische Vernichtungspolitik 1939-1945

Neue Forschungen und Kontroversen

Band 13772

Dieses Buch faßt die wichtigsten Themen und Thesen der aktuellen NS-Forschung zusammen und ist ein unentbehrliches Kompendium für Studierende und Lehrer. Präsentiert werden die neuesten Forschungsergebnisse über die nationalsozialistische Vernichtungspolitik im besetzten Europa. Außer Christopher Browning, bekanntgeworden nicht erst seit der Debatte um Goldhagen, berichten deutsche Experten – darunter Götz Aly, Walter Manoschek, Thomas Sandkühler, Dieter Pohl, Michael Zimmermann und Ulrich Herbert – über ihre aufsehenerregenden Arbeitsergebnisse.

Fischer Taschenbuch Verlag